참여와 협력의 ESG 모델

유창조 지음

지속가능한 경영을 위한
미래성장 전략

동국대학교출판부

참여와 협력의
ESG 모델

동국대학교출판부

서문

최근 ESG 경영이 화제가 되고 있다. ESG 이슈는 기업들에게 경제적 성과뿐만 아니라 사회적 문제 해결과 환경적 가치 제고를 함께 요구하고 있다. 특히 투자기관들은 ESG 경영을 준수하지 않는 기업들에게 투자하지 않겠다고 선언하면서 기업들의 ESG 수준을 평가하기 위한 장치를 마련하고 있다. 그에 따라 적지 않은 기업들이 ESG 경영을 선언하고 있지만, 아직도 적지 않은 경영자들은 ESG 활동을 미래 경영을 위한 투자보다는 비용적인 관점에서 보고 있다. 사회가 요구하는 ESG 활동을 전개하기 위해서는 막대한 비용이 들어가고 그로 인한 성과는 불확실하기 때문이다. 그래서 적지 않은 관리자들은 ESG 경영을 기업이 창출한 이윤의 일부를 사회에 환원하거나 회사가 창출하는 이윤을 일부 포기하는 것으로 오해하고 있다.

저자는 기업이 사회적 이익을 구현하기 위해 기업의 이익을 포기할 것으로 예상하지 않는다. 인간은 선하기도 하지만 대체로 이기적이고 때로는 탐욕스럽기도 하다. 사회적 가치를 위해 개인의 이익을 희생할 사람은 많지 않을 것이다. 인간이 경영하는 기업도 마찬가지다. 경영자들의 대부분은 돈을 벌기 위해 사업을 한다. 이윤창출에 몰입되어 있는 경영자에게 친사회적 또는 친환경적 활동을 기대하기 어렵다. 이러한 활동을 전개하려면 비용이 발생하지만, 그 혜택은 사회 전체에 돌아가게 된다. 경영자들이 이윤창출과 함께 친사회적 또는 친환경적 활동을 전개할 방법은 없을까? 이에 대한 답은 기업과 고객의 관계에서 찾아보아야 한다. 기업이 이윤을 창출하는 유일한 방법은 고객으로부터 선택받는 것이다. 기업은 시장에서 경쟁사들과 치열하게 경쟁하고 있는데, 소비자의 선택을 받기 위해 고객들에게 경쟁사보다 우월하면서도 차별적인 가치를 제공해야 한다. 과거 소비자들이 원하는 가치 또는 욕구는 본인 지향적이었다. 소비자는 자신의 소비생활을 더 편리하게 해 주는 제품, 좋은 소비체험을 제공해 주는 제품 또는 타인에게 상징적인 의미를 표현할 수 있는 제품을 원했다. 기업들은 이러한 소비자의 욕구 또는 가치를 충족시켜 선택받아 이윤을 창출하기 위한 경쟁을 해 온 것이다. 4차 산업혁명과 AI 시대가 열리면서 경쟁의 패러다임이 바뀌고 있다. 첨단기술의 등장으로 참여와 협력의 시대가 열리고 경쟁의 개념, 속도 및 범위가 바뀌고 있는 것이다. 그에 따라 이윤창출의 개념은 다음과 같은 두 가지 측면에서 다시 조명될 필요가 있다.

첫째는 누구를 위한 이윤창출인가이다. 과거 시장을 지배해온 주주 자본주의는 경영자에게 기업에 자본을 투자한 주주를 위해 이윤을 창출하는 것을 요구한다. 최근 주주 자본주의를 대체하는 개념으로 이해관계자 자본주의가 등장하고 있다. 이해관계자 자본주의는 근본적으로 사업을 전개하는데 관계하는 이해관계자의 참여와 협력을 도모해 더 큰 수익을 창출하고 이를 공평하게 분배하는 것을 요구한다. 그 결과는 함께 성장하고 더불어 사는 포용적 사회가 구현될 수 있다. 그러나 기업이 기본적으로 다른 기관의 이익을 늘려주기 위해 자신이 속한 기업의 이익을 희생할 수는 없다. 그런 경영자는 아마도 주주총회에서 해고될 것이다. 이 개념이 작동되기 위해선 구성원들이 함께 협력해 더 큰 파이를 만들어 내고 혼자 했을 경우와 비교해 분배된 파이가 더 커져야 한다. 함께 할 때 이익이 줄어든다면 함께 할 경영자는 없을 것이다.

둘째는 현재의 이익과 미래의 이익 중 무엇이 더 중요한가이다. 이윤 창출의 극대화가 강조되던 시절에 기업의 목적을 생존으로 설명한 학자들이 있었다. 기업이 치열한 경쟁 환경에서 이익을 창출하지 못한다면 결국 도태되어 시장에서 사라지게 된다. 계속 적자를 보면서 사업을 지속할 수는 없는 것이다. 기업은 현재와 함께 미래의 이윤창출 기회를 끊임없이 모색해야 생존할 수 있다. 이 생존이라는 용어가 ESG 시대에 지속가능성이란 의미로 재탄생되고 있다. 기업의 지속가능성은 기업이 미래에도 사업을 계속할 수 있는가이다. 기업이 생존할 수 있는 유일한 방법은 미래에도 소비자들로부터 선택받는 것이다. 4차 산업혁명이 진행되고 있는 시대에 소비자들은 제품이나 서비스를 통해 더 좋은 가치를 경험하기 원할 뿐만 아니라 기업이 투명하고 윤리적인 경영을 통해 더 좋은 세상을 만들어 주기 원한다. 소비자 또는 사회가 요구하는 기업의 역할은 사업을 통해 사회적 문제를 해결하고 환경적 가치를 제고하는 것이다. 그러나 기업은 이러한 활동을 전개할 경우 적지 않은 비용이 소요되어 현재의 이익이 줄어들 수 있다. 그리고 이러한 투자의 효과는 불확실하고, 실현되더라도 시간이 소요될 것이다. 점점 더 현명해지고 영향력을 행사하기 원하는 소비자들은 이런 요청에 부응하지 않는 기업들을 외면할 것이다. 생존의 요건은 소비자들로부터의 미래의 선택 가능성을 높이는 것이다. 결국, 미래의 생존을 위해 현재의 이익을 희생할 수 있느냐의 문제이다.

요약하면, 기업이 이해관계자들의 참여와 협력을 통해 더 큰 파이를 만들고 그로 인해 기업의 이익이 늘어날 수 있으면, 이해관계자 자본주의는 미래 시장을 지탱하는 힘이 될 것이다. 그리고 기업이 소비자가 요구하는 사회적 가치를 창출한다면 미래에서 소비자의 선택을 받을 것이다. ESG 경영이 구호에 그치지 않고 지속될 수 있는 요건들이다. 저자는 ESG 경영이 지속가능한 경영을 위한 기업의 성장전략이라고 믿고 이를 전달하기 위해 다음과 같이 저서를 구성했다.

1부는 급격하게 변하는 시장 환경에서 경영 패러다임이 변화하고 있음을 소개한다. 기업은 시장에서 소비자와 관계를 맺고 있는데, 첨단기술의 등장으로 기업과 소비자는 서로 독립적인 개체에서 연결된 공동체로 발전되고 있다. 1부는 첨단기술의 특징을 설명하고 그에 따라 기업과의 관계에서 소비자, 시장 및 기업이 어떻게 변하고 있음을 소개한다.

2부는 기업의 사회적 책임이 진화되는 과정을 소개하고 기업의 역할을 새롭게 모색하는 제안들을 통해 기업의 목적이 어떻게 재정의 되고 있는가를 소개한다. 그에 따라 ESG 이슈는 기업경영에 어떻게 영향을 미치고 이에 대한 기업들의 적절한 대응이 가져다줄 혜택을 설명한다.

3부는 바람직한 ESG 활동이 전개되기 위한 방향성을 소개한다. 저자는 그 방향성으로 고객의 참여, 이해관계자들과의 협력 및 혁신적 조직문화 구축을 제안한다. 이와 관련해 저자는 고객의 자발적 참여를 유도하는 방법 및 이해관계자와의 협력이 자생적으로 발전될 수 있는 요건을 소개하고 생태계 차원의 경쟁을 준비해야 할 필요성을 설명한다.

4부는 참여와 협력, 혁신적 문화를 통해 성과를 낸 사례들을 소개하면서 그 시사점을 논의한다. 고객의 참여를 통한 성과 사례로 삼성화재의 안내견 프로젝트, BTS와 ARMY, 테슬라 오너스 클럽 및 블랙야크 알파인 클럽이 소개된다. 협력 네트워크를 통해 가치를 창출한 사례로 현대자동차와 기아의 동반성장 전략, CJ 대한통운의 실버택배 및 아모레 퍼시픽의 다자간 협력 사례가 소개된다. 마지막으로 ESG 경영을 통해 경쟁력을 확보한 파타고니아, 나이키, BGF 리테일, 롯데홈쇼핑, 에버레인 및 벤앤제리 사례가 소개된다.

    5부는 참여, 협력 및 혁신적 문화에 기반한 ESG 운영시스템을 소개한다. ESG 운영시스템이 구축되는 과정으로 1기업 미션과 비전의 재정의 2측정 및 평가 시스템 구축 3운영시스템 설계 4혁신적 조직문화 구축과 창의성 제고가 소개된다.

    6부는 경영자들에게 미래의 성장전략으로 ESG 경영을 제안한다. 미래 사회를 대비하는 경영자들은 수동적이고 대응적인 차원이 아니라 자발적으로 ESG 경영을 추진해야 한다. 그리고 저자는 경영자들에게 지속가능한 성장가능성을 스스로 평가하는 진단표를 마지막으로 제시하였다.

    끝으로 마케팅 관련 강의 및 연구 활동이 학자로서의 소명임을 명심하고 연구에 매진할 수 있도록 항상 힘이 되어주는 아내와 두 아들 및 두 며느리들의 사랑과 지원에 깊은 감사를 드린다.

CHAPTER 01 변화의 시기, 경영의 패러다임이 변하고 있다

- 01 첨단기술시대: 기업과 소비자의 관계 변화 ·········· 014
- 02 소비자의 지위 역전 ·········· 016
- 03 경계가 없는 시장 ·········· 019
- 04 행동하는 기업의 등장 ·········· 020

CHAPTER 02 기업은 왜 사업을 하는가?

- 01 CSR 개념의 진화 과정 ·········· 028
- 02 기업 역할에 대한 새로운 모색 ·········· 031
- 03 기업 목적에 대한 재정의 ·········· 037
- 04 ESG 경영이 기업에게 제공하는 혜택 ·········· 041

CHAPTER 03 새로운 패러다임에 맞는 ESG 경영의 방향성은?

- 01 소비자가 참여하는 ESG 모델을 개발하자 ·········· 060
- 02 협력 네트워크를 통해 더 큰 파이를 만들자 ·········· 078
- 03 혁신지향적인 조직문화를 만들자 ·········· 095

CHAPTER 04 협력 및 혁신 지향적 조직문화 구축을 통한 ESG 경영 성공 사례

- 01 소비자가 무대의 주인공이 되는 사례들: 브랜드 주인의식을 갖는 소비자 ·········· 102
  - 1) 자발적인 참여로 자부심을 느끼는 자원봉사자: 삼성화재 안내견 사업 • 102

2) 창업자의 경영철학을 전파하는 브랜드 커뮤니티:
          TOC(Tesla Owner's Club) • 107
       3) 노래에 담겨진 사회적 메시지로 팬들을 감동시킨
          글로벌 브랜드 BTS: Army의 등장 • 116
       4) 쓰레기를 자발적으로 수거하는 브랜드 커뮤니티:
          BAC(Blackyak Alpine Club) • 124

  02 협력 네트워크를 통한 가치 창출 사례 ·· 131
       1) 현대자동차와 기아의 협력 네트워크: 협력사와의 동반성장 • 132
       2) 대한통운의 실버택배: 실버 채용을 통한 관리 효율성 제고 • 136
       3) 아모레퍼시픽의 개방형 협력: 약속을 실천하기 위한 다자간 협력체계 • 141

  03 차별화 요인으로 승화되는 ESG 경영 사례 ································ 148
       1) 지구를 지키기 위해 사업하는 기업: 파타고니아 • 149
       2) 지속가능한 스포츠를 지향하는 브랜드: 나이키 • 157
       3) 편의점 인프라를 활용한 지역사회 안전망 구축: BGF 리테일 • 162
       4) 독립적으로 운영되어 회사의 변화를 이끌어내는 ESG 위원회: 롯데홈쇼핑 • 168
       5) 투명한 정보공개를 통한 경쟁력: 에버레인 • 176
       6) 행동으로 평가받는 브랜드 진정성: 벤앤제리스(Ben & Jerry's) • 180

CHAPTER 05 ESG 경영을 구현하는 운영시스템은?

  01 기업 미션 및 비전의 재정립 ·· 190
  02 측정과 평가 지표의 개발 ·· 193
  03 운영 시스템의 구축 ·· 198
  04 혁신 지향적인 조직문화 구축과 창의성의 제고 ······················· 212

CHAPTER 06 더 좋은 세상을 만드는 기업의 역할을 기대하며

  01 기업은 왜 ESG 경영에 자발적으로 참여해야 할까? ················ 234
  02 기업의 지속가능성을 평가하기 위한 자가 진단표 ··················· 236

CHAPTER 01

변화의 시기, **경영의 패러다임**이 변하고 있다

인테넷과 모바일의 등장으로 4차 산업혁명이 진행되면서 빅 데이터와 인공지능(artificial intelligence)은 인간의 생활을 근본적으로 변화시키고 있다. 이제 급변하는 환경변화에 맞는 새로운 경쟁력을 확보해야 한다. 이를 위해 경영자는 환경변화를 감지하고 환경변화가 가져다주는 기회를 포착하고 위협 요인을 진단해 미래 경영전략을 개발해야 한다. 소비자가 변하면 시장이 다르게 반응하며 기업도 그에 맞춰 변화한다. 이하에서는 이러한 변화의 개요를 요약해 보았다.

첨단기술시대: 기업과 소비자의 관계 변화

시장은 산업화 시대의 '1.0 시장', 정보화 시대의 '2.0 시장', 참여와 협력의 '3.0 시장', 인공지능의 '4.0 시장'으로 진화되고 있다. 첨단 미디어의 특징은 고화질·고음질, 다채널, 쌍방향 서비스, 콘텐츠 저장과 변환의 용이성, 미디어의 선별적 선택 등으로 요약되고Kelly 1998; Jenkins 2006, 그 결과 소비자는 기업과 서로 동등한 위치에서 상호작용하고 있다. 소셜 미디어의 등장은 소비자들에게 새로운 경험 영역을 제공하고 있다. 소비자들은 표현형 소셜 미디어Blog, Twitter, YouTube, Facebook 등를 통해 정보를 공유하고 재생산하면서 자신을 불특정 다수에게 표현할 수 있게 되었고, 협력형 소셜 미디어예: Wikipedia, Rotten Tamatoes, Craiglist 등를 통해 불특정 다수와 함께 콘텐츠를 공유하고 재생산하고 있다. Chesbrough2006도 크라우드 소싱을 통한 새로운 아이디어 개발을 제안하고 있는데, 이러한 현상은 다양한 영역에서 발현되고 있다Tapscott and Williams, 2006.

과거 기업과 소비자간 커뮤니케이션의 흐름은 기업에서 소비자로의 일방향적 전달이었다. 그러나 첨단기술의 등장으로 이제 기업과 사회가 상호 의존적인 관계로 진화Porter and Kramer, 2006 되면서 기업은 소비자들과의 상호작용쌍방향적 정보 교환이 활발하게 진행되고 있다. 더 나아가 이제 소비자들은 기업과의 관계에서 주도성을 확보하기 시작했다. Prahalad & Ramaswamy2004에 따르면 소비자는 서로 연결되어 있고, 서로 정보를 공유하면서 주도적으로 상품을 선택하고 있으며 기업의 활동에 참여하는 강력한 소비자로 거듭나고 있다. 최근 소비 현상에서 소비자의 생산자 역할Lancaster 1997; 유창조, 백지은 2006; 임종원, 양석준 2006과 판매자 역할유창조, 김미나 2007 및 참여자 역할장영혜, 김상우 2013이 자주 목격되고 있다.

이러한 첨단기술의 특징으로 기업과 소비자의 역할 경계가 모호해지는 현상은 브랜드 커뮤니티에서 자주 목격된다. 우리나라에서 브랜드 커뮤니티는 인터넷이 활성화되기 시작한 2000년대 초에 시작되었다. 브랜드를 중심으로 한 카페가 만들어지고 운영방식에 따라 브랜드와 소비자들과의 관계는 다양한 형태로 발전되어 왔다. 특정 브랜드에 관심을 공유하는 소비자들이 카페라는 공간에서 모이기 시작하면서 브랜드 관리자들은 커뮤니티를 브랜드 홍보 공간으로 인식하고 커뮤니티와의 관계를 시작하기 시작했고, 일부 기업들은 회사에서 커뮤니티를 만들어 회원들을 모집하기 시작했다. SNS와 같은 첨단 미디어가 제공하는 혜택 중 가장 중요한 것이 상호작용이다. 이러한 상호작용성은 소비자들을 능동적으로 변화시키는 계기가 되었다. 소비자들이 주도적으로 브랜드 커뮤니티를 만들고 운영하기 시작하면서 커뮤니티는 공동창조의 공간으로 바뀌게 된다. 브랜드 커뮤니티 회원들은 신제품의 개발 과정에 참여하기도 하고, 사용하는 제품에 대한 의견을 다른 소비자들과 공유할 뿐만 아니라 요구사항을 회사에 전달한다. 브랜드 커뮤니티가 소비자와 기업이 함께 가치를 만들어가는 공간이 된 것이다장영혜, 김상우 2013. 최근 소비자들은 커뮤니티 활동에 자발적으로 참여하고 있는데, 가장 대표적인 예는 BTS의 팬클럽 'ARMY'에서 목격된다. 이민하2021는 BTS 커뮤니티의 팬들은 주인의식을 갖고 BTS 멤버로 참여해 함께 공연하고 있음을 보고하고 있다.

02 소비자의 지위 역전

앞서 설명한 첨단기술은 소비자들에게 확대된 네트워크라는 강력한 무기를 제공하고 있다. SNS가 소비자들이 모이는 플랫폼의 역할을 하면서 소비자들은 불특정다수와 연결되어 정보를 교환하고 재생산하면서 더 현명한 소비생활을 할 수 있게 된 것이다. 과거 소비자들은 제한된 범위가족, 친구 등에서 소비경험을 교환할 수 있었지만 이제 다수의 소비자들과 소비경험을 빠르고 쉽게 교환하고 재생산할 수 있게 된 것이다. 이러한 확대된 네트워크는 기업과 소비자들과의 관계를 근본적으로 변화시키고 있다.

최근 김숙진과 유창조2022는 브랜드 커뮤니티 사례를 분석하면서 기업과 소비자의 관계에서 소비자 역할변화와 관련된 연구모형을 제시하고 검증한 바 있다. 이들은 커뮤니티 사례를 통해 브랜드와 커뮤니티 회원들 관계에서 역할변화를 세 가지로 요약한 바 있다. 첫째는 소비자의 주도성이다. 회사 주도형 브랜드 커뮤니티의 경우 프로그램 운영은 회사에 의해 주도되지만 소비자 주도형 커뮤니티에서 운영은 회원들에 의해 주도된다. 이들 커뮤니티 운영진들은 자비로 다양한 활동을 전개하고 있고 본사로부터 커뮤니티 활동에 대한 지원을 별도로 요청하지도 않는다. 오히려 본사는 커뮤니티 활동을 지원하는 프로그램을 만들어 제안하고 있고 이러한 제안에 대한 수용 여부는 회원들에게 돌아가는 보상적 혜택보다는 회원들의 정서적 및 관계적 체험에 도움을 주느냐에 의해 결정된다. 둘째, 소비자들은 브랜드를 함께 만들어가기를 원하고 있다공동 창조, co-creation의 개념. 과거 소비자들은 브랜드 활동에 대한 정보를 바탕으로 구매 여부를 결정하는 역할을 해 왔다면, 최근 소비자들은 브랜드 활동에 자발적으로 참여해 영향력을 행사하고 있다. 특히 소비자들은 기업이나 브랜드에 사회적 가치를 제고하는 활동을 요구하고 있고, 회사가 적절한 명분을 제시할 경우 함께 참여할 의지를 보여준다. 마지막으로 회원들은 스스로 새로운 문화를 만들어가고 있었다. 커뮤니티 회원들은 사회적으로 바람직한 가치를 구현하기 위해 공식적인 또는 비공식적인 행동 규칙을 마련하고 커뮤니티의 새로운 문화를 구현하고 있다.

김숙진과 유창조2022는 커뮤니티 회원들의 역할변화를 가져다주는 원인을 분석해 그 기저에 심리적 가치가 있음을 확인한 바 있다. 그들이 제안한 심리적 가치로는 재미또는 즐거움, 동류의식, 능력향상에 따른 성취감, 사회적 가치가 있는데, 이들 중 성취감과 사회적 가치는 특히 중요하다. 회원들은 회원활동을 통해 자신의 능력이 향상되기를 원한다. Ryan & Deci2000의 자기결정이론에 따르면 자신의 선택에 따라 능력과 기술을 개발할 수 있다는 유능성이 기대될 경우 자율적 행동에 대한 내재적 동기가 높아질 수 있다. 따라서 이러한 성취감에 대한 기대는 자발적 참여의 가능성을 높여줄 수 있다. 그리고 사회적 가치는 소비자들에게 자신을 표현할 기회를 만들어 준다. 예를 들어, 커뮤니티 활동을 통해 구현되는 사회적 가치는 회원들의 자율적 활동에 대한 자부심을 느낄 수 있게 해 주고 그 결과 커뮤니티만의 고유한 문화를 만들어가는 원동력이 되고 있었다.

회원들이 자발적으로 참여함에 따라 역할변화를 인식하고 그 결과 회원들은 브랜드에 대한 심리적 소유감을 경험하게 된다. 심리적 소유감은 공식적인 권리와 무관하게 심리적으로 친밀하다는 감정을 통해 본인의 것이라고 느끼는 것이다Pierce et al. 2001. 소비자들은 집단으로 심리적 소유감을 형성할 수 있고 이런 소유감은 구성원들의 공유된 경험을 통해 확산된다Peck and Shu 2018. 최근 조직행동 분야에서 심리적 소유감의 원인변수로 통제감과 투자를 확인하고 있다Zhang, Liu, Zhang and Xu 2021; 박성열 2020. 예를 들어, 박성열2020은 카 셰어링 서비스 상황에서 대상에 대한 통제감이 높고 투자가 많아질수록 심리적 소유감을 높게 인식하고 있음을 확인한 바 있는데, 이는 커뮤니티 회원들의 주도성, 자율성 및 공동창조가 브랜드에 대한 주인의식을 가져다줄 수 있음을 보여주고 있다.

과거 기업들은 소비자와의 관계에서 시장이라는 무대에서 주인공 역할 해 왔다. 그러나 이제 소비자들은 확대된 네트워크를 통해 시장이라는 무대에서 주인공이 되어 회사에 영향력을 행사하기 원한다. 소비자들은 이제 단순히 제품이나 서비스를 선택하는 구매자가 아니라 브랜드를 함께 만들어가는 주도자가 되기를 원하는 것이다. 이러한 변화된 소비자의 역할은 아래 〈그림 1〉과 같이 요약될 수 있다.

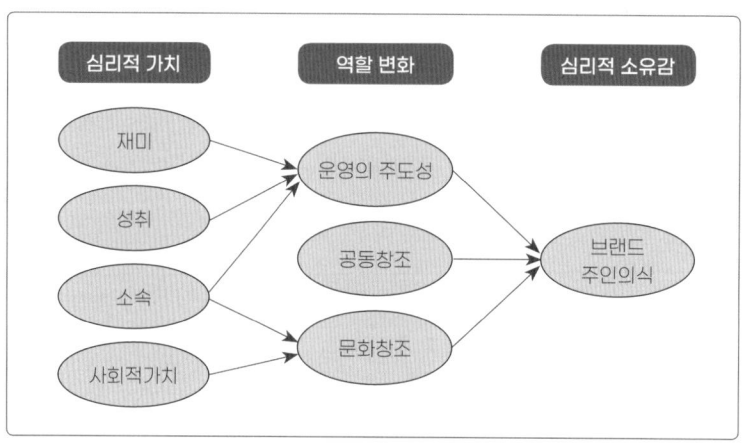

〈그림 1〉 소비자 역할 변화에 관한 모델

03 경계가 없는 시장

　디지털 기술의 융복합화 현상은 시장과 산업에 지대한 영향을 미치면서 산업과 산업의 결합 또는 더 나아가 새로운 산업의 등장을 가져다주고 있다. 이러한 산업의 재편은 Turner1979가 의례적 전통의 변화과정과 관련해 제시한 바 있는 분리separation, 무경계margin 또는 liminality 및 집합aggregation의 개념으로 설명될 수 있다. 예를 들어 그가 제시하는 모형에 따라 국내 미디어 산업이 재편되는 과정을 설명하면 다음과 같다. 과거 미디어 산업은 신문, 방송, 통신으로 명확하게 구분되어 있었다예: 분리의 개념. 그러나 디지털 기술의 등장으로 하이브리드 미디어예: 신문과 인터넷의 결합, 방송과 통신의 결합 등가 등장하였다. 과거 각 사업자들은 서로 분리된 시장에서 사업을 전개해 왔다면 서로 다른 산업에 속한 사업자들이 결합형 서비스를 제공하면서 경계가 허물어진 것이다예: 무경계의 개념. 이러한 산업 간 경합이 진행되면서 최근 유무선 방송, 통신 영역을 포괄하는 복합 디지털 미디어 그룹도 출현하고 있다예: 집합의 개념. 즉 서로 다른 산업에 속한 사업자들이 새로운 사업모델을 모색하면서 새로운 산업을 개척하기 위해 노력하기 시작한 것이다.

　과거 기업들은 자신이 사업하고 있는 시장에서 소수의 경쟁사와 치열하게 경쟁하면서 경쟁우위를 확보하기 위해 노력해 왔다. 기업은 생산자가 정의하는 시장에서 눈에 보이는 경쟁자들과 경쟁해 온 것이다. 그러나 시장의 범위는 소비자가 경험하는 가치를 중심으로 재편되고 있다. 예를 들어 보험 시장의 경우 회사는 보험 상품 개발을 통해 다른 보험회사들과 산업 내에서 치열하게 경쟁해 왔다. 이제 은행 및 증권회사와 같은 거의 모든 금융회사들은 자신의 본원적 경쟁력을 활용해 소비자의 미래의 삶을 위한 투자 상품을 개발해 제공하고 있는 것이다.

04 행동하는 기업의 등장

우리나라의 경우 MZ세대는 앞서 설명한 소비자의 역할변화를 주도하고 있다. MZ세대란 밀레니얼Millennial 세대와 Z세대를 합친 개념으로 1980년 후반에서 2010년대 초반에 태어난 세대를 의미한다. 이들은 디지털에 익숙한 디지털 네이티브로서 재미를 추구하고, 자기중심적으로 소비하고, 여가를 중시하며 환경 및 윤리적 가치를 중시한다. 2021년 미국 갤럽Gallop이 정규직의 46%를 차지하고 있는 세대를 분석한 바 있다. 이들의 연구결과에 따르면 MZ세대들은 조직이 직원의 복지에 신경 쓰고, 자신이 소속된 조직이 윤리적으로 활동하고, 기업의 활동을 직원들에게 투명하게 공개하고 다양성을 인정하고 포용하기를 원한다.

더 중요한 것은 MZ세대들이 자신의 의사를 확실하게 표현하고 그들의 가치를 타인과 공유하며 이를 행동에 옮겨 사회에 영향을 미치기 원한다. 이러한 소비자의 욕구변화를 감지한 기업들이 대응하기 시작했다. 기업이 MZ세대들의 가치를 제품이나 서비스에 반영하기 시작한 것이다. 그래서 등장한 용어가 브랜드 액티비즘activism이다. 이러한 활동의 목적은 브랜드가 이들의 가치를 표현하고 행동함으로써 소비자의 지지를 확보하는 것이다. 소비자들이 자신의 가치를 표현해 주는 브랜드를 구매함으로써 자신을 다수에게 표현할 수 있다. 예를 들어, MZ세대는 '환경적 또는 윤리적 가치를 실천하는 브랜드라면 조금 비싸더라도 구매할 의향이 있고, 이를 추구하는 브랜드 활동에 참여할 의사가 있고, 이슈가 되는 사회문제에 입장을 밝히는 브랜드를 선호함'을 확실하게 밝히고 있다. 그에 따라 적지 않은 브랜드가 스스로 사회적 및 환경적 이슈와 윤리적 활동과 관련된 소신을 발표하고 있는데, 이는 환경 및 윤리적 가치를 중시하는 MZ세대를 소구하기 위한 전략이다. 이러한 브랜드의 가치 표현의 영역은 환경적 가치, 사회적 문제, 정치적 문제, 법적인 문제, 노동의 문제 등으로 다양하게 확대되고 있다. 과거 마케터들은 시장을 세분화하는 변수로, 인구통계적 요인, 지리적 요인 및 심리묘사적 요인들을 주로 사용해 왔는데, 이제는 소비자의 정신과 관련된 요인이 더 효과적으로 사용될 수 있다. 이 경우 소비자들에게 전달할 메시지의 핵심이 명확해 진다.

이와 관련해 최근 주목을 받았던 사례가 콜린 캐퍼닉 선수가 모델로 등장한 나이키 광고이다. 샌프란시스코 포티나이너스49ers 풋볼 선수였던 캐퍼닉은 2018년 경찰의 흑인 과잉 진압에 항의해 경기 시작 전 국가 제창을 거부하고 무릎을 꿇는 퍼포먼스를 했는데, 이러한 행동은 다른 프로스포츠 경기로도 확산되어 미국 내 흑백문제와 관련된 논쟁을 불러일으킨 바 있다. 당시 캐퍼린의 행동에 대해 대중들은 상반된 견해를 표현하고 있었다, 모든 것을 잃어버릴 수 있음에도 불구하고 인종차별을 반대하는 의사에 공감하는 사람들과 국민의례 거부에 따른 반감을 느끼는 사람들로 나뉘었다. 당시 구단

<사진> 콜린 캐퍼닉을 표지 모델로 등장시킨 나이키 광고

은 캐퍼린과의 재계약을 연장하지 않는 결정을 한 바 있다. 그러나 나이키는 'Just Do It' 캠페인 30주년을 기념해 캐퍼닉을 광고 모델로 등장시켜 도전적이고 반항적인 브랜드 아이덴티티를 강화시켰고 4천8백만 달러의 광고효과를 낼 수 있었다. 한편, 나이키는 국내에서도 브랜드 액티비즘을 활용한 캠페인을 전개하고 있는데 스포츠계의 강압적인 훈련 관행에 반대하는 메시지를 전하는 'A New Day'캠페인은 3년째 전개되고 있다. 또한, 디즈니가 정당한 이유 없는 우크라이나 침공과 비극적, 인도주의적 위기를 고려해 러시아에서 영화 개봉을 중단한다고 발표한 바 있고, 세계 굴지의 에너지 기업 쉘이 러시아와 투자계약을 철회한다고 밝힌 바 있다. 그리고 아마존에 들어가 보면 'Climate Pledge Friendly'라는 배지를 확인할 수 있다. 이 배지는 판매되는 브랜드가 지속가능한 환경을 보존하기 위해 기후변화 공약에 서명한 것임을 알려주는 상징적 마크이다.

좀 더 강력한 브랜드 액티비즘 사례는 파타고니아의 "The President Stole Your Land" 캠페인에서 목격된다. 트럼프 행정부가 유타에 있는 국립공원 국가기념물 지정면적을 대폭 축소하겠다는 정책을 발표하자 파타고니아는 환경보호 단체 및 원주민보호 단체와 협력해 반대운동을 벌인 바 있다. 파타고니아는 자사의 웹 사이트에 아래 사진과 같은 메시지The President Stole Your Land를 올리며 정책에 반대하는 캠페인을 벌였고 미국 행정부를 대상으로 소송을 진행하고 있다. 파타고니아가 미국 행정부의 정책적인 문제와 관련해 적극적인 행동을 하는 이유는 회사의 목적이 지구를 보호하는 것이기 때문이다. 한편, 이러한 행동주의적 가치를 이미 오래전부터 표현한 기업이 있다. 벤앤제리가 바로 그 기업이다, 이 두 회사의 사례는 4부에서 좀 더 상세히 소개된다.

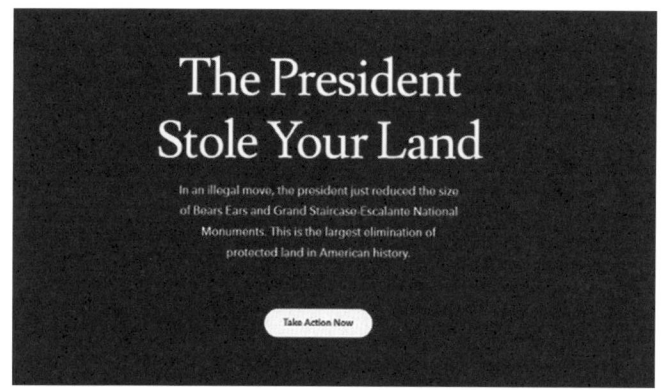

<사진> 국립공원 면적을 줄이는 정책에 대한 반대를 선언하는 파타고니아의 웹 사이트

이러한 브랜드 액티비즘 현상은 앞서 설명한 소비자의 역할변화에서 시작되었다. 행동하기 원하는 소비자들을 소구하기 위해 브랜드가 사회적 이슈에 대해 명확한 입장을 표명하기 시작한 것이다. 앞서 언급한 파타고니아는 이러한 메시지를 마케팅 전략으로 보지 않는다. 이 회사는 회사의 목적을 지구를 보호하는 것을 설정하고 있기 때문이다. 회사의 목적을 구현하는데 장애가 되는 행정부의 정책을 반대하고 이에 대한 이해관계자의 동참을 유도하고 있는 것이다.

경영자가 기업의 목적을 이윤창출이 아니라 더 좋은 세상을 만드는 것이라고 말하면 이를 믿는 사람들이 얼마나 될까? 아마 적지 않는 사람들은 공중과의 우호적 관계를 형성하기 위한 구호 정도로 받아들일 것이다. 그러나 적지 않은 기업들이 기업의 목적을 재정의 하고 있고 현재와 미래에 인류가 겪고 있는 다양한 문제점들과 해결하기 위해 행동하는 기업들이 등장하고 있다. 2부에서 이러한 진화 과정을 살펴보자.

참고문헌

김숙진, 유창조 2022, "뉴 미디어 시대에서의 소비자 역할변화와 지위 역전에 관한 심층연구: 브랜드와 커뮤니티 회원들과의 관계 변화를 중심으로," Korea Business Review, 26권, 77-107.

박성열 2020, "공유경제 서비스의 지속이용의도 형성에 관한 연구: 심리적 소유감의 매개효과," 고려대학교 기업경영학과 박사학위논문. 이민하 2021, "브랜드커뮤니티 경험가치가 브랜드만족, 브랜드신뢰, 브랜드 공동가치창출에 미치는 영향: 방탄소년단과 아미를 중심으로," 한국콘텐츠학회논문지, 21권, 374-385.

유창조 2021, "지속가능한 소비를 구현하는 브랜드 커뮤니티: BAC," 지속가능한 소비와 광고, 123-154.

유창조, 김미나 2007, "경험적 가치기반의 매장에 관한 Ethnography: 홍대 앞 프리마켓free market을 중심으로," 유통연구, 12권 3호, 1-21.

유창조, 백지은 2006, "미술관 체험에 관한 ethnography: 참여적 소비를 중심으로," 2006년도 마케팅학회 춘계학술대회 발표논문집, 2006년 3월 4일.

임종원, 양석준 2006, "디지털 환경에서 고객 참여를 통한 고객 주도형 관계 구조 형성에 관한 탐색적 연구," 한국마케팅저널, 8권 2호, 19-48.

장영혜, 김상우 2013, "온라인 브랜드커뮤니티 구성원들의 제품개발참여의도에 관한 구조적 관계," 마케팅논집, 21권, 37-55.

Chesbrough, Henry 2006, Open Business Models: How to Thrive in the New Innovation Technology, Harvard Business School Press.

Jenkins, Henry 2006, Convergence Culture: Where Old and New Media Collide, New York, University Press.

Kelly, Kevin 1998, New Rules for the New Economy, Penguin Books.

Lancaster, Kurt 1997, "When Spectators Became Performers: Contemporary Performance Entertainment Meet the Needs of an Unsettled Audience," Journal of Popular Culture, 30, 75-88.

Peck, Joann and Suzanne B. Shu 2018, Psychological Ownership and Consumer Behavior, Cham: Springer International Publishing.

Pierce, J. L., Kostova, T., & Dirks, K. T. 2001, "Toward a Theory of Psychological Ownership in Organizations", Academy of management review, 26권, 298-310.

Porter, Michael E. and Mark R. Kramer 2006, "Strategy and Society: The Link between Competitive Advantage and Corporate Social Responsibility," Harvard Business Review, December, 78-93.

Prahalad, C. K. and Venkat Ramaswamy 2004, The Picture of Competition: Co-creating Unique Value with Consumers, Harvard Press.

Tapscott, Don and Anthony D. Williams 2006, Wikinomics: How Mass Collaboration Changes Everything, New York Portfolio.

Tuner, Victor 1969, The Ritual Process: Structure and Anti-structure, Aldine Publishing Company, Chicago, Illinois.

Zhang, Yucheong, Guangjian Liu, Long Zhang and Shan Xu 2021, "Psychological Ownership: Meta Analysis and Comparison of Multiple Forms of Attachment in Workplace," Journal of Management, 3March, 745-770.

CHAPTER
02

기업은 왜 **사업**을 하는가?

전통적으로 기업가가 기업을 운영하는 목적은 이윤을 창출하는 것이었다.
그래서 기업가정신은 "불확실성과 위험을 감수하면서 주어진 자원을 창의적으로 결합하여
이윤을 창출하는 것" 또는 "불확실성을 수용하고 환경변화에서 오는 기회를 포착하기 위해
혁신적인 가치를 창출하는 것"이라고 정의된다. 기업은 소비자들에게 의미 있는
가치를 제공하면서 사회에 긍정적인 영향을 미칠 수 있다. 기업은 가치 창출을 위해
사회가 보유하고 있는 자원을 활용해 왔고 그 과정에서 사회에 부정적인 영향을 미칠 수도 있다.
그에 따라 기업의 사회적 책임(CSR: Corporate Social Responsibility)이란 용어가 등장한 바 있다.
기업의 사회적 책임에 대한 정의는 시대적 상황에 따라 바뀌어 왔고 그에 따라 기업의 목적도
다시 정의되고 있다. 본 장에서는 CSR 정의가 진화된 과정을 요약하고 그에 따라
기업 목적이 어떻게 재해석되고 있는가를 설명하면서 ESG의 등장 배경을 소개하기로 한다.

01 CSR 개념의 진화 과정

기업이 사회에 대해 인식하는 책임의 개념과 범위는 시대적 환경에 따라 달라진. 저자는 이러한 진화 과정을 다섯 가지 단계로 구분하는데, 각 단계별 특징을 요약하면 〈표 1〉과 같다.

〈표 1〉 CSR 개념의 진화 과정

구분	의미
CSR 1기	이윤창출의 의무(CSR as Creating Profits)
CSR 2기	법 준수의 의무(CSR as Social Obligation)
CSR 3기	사회적 비용 최소화에 대한 의무(CSR as Reactive Management of Social Costs)
CSR 4기	사회적 비용에 대한 능동적인 관리에 대한 의무 (CSR as Proactive Management of Social Costs)
CSR 5기	사회적 가치 구현의 주도자(CSR as Social Initiative)

1) 1기: 이윤창출의 의무(CSR as Creating Profits)

불과 100년 전 세계적으로 빈곤했던 시절이 있었다. 특히 우리나라의 경우 해방 후 또는 전쟁 후 국민들은 매우 열악한 환경에서 먹고 살기 위해 무엇이라도 해야 했다. 사람들은 살기 위해 사업을 시작했다. 이 시기 경영자들은 사업을 통해 창출한 이윤으로 종업원들에게 월급을 주는 것을 유일한 책임으로 인식했다. 불과 50년 전 Friedman1970이라는 경제학자는 기업의 단 한 가지 책임으로 "이윤을 극대화하기 위해 자원을 효율적으로 활용하고 경영활동을 전개하는 것"으로 정의한 바 있다.

2) 2기: 법 준수의 의무(CSR as Leagal Obligation)

1기는 제품이나 서비스에 대한 수요는 공급보다 많았던 시절이다. 사업에 따른 불확실성과 위험요인이 크게 인식되었기 때문이다. 사업하는 사람들이 늘어나고 이윤창출에 성공하는 모습이 자주 등장하면서 위험 부담이 있더라도 사업에 도전하는 사람들이 많아졌다. 시장에서 제품이나 서비스에 대한 공급량이 늘어나면서 경쟁과 관련된 규칙이 등장한다. 경영자가 소비자를 기만하는 행위에 대한 규제가 등장하고 경쟁자들 간 공정한 경쟁의 규칙이 생겨나기 시작한 것이다. 이때 기업은 사회가 규정한 규칙을 준수해야 한다는 최소한의 책임을 인식하게 된다. Carroll1991이 제안한 사회적 책임의 계층구조에서 두 번째 단계인 법적 책임이 이에 속한다.

3) 3기: 사회적 비용에 대한 수동적 의무
(CSR as Reactive Management of Social Cost)

기업이 경영활동을 전개하면서 야기하는 여러 가지 문제폐기물 방출, 공기오염, 자원고갈 등들이 목격되면서 경영활동이 야기하는 사회적 비용이 인식되기 시작한다. 이러한 문제점들은 가시적으로 목격되기 때문에 소비자나 사회는 기업 활동에 대한 부정적인 시각을 갖게 된다. 이때 경영자들은 고객관리 차원에서 이러한 사회적 문제들에 대해 반응하기 시작한다. 물론 경영 활동에 대한 규제가 있지만, 규제만으로 다양한 사회적 비용을 제거하기 어렵다. 따라서 경영자들은 기업 이미지를 관리하기 위한 수단으로 대응책을 마련한다. 이때 경영자는 경영활동에 따른 사회적 비용을 최소화할 의무를 느끼기 시작한 것이다.

4) 4기: 사회적 비용에 대한 능동적 의무
(CSR as Proactive Management of Social Costs)

3기에서 사회적 비용에 대한 기업의 반응이 수동적이고 수단적인 것이었다면, 4기로 접어들면서 기업은 사회적 비용을 보다 적극적으로 인식하고 능동적으로 대응하게 된다. 이 시기 경영자들은 기업이 야기한 사회적 비용을 최소화하는 것만으로 소비자나 사회로부터 신뢰를 회복하기 어렵다고 인식한다. 그에 따라 기업은 기업 활동에 따른 사회적 비용을 예측하고 이를 예방하기 위해 노력하게 된다. 그리고 더 나아가 기업이 직접적으로 야기한 문제가 아니더라도 이를 민감하게 인식하고 대처방안을 마련한다. 경영자들은 이윤을 창출하기 위해 공중과의 우호적인 관계를 유지할 필요가 있다고 판단한 것이다. 이러한 활동의 목적은 여전히 이윤창출의 극대화에 있다고 볼 수 있다.

5) 5기: 사회적 가치 구현의 주도자(CSR as Social Initiative)

시장에는 기업과 고객이 있고 이들은 사회를 구성하는 핵심 구성원들이다. 따라서 시장에는 기업이 추구하는 가치, 소비자가 원하는 가치, 사회가 요구하는 가치 등 세 가지 가치가 공존한다. 과거 이들은 서로 조화를 이루기보다는 대립되어 왔다. 5기에 접어들면서 경영자는 이 세 가지 가치가 조화를 이루는 방향을 모색하게 되고 그에 따라 경영자는 사회 내에서 기업의 역할을 사회적으로 바람직한 가치를 창출하고 전달하는 것으로 인식하기 시작한다. 이는 기업의 역할을 사회문화적 개혁의 주체라고 제안한 Kotler2010와 사회적 혁신으로 제안한 Saul2011과도 맥락을 같이 한다. 이러한 인식의 변화는 기업의 역할을 새롭게 모색하는 계기가 된다.

02 기업의 역할에 대한 새로운 모색

경영자들은 자신의 경영활동으로 야기되는 사회적 문제에 대응하기 위해 사회공헌 활동을 전개해 왔다. 따라서 과거 대부분의 기업들은 창출한 이윤 중 일부를 사회적으로 바람직한 활동을 전개하기 위해 사용해 왔고 이는 미래의 이윤창출을 극대화하는 방안이기도 했다. 이 과정에서 기업의 사회공헌활동에 대한 비판적인 시각도 자주 등장했다. 특히 주주의 경우 창출한 이윤 중 일부를 사회를 위한 활동에 사용하는 것에 반대할 수 있다. 물론 이러한 사회공헌활동이 우호적인 공중과의 관계 형성을 통해 미래의 이윤으로 다시 돌아올 수 있다고 생각할 수 있지만, 주주는 미래의 이윤보다는 현재의 이윤을 선호하기 마련이다. 이러한 미래에 대한 가치 또는 기업 활동의 지속가능성이 강조되면서 기업의 목적이 새로운 각도에서 조명되고 있는데, 그 배경을 간략히 요약하면 다음과 같다.

1) 지속가능한 발전을 위한 선언과 지속가능경영의 등장

1980년대에 접어들어 국내외에서 사회적 및 환경적 문제점들이 다양하게 목격되면서 국제사회에서 지구촌의 지속가능한 발전을 위한 선언이 시작되었다. 이러한 선언의 핵심은 현 세대가 당면한 문제를 해결하면서 양질의 삶을 추구하되 이러한 활동으로 인해 다음 세대 삶의 질을 훼손시키지 말아야 한다는 것이다. 현재의 가치를 극대화할 때 나타날 수 있는 미래 가치에 대한 훼손이 우려되기 시작한 것이다. 초기 환경학자들이 중심이 되어 미래에 지구에 닥치게 될 재앙오존층의 파괴, 기후변화 등을 경고하기 시작하면서 '환경적으로 건전하면서 지속가능한 발전'을 위해 현재 우리가 살아가는 방식을 바꿔야 한다고 제안한 바 있다. 이를 위해서는 사회구성원 모두소비자, 정부, 기업 등의 변화가 필요하지만, 가장 영향력이 큰 기업들에게 구체적인 요구사항들이 제안되면서 지속가능경영이라는 개념이 소개된다. 지속가능성경영이라는 개념은 경제성장economic growth, 사회발전social development, 친환경eco-friendliness이라는 세 가지 축Tripple Bottom Line으로 정립된다. 즉 기업은 자원의 효율적 활용을 통해 경제적 성과를 낼 뿐만 아니라 경제성장에서 야기될 수 있는 사회적 문제점들을 해결하면서 이해관계자들과의 공정성, 공평성을 추구하며 미래의 자원을 확보하기 위해 환경적 가치의 보존천연자원 고갈 방지, 오염 방지, 자연 보호 등을 동시에 추구해야 한다는 것이다. 국제기구들은 지속가능한 발전을 위한 기업의 역할을 강조하고 기업에게 다양한 가이드라인을 제시해 왔다. GRI의 지속가능경영보고서 공시, UN Global Impact의 경영자가 준수해야 할 환경, 노동, 인권, 반부패 등 4대 분야의 10대 원칙 제시, ISO의 거버넌스, 노동관행, 공정한 운영관행, 환경 등 7개 주제에 관한 표준 제시 등이 이어졌고 2015년 UN 총회는 기업에게 SDGSustainable Development Goals라는 지속가능한 발전 목표를 제시한 바 있다. 과거 기업의 목적이 현재의 이윤창출 극대화였다면, 이제 기업의 목적은 사회적으로 바람직한 가치를 함께 구현하는 것으로 전환될 필요가 있다는 것이다.

2) CSV의 등장

과거 경영자들은 기업의 사회공헌활동을 비용으로 생각해 왔다. 그러나 이를 전략의 개념으로 승화시킨 학자들이 있다. Poter & Cramer2002는 사회공헌활동을 전략적 요소를 인식하고 이를 통한 경쟁우위를 확보해야 한다고 제안한다. 이어 그들2006은 첨단기술의 등장으로 기업과 사회가 서로 연결된 공동체로 발전하면서 상호의존성을 갖고 있어 경영자는 기업의 내부적인 요소가 사회적으로 미치는 영향inside-out과 사회적 환경이 기업의 경쟁력에 미치는 영향outside-in을 함께 고려해야 함을 강조하면서 전략적 CSR을 제안한 바 있다. Porter & Kramer2012에 의해 전략적이고 통합적 사고를 통한 사회공헌활동 전략은 공유가치창출creating shared value이라는 개념으로 발전된다. Porter & Kramer에 따르면 기업은 사회와의 상호의존성을 인식하여 선순환의 고리를 발견함으로써 기업이 추구하는 경제적 가치와 사회적 가치가 공유될 수 있다. 이들이 제안하는 CSV가 과거의 사회공헌활동과 다른 점은 창출한 이윤 중 일부를 환원하는 것이 아니라 사회적 가치를 제고할 수 있는 사업을 개발전담 부사가 아닌 전사적인 차원에서 전개됨으로써 이윤창출과 사회적 기여를 함께 달성하는 것이다. 그들은 이를 위한 방법으로 새로운 시장 개척, 가치사슬에서의 새로운 차원의 경쟁 차원 발견, 다양한 구성원들과의 산업 클러스터를 구축을 제안한 바 있다. 그러나 이들의 제안은 전략적인 관점에서의 사회공헌활동이라는 한계점을 갖고 있다.

3) ESG 시대의 도래

포터라는 학자에 의해 사회공헌활동이 경영전략의 차원으로 발전되었지만, 이러한 활동의 목적은 사회의 발전보다는 기업의 경제적 성과를 내거나 성장을 위한 수단이다. 또한, 국제기구가 제안하는 다양한 가이드라인도 기업의 선택적인 사항이었고, 아직도 비재무적인 성과를 공시하는 기업은 적지 않다. 국제기구가 법 제정을 통해 구속력을 행사할 수 없었고, 그에 따라 실효성은 기업의 동참 여부에 달려있다.

이런 시점에 기업 활동에 근본적으로 변화를 주는 ESG Environment, Social, Governance 이슈가 등장하게 된다. ESG에 대한 공식적인 논의는 2004년 코피 아난 전 UN 사무총장이 글로벌 연기금과 함께 사회적 책임투자원칙 PRI, principles of responsible investment 을 발표하면서 시작되었고, UN은 2006년 유엔책임투자원칙 UNPRI을 통해 ESG 이슈를 고려한 사회책임투자를 장려한 바 있다. 이후 다양한 논의가 계속되었고 2015년 WFE World Federation of Exchange: 세계 거래소 연맹는 ESG에 대한 공시 가이드라인을 발표하면서 환경관련, 사회관련, 지배구조관련 등 총 33개 항목을 상장기업의 공시 내용에 포함시킬 것을 권고한 바 있다. WFE는 2018년 수정 버전을 발표한 바 있는데, 전 세계 35개 증권거래소가 채택하고 있다. 그에 따라 기업들은 이제 기업의 재무적 성과뿐만 아니라 비재무적 성과도 공개해야 하고 그에 따라 비재무적 성과를 내기 위해 노력하지 않을 수 없게 되었다. 2020년 세계 최대 자산 운영사 블랙록의 최고경영자가 보낸 서한은 기업이 이러한 추세에 대응하지 않을 수 없게 만들었다. 그는 금융의 근본적인 개편 a fundermental reshaping of finance을 제안하면서 주요 기업 CEO들에게 기후변화와 지속가능성을 투자의 최우선으로 삼겠다는 메시지와 함께 석탄 화력연료를 생산하는 기업에는 투자하지 않겠다고 선언했다. 그는 2021년엔 기업들이 넷 제로를 실천할 수 있는 계획을 공개하라고 촉구한 바 있다.

ESG는 투자자들이 중심이 되어 일반 기업들이 지속가능한 발전을 위한 사회적 책임에 반응하도록 유도하는 것이다. 과거에는 투자자들이 기업들의 재무적인 정보만을 가지고 투자를 결정해 왔지만, 기업 가치에 결정적으로 영향을 미칠 수 있는 기업 지배구조 및 다양한 비 재무관련 정보를 확보해 성장가능성이 높은 기업에 우선적으로 투자하겠다는 의지를 표명한 것이다. 상장기업의 환경, 사회 및 지배구조 관련 항목들이 공시되면, 장기적 관점에서 기업 가치와 지속가능성에 영향을 주는 비재무적 요소도 함께 평가해 투자될 수 있고 그 결과 투자자들의 장기적 수익률 제고와 사회적으로 바람직한 기업 활동을 유도할 수 있다. 따라서 ESG 가이드라인은 기업과 자본시장의 협력을 통해 기업에게 지속가능경영에 대한 인식을 높여주고 금융기관의 책임 있는 투자를 통해 바람직한 기업의 자본 조달을 용이하게 해 줌으로써 궁극적으로 기업의 수익률을 증대시키는 선순환을 유도할 수 있다.

과거 국제사회가 제시한 지속가능경영을 위한 가이드라인은 사회적 문제에 초점이 맞춰져 있다면, ESG는 환경적 문제와 기업의 내부 경영 이슈를 부각시키고 있다. 이는 기업의 사회적 책임의 국제 표준인 ISO 26000이 제시하는 7개의 핵심 주제 가운데 5개가 사회 관련 주제이고 나머지가 환경과 지배구조 관련 주제인 것과 비교된다. 과거 지속가능경영 가이드라인도 지배구조 문제를 언급하고 있지만, 의사결정의 투명성, 이사회의 객관성, 다양한 사회구성원의 참여로 국한되었다. 그러나 ESG에선 소유구조, 이사회의 구성과 활동, 감사제도, 관계사의 위험 수준 등에 대한 보다 포괄적이고 구체적인 정보의 공시를 요구하고 있다. 기업의 지배구조는 경영활동의 의사결정 과정이 어떤 구조 하에 진행되는가와 관련된 것으로 경영활동의 출발점이다. 경영활동의 최상위 기구는 이사회이고 이사회의 구성은 주주총회에서 결정된다. 이사회는 모든 의사결정에 대한 책임을 지기 때문에 기업이 창출해야 하는 경제적 성과뿐만 사회적 가치 및 환경적 기여를 함께 고려한 경영전략을 승인해야 한다. 따라서 이사회는 사회적 요구를 반영할 수 있도록 구성되어야 한다. 이사회의 구성과 결정사항들에 대한 공개는 경영활동의 투명성을 높여주게 되고 가장 합리적인 의사결정을 유도할 수 있다. 따라서 ESG에서 지배구조 항목을 구체화하는 것은 경영활동의 투명성을 강화시키는 계기가 된다.

지속가능한 발전을 위한 기업과 투자자의 사회적 책임이 중요해지면서 세계적으로 여러 금융기관이 ESG 평가정보를 활용하고 있다. 2000년 영국을 시작으로 스웨덴, 독일, 캐나다, 벨기에, 프랑스 등 여러 나라에서 연기금을 중심으로 ESG 정보 공시 의무제도를 도입했다. 그에 따라 글로벌 ESG 펀드는 미국과 유럽을 중심으로 확산되어 이미 1조 달러를 넘어서고 있고, 국내는 아직 초기 단계이지만 여러 금융기관에서 활발하게 시도되고 있다. 초기 ESG 펀드는 사회적 책임이라는 명분에서 시작되었지만 이러한 펀드의 수익률이 일반 펀드보다 높게 나타나는 자료들이 보고되고 있다. 기업의 비재무적 공시가 진행됨에 따라 기업의 ESG 경영과 경제성과와의 관계도 실증적으로 분석되면서 고무적인 결과가 발표되고 있다. BoA Bank of Americas는 2019년 과거 5년간의 자료를 통해 ESG 평가 지수가 우수한 기업이 그렇지 않은 기업보다 3% 더 높은 수익률을 나타냈고, Blackrock은 2020년 코로나 팬더믹 기간 동안 ESG 요소에 기반한 투자 포트폴리오가 더 빠른 수익률 회복을 기록했다고 보고하고 있다. 기업의 재무적 및 비재무적 정보가 확보되고 이러한 정보들을 토대로 한 ESG 평가 지수가 기업의 재무적인 성과수익률와 펀드 수익률에 긍정적 영향을 미치는 결과가 발표되면서 투자자들은 투자 효과를 높이기 위해 기업의 비재무적 정보를 보다 적극적으로 활용하고 있다. 이제 기업들은 원활한 자본조달을 위해 ESG 가이드라인을 수용할 수밖에 없는 상황을 접하고 있다.

03 기업 목적에 대한 재정의

전통적으로 기업의 목적은 주주를 위한 이윤창출 극대화였고 아직도 적지 않은 기업들은 이윤창출을 가장 우선적인 목적으로 간주하고 있다. 그러나 기업이 이윤창출만을 고려해 활동한다면, 현명해진 고객으로부터 외면당해 시업을 지속하기 어려울 것이다. 자본주의 시스템에서 가장 중요한 가정이 인간의 합리성이지만, 이윤만을 추구함에서 나오는 탐욕은 기업의 미래 생존을 위협할 뿐만 아니라 바람직한 사회를 구현하기 위한 의사결정의 합리성도 제한할 수 있다.

앞서 언급한 논의들은 기업인들을 어느 정도 변화시키고 있다. 2019년 미국의 대표적인 기업과 금융기관이 참여한 BRT(Business Round Table)에서 경영자들이 기업의 목적을 스스로 재정의한 바 있다. 이 BRT에 참여한 기업들은 기업의 목적이 경제적 가치의 극대화에만 있는 것이 아니라 이해관계자들(주주, 직원, 고객, 협력사, 사회공동체 등)을 위한 가치 창출에 있다고 선언했다. 이는 기업들 스스로 과거 활동의 좌우명으로 받아들여져 왔던 주주 이익 최우선 원칙을 포기한 것으로, 기업의 목적이 새로운 방향으로 진화되고 있음을 보여준다. 이어 영국학술원The British Academy은 '목적 있는 비즈니스 원칙'을 발표했다. 이 자료에서 기업의 목적은 인류와 지구의 문제를 일으키면서 수익을 창출하는 것이 아니라 인류와 지구의 문제를 유익하게 해결하는 것이라고 정의하면서 이를 위한 개혁조치로 회사법의 개정, 이사회의 적극적 역할, 기업과 이해관계자의 파트너십 관계 설정을 제시한 바 있다. Financial Times도 자본주의 개념이 변화되고 있음을 일면 기사로 게재한 바 있고, Fortune과 같은 경제전문지는 우수한 기업 및 존경받는 기업에서 세상을 바꾸는 기업을 평가해 발표하고 있다. 2020년 다보스 포럼은 주주 자본주의에서 이해관계자 자본주의로의 패러다임 전환을 선언하고 지구촌의 모든 구성원들이 지속가능한 세상을 구현하기 위한 포용적 성장을 추구해야 한다고 제안한 바 있다. 이제 BoA, 네슬레, IBM 등 61개 글로벌 기업들은 다보스 포럼이 제시한 이해관계자 자본주의 지표Stakeholder Capitalism Metrics를 경영의 핵심지표로 사용한다고 선언하고 있다.

이해관계자 자본주의는 기업의 이윤추구를 포기하자는 개념이 아니다. 공유, 참여, 협력의 새로운 패러다임이 요구되는 미래 사회에서 기업은 다양한 이해관계자와 협력해 생태계 차원의 성장을 추구해야 하고 이를 통해 확보하는 이윤을 생태계 차원에서 적절하게 배분함으로써 궁극적으로 이윤 극대화가 달성될 수 있음을 의미한다.

이런 시대적 요청을 오래 전에 통찰해온 현인이 있었다. 마하트마 간디라는 훌륭한 철학자는 리더들이 해서는 안 될 7가지 죄악을 제시한 바 있다. 당시가 최근의 경영기법이 소개되지 않았던 시절임에도 불구하고 간디가 제안한 7가지의 원칙은 ESG 시대의 관리자들에게 매우 중요한 지침을 제시해 주고 있다.

첫째는 "pleasure without conscience"이다. 이는 양심에 어긋나지 않는 범위 내에서 즐거움을 추구하라는 것이다. 인간은 살아가면서 즐거움을 추구해야 하지만 그 의사결정으로 인해 다른 사람에게 해를 끼쳐서는 안 된다. 이를 기업에 적용하면, 기업은 이윤을 추구하되 기업의 활동을 통해 사회 구성원에게 해로움을 주어서는 안 된다. 간디는 기업에게만 이득이 되고 소비자들에게 손해가 되는 기업 활동을 성공과정에서 저지를 수 있는 죄악으로 간주한 것이다. 이는 현재 강조되는 이해관계자 자본주의의 핵심이다.

둘째는 "knowledge without integrity"이다. 이는 정직함이 없는 지식은 가치가 없다는 의미이다. 기업의 관리자는 기업 활동을 하면서 소비자에 대한 다양한 정보를 확보할 수 있다. 빅 데이터는 기업의 이윤만을 위해서가 아니라 사회에 이롭게 사용되어야 한다. 관리자가 소비자 정보나 경쟁기업 정보를 수집할 때에도 수집하는 과정은 투명해야 한다. 빅 데이터 및 AI 시대에 정보를 독점하는 기업들이 등장하고 이들이 시장을 독점했을 때 나타나는 문제점을 우려하는 전문가들이 적지 않다. 지식이 정직하게 사용되지 않았을 경우 나타날 수 있는 부작용일 것이다.

셋째는 "science without humanity"이다. 이는 인간에 대한 사랑이 없는 과학은 바람직하지 않음을 의미한다. 최근 디지털 기술이 발전하고 융합되면서 새로운 시장이 형성되고 새로운 사업 기회가 생겨나고 있다. 이런 상황에서 관리자는 새로운 기술 또는 과학적 지식을 인간의 편리함과 가치 충족을 위해 사용해야 한다. 인간의 편리한 삶을 위해서가 아니라 독점을 위해 사용되는 새로운 기술은 사회를 위태롭게 만들 수 있다. 그 결과 기업도 머지않아 위태로워 질 것이다.

넷째는 "religion without sacrifice"이다. 이는 자기희생이 없는 종

교는 가치가 없음을 의미하는데, 관리자의 일하는 방식에 적용될 수 있다. 사회적 가치가 내재된 기업 미션과 비전이 제시되면 구성원들은 이를 바탕으로 일하는 방식을 바꾸어야 한다. 과거에 해 왔던 익숙한 방식을 바꾸려면 여러 가지 불편함과 불안감이 따른다. 경영자는 불편함을 감수하면서 기업의 새로운 목적을 달성하려는 의지를 가져야 한다.

다섯째는 "politics without principle"이다. 이는 정치를 하되 원칙을 지켜야 한다는 뜻으로 여러 직원을 지휘하고 있는 관리자가 필수적으로 갖추어야 할 덕목이다. 관리자는 직원들을 지휘하기 위해 어느 정도 정치력협상이나 타협 등을 발휘해야 하지만, 그 근간에 있는 원칙이 흔들리면 안 된다는 뜻이다. 다음에 설명하겠지만 ESG 경영을 위한 운영시스템 구축시 명확한 기준과 원칙이 제시되어야 한다. 물론 그 시스템이 구현되는 단계에서 상황에 따라 적용되는 방식이 달라질 수 있지만, 원칙은 변해선 안 된다. 원칙이 명확하게 적용될 때 비로소 바람직한 조직문화가 형성될 수 있다.

여섯째는 "wealth without work"이다. 이는 노력하지 않고 부를 축적해선 안 됨을 의미한다. 특히 최고 경영자는 열심히 노력하지 않고 투기 등의 방법으로 이윤을 창출하려 하지 말아야 한다. 적지 않은 경영자들이 새로운 도전을 모색하기보다는 과거의 성공방식을 고수하려는 경향을 보인다. 기존 시장에 안주하다 보면 경영자도 모르는 사이 시장에서 도태될 수밖에 없다. 경영자들은 쉽지 않더라도 그리고 위험이 따르더라도 새로운 시장을 개척해야 한다.

마지막은 "commerce without morality"이다. 이는 사업을 할 때 도덕성을 갖춰야 한다는 뜻으로 이를 기업에 적용하면 기업의 사회적 책임이 된다. 그는 이미 오래전 기업은 사회에 대한 책임의식을 갖고 사업을 해야 함을 강조한 것이다. 기업의 사회적 책임은 경영자의 윤리적 기준에 따라 부여되고 윤리적 기준은 시대적 상황에 따라 달라질 수 있다. 사회적 책임의 범위는 확대되고 윤리적 기준은 더 엄격해 지는 것이 일반적이다. 그에 따라 기업의 목적은 단순한 이윤창출이 아니라 사회를 이롭게 하는 것으로 발전되고 있다.

간디가 제안한 7가지의 원칙들은 경영 관리자뿐만 아니라 모든 사람들에게 소중한 가이드라인이 된다. 모든 사람들이 이러한 원칙을 지키며 살아간다면 세상은 밝고 아름다워질 것이다.

04 ESG 경영이 기업에게 제공하는 혜택

이해관계자 자본주의 개념이 논의되기 시작한 출발점은 Freeman1984이 제시한 이해관계자이론stakeholder theory이다. 이해관계자이론은 기업이 사업을 전개하면서 관계하는 모든 관계자들종업원, 투자자, 미디어, 정부, 공급업체, 중간상, 지역 커뮤니티, 고객 등과의 협력을 강조한다. 기업이 이윤창출을 위해서는 고객에게 전달하는 가치의 완성도를 높여야 하는데, 특히 고객과의 거래와 관계되는 구성원들공급업자, 유통업자, 자본 조달기관 등과 협력이 필요하고 이들과의 우호적인 관계를 구축하는 것이 장기적인 성과를 내는 방법이 된다Barnett 2007; Pelosa and Shang 2011. 즉, 다양한 구성원들이 함께 협력해 더 큰 파이를 만들어 냄으로써 장기적으로 더 많은 이윤을 창출할 수 있다는 것이다. 이 이론이 바탕이 되어 지속가능경영과 ESG에서는 기업이 관계하는 이해관계자들과 포용적 성장을 추구해야 생태계 차원의 경쟁력을 확보할 수 있다고 제안한다.

ESG 이슈가 제시되기 전부터 기업들은 지금까지 다양한 사회공헌 활동을 전개해 왔다. 이러한 활동이 기업에게 가져다주는 성과는 유창조2014에 의해 제시된 바 있는데, 이를 고객과 이해관계자를 중심으로 재정리하면 다음과 같다.

1) 고객에게 미치는 영향

기업이 경영활동을 통해 사회적 문제를 해결하고 환경의 지속가능성을 높이면, 고객은 기업에 판매하는 제품이나 서비스에 대해 호의적으로 반응하게 된다. 그 결과 시장에서의 기업 성과가 높아질 수 있다. 기업은 ESG 경영을 통해 시장에서의 재무적인 성과를 높일 수 있는 것이다. 기업의 ESG 경영은 크게 제품 수준과 기업 차원으로 구분될 수 있다.

(1) 제품 수준에서 ESG 이슈를 반영하는 활동

기업이 제품에 사회적 가치나 환경적 가치를 담는 촉진활동은 자주 사용되어 왔다. 이와 관련된 대표적인 활동이 대의명분 마케팅cause-related markteing인데, 이는 제품이나 서비스에 사회적 및 환경적 가치와 관련된 명분소비자 구매금액의 일부를 사회를 위해 기부을 제안해 소비자의 구매를 유도하는 것이다. 대의명분 마케팅은 기부 금액의 크기예: 매출액의 일정 비율, 거래당 특정 금액 기부 등, 제품별 확장성특정 제품에 한정하는 경우 또는 다양한 제품에 적용되는 경우, 기업 매칭형고객의 기부에 따라 기업이 매칭하여 기부하는 경우, 기부 시기특정 시기로 제한되기도 함 등에 따라 다양하게 전개되고 있다. 이와 관련된 대표적인 예로 American Express는 제품 거래시 1센트를 자유의 여신상 복원 프로젝트에 기부하고, 탐스 슈즈는 구두 한 켤레 구매 시 아프리카에 한 켤레를 지원한 바 있다.

제품 수준에 ESG 이슈를 결합하여 적절히 사용할 경우 소비자들로부터 호의적인 평가를 받을 수 있음은 실증적으로 확인되어 왔다. 이러한 반응에 대한 요건으로 대의명분에 대한 인지도 확보Du, Bhattacharya & Sen 2007, 소비자의 이슈 공감성Torelli and Kiakati 2009, 기업활동의 일관성Yoon, Gurhand- Canli & Bozok 2006; Sen, Bhattacgarya & Korschun 2006 등이 확인된 바 있고, 이 외에도 기부의 크기, 제품과의 친밀감, 회사와 명분의 적합성 등도 조절변수로 확인된 바 있다Koschate-Fischer, Stefan, and Hoyer 2012; Robinson, Irmak, and Jayachandran 2012.

(2) 기업 수준에서 ESG 이슈를 반영하는 활동

앞서 설명한 제품 촉진형이 특정 제품을 위한 활동이라고 한다면, 관리자는 기업 수준에서 이미지나 평판을 제고하는 활동을 전개해 왔다, 기업 홍보형 활동의 목적은 사회적 가치를 강화하는 활동을 통해 공중과의 우호적인 관계를 형성하는 것이다. 이와 관련되어 가장 많이 사용되는 이슈로는 건강 관련 요소, 아동 문제, 인간의 기본욕구교육, 기아, 거주 등, 환경문제야생보존, 자원보호 등 등이 있다. 이러한 기업 수준의 활동에서 국민의 공감대와 참여를 통해 좋은 성과를 낸 사례는 적지 않다.

우리나라 기업 홍보 캠페인의 선두주자이면서 대표성을 인정받는 사례는 유한킴벌리의 '우리강산 푸르게' 캠페인이다. 유한킴벌리는 사업을 하면서 목재를 원료로 사용해 왔다. 따라서 원료의 확보는 무엇보다도 중대한 이슈였고 이를 위해 정부와 협조 하에 국내에서 나무를 심는 국민운동을 전개해 왔다. 이는 우리 강산을 푸르게 하는 것이 곧 자연환경을 가꾸는 것이라는 공감대를 형성하면서 나무로 가득한 산과 들을 만들어 주는 결정적인 계기가 되었다. 이러한 실적이 인정받으면서 유한킴벌리는 기업의 규모는 크지 않으나 최근까지 가장 존경받는 기업, 가장 일하고 싶은 회사 리스트에서 상위를 차지하고 있다.

 Hagen-Dazs의 "HD loves honey bees" 캠페인도 소비자들의 참여를 통해 좋은 성과를 낸 바 있다. 미국에서 꿀벌 군집 붕괴현상이 나타나면서 생태계가 위협받게 되자 고객과 함께 꿀벌의 생존 환경을 복원하는 프로그램을 진행했다. 이는 자연생태계를 복원한다는 대의적인 명분이었지만 아이스크림 원료를 확보하는 측면에서도 기업에게 중요한 문제꿀벌이 아이스크림 향의 주원료로 사용되고 있음였다. 하겐다즈는 초등학교 및 중학교 학생들이 방학 동안 자연환경을 체험하면서 꿀벌 군집을 복원하는 프로그램을 마련했고 이는 아이스크림의 핵심 고객층인 어린이들에게 잘 소구되었다. 학생들은 현장에서의 자연체험을 통한 즐거움을 기대할 수 있었기 때문에 이 프로젝트에 적극적으로 참여하게 되었다.

 한편, 유니 레버의 도브라는 브랜드는 'real beauty' 프로젝트를 통해 여성들에게 자신에 대한 자신감당신은 당신이 생각한 것보다 아름다움을 확인을 확인해 주면서 좋은 반응을 얻은 바 있다. 이 캠페인의 개요는 다음과 같다. 관리자는 그림을 그리는 전문가를 확보하여 일반 소비자에 대한 두 가지 그림을 요청한다. 도브를 사용하는 일반 고객이 초청되고 소비자는 자신의 얼굴 모습을 전문가에게 설명한다. 전문가는 이 고객의 얼굴을 보지 않고 참가자의 설명을 바탕으로 얼굴 모습을 그리게 된다. 다음으로 그 고객을 잘 아는 사람을 초청해 그 사람에게 고객을 설명해 달라고 요청해 두 번째의 얼굴 모습이 그려진다. 한 사람의 얼굴 모습이 자신이 설명한 것에 의해 그려지고 다른 사람에 의해 설명된 것에 의해 그려지게 되는 것이다. 그리고 프로젝트 담당자는 고객에게 두 개의 그림을 보여주면서 "You are more beautiful than you think"라는 메시지를 전한다. 자신의 설명에 기초한 모습보다 지인의 설명에 기초한 모습이 더 아름답게 그려졌기 때문이다. 이 캠페인은 캠페인 다운로드에서 엄청난 호응을 받으며 화제가 된 바 있다.

선행 연구들은 이러한 기업 수준의 활동이 성과를 가져다주는 과정을 이해하기 위해 기업 관련 연상 요소에 관심을 기울였다. Brown and Dacin1997은 기업과 관련된 연상 요소를 기업역량 연상예: 제품이나 서비스를 생산하고 제공함에 있어 인식되는 전문성으로 소비자의 제품이나 서비스에 대한 경험 및 정보에 의해 형성됨과 기업의 사회적 책임CSR과 관련된 연상기업의 사회적 이슈에 관계되는 활동과 관련된 지식들로 소비자들에게 기업의 가치 시스템이나 개성을 파악할 수 있는 중요한 단서를 제공함으로 구분하고, 이 두 가지 연상 요소들은 기업 평가에 긍정적으로 영향을 미치고 있음을 확인했다. 따라서 기업의 사회공헌활동은 이와 관련되어 형성된 연상 지식을 통해 소비자의 호의적인 평가를 유도할 수 있다. 이러한 효과도 항상 나타나는 것은 아닌데, 고객은 사회적 이슈를 통해 기업과 자신을 동일시consumer-company Identification 할 수 있어야 한다Bhattacharya and Sen 2003; Sen and Bhattacharya 2001. 고객과 기업의 동일시 현상을 연구한 학자들에 따르면 기업과 소비자의 적합성 및 사회공헌활동과 기업역량 관계가 중개 또는 조절 역할을 하게 된다. 즉 회사와 고객이 추구하는 가치가 공유될수록 기업과 고객의 적합성에 대한 인식이 높아지고 그 결과로 고객은 기업을 통해 자신이 추구하는 가치자존감, 자아 향상 등를 구현할 수 있게 되어 기업을 더 긍정적으로 평가하게 된다Menon and Kahn 2003; Tornelli, Monga and Kaikati 2012. 더 나아가 기업의 사회공헌활동에서 제기하는 이슈가 기업 역량과 연관될 경우

고객은 기업 역량을 더 호의적으로 평가하고Bhattacharya and Sen 2003; Sen and Bhattacharya 2001, 이러한 고객의 인식은 제품이나 서비스에 대한 구매 의사와 만족도를 높여 준다Luo & Bhattacharya 2006.

제품 수준의 활동과 기업 수준의 활동들은 서로 영향을 주고받기도 한다. 예를 들어 기업에 대한 호의적인 평가는 브랜드에 대한 반응에 호의적으로 영향을 미치기도 하고Berense, Riel, & Bruggen 2005; Brown and Decin 1997, 브랜드에 대한 평가는 제품 포트폴리오상 관련된 브랜드나 기업에 대해서도 호의적인 평가를 하게 된다Biehal and Scheinin 2007. 이러한 영향에 대한 근거는 연상 네트워크 이론Associative network theory, Collins and Loftus 1975과 이를 바탕으로 한 파급 효과Lei, Dewar, and Lemmink 2008에 있는데, 기업이 어떤 브랜드 전략 유형기업브랜드 형, 개별 브랜드형, 동등형 등을 사용해 왔느냐에 따라 파급 효과도 다르게 나타날 것이다. 따라서 기업은 사회공헌활동을 전개할 때 브랜드 전략 유형에 따라 제품 촉진형을 사용할지 또는 기업 홍보형을 사용할지 신중하게 결정할 필요가 있다. 이러한 연구들을 종합하면, 사회공헌활동은 제품 또는 기업의 평가에 긍정적으로 영향을 미치고 제품 평가와 기업 평가는 서로 상승 작용을 하면서 기업의 시장성과를 높여 줄 것이다. 아래의 〈표 2〉는 이러한 제품 수준 및 기업 수준의 활동들이 고객의 반응에 영향을 미치는 과정, 선결요건 및 주요 변수를 요약해 정리하였다.

〈표 2〉 제품 수준 및 기업 수준의 ESG 활동이 고객 반응에 미치는 영향의 개요

구분	내용
과정	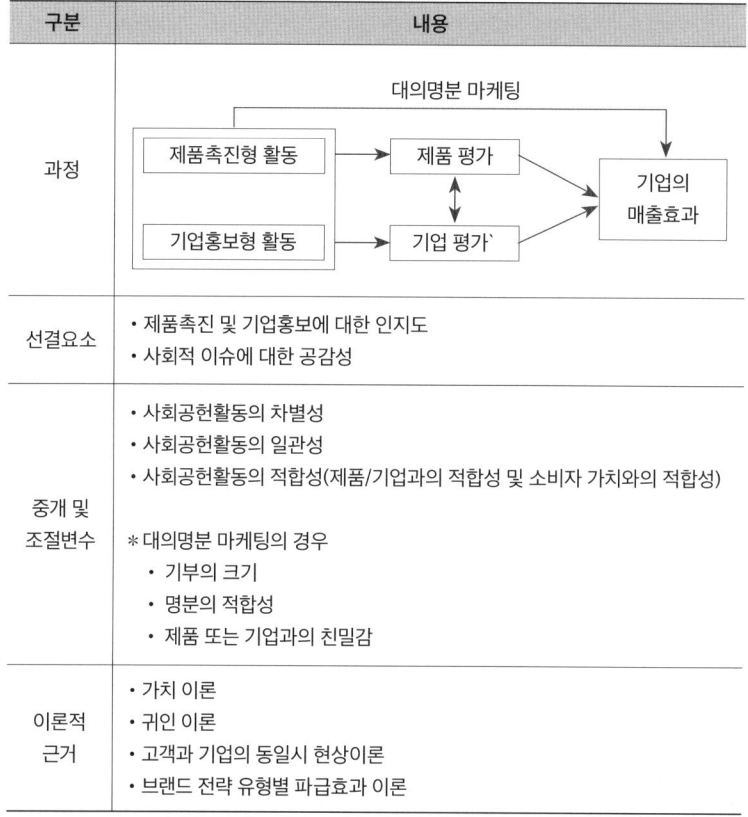
선결요소	• 제품촉진 및 기업홍보에 대한 인지도 • 사회적 이슈에 대한 공감성
중개 및 조절변수	• 사회공헌활동의 차별성 • 사회공헌활동의 일관성 • 사회공헌활동의 적합성(제품/기업과의 적합성 및 소비자 가치와의 적합성) ＊ 대의명분 마케팅의 경우 　• 기부의 크기 　• 명분의 적합성 　• 제품 또는 기업과의 친밀감
이론적 근거	• 가치 이론 • 귀인 이론 • 고객과 기업의 동일시 현상이론 • 브랜드 전략 유형별 파급효과 이론

2) 이해관계자들에게 미치는 영향

　기업의 ESG 경영은 이해관계자들에게도 호의적인 영향을 미친다. 주요 이해관계자들로 종업원, 가치사슬상의 관계자, 미디어, 정부관계자 및 공중이는 고객관점에서 앞에서 기술되었음이 있는데, ESG 경영이 이들에게 미치는 영향을 정리하면 다음과 같다.

(1) 종업원에게 미치는 영향

기업은 종업원을 대상으로 정책예: 안전 및 건강관리, 채용 기준, 교육 및 봉사에 관한 규정 등에 사회적 이슈를 반영할 수 있다. 종업원의 안전 및 건강관리 그리고 교육은 기본적으로 종업원 착취와 관련된 사회적 이슈와 관련되고 채용기준은 사회적으로 소외된 계층과 연계될 수 있고, 종업원 봉사는 사회적 이슈에 종업원을 참여시켜 회사의 관여수준을 공중에게 보여줄 수 있다. 이러한 활동이 종업원에게 미치는 영향은 다음과 같이 구분될 수 있다.

첫째, 사회적 가치가 반영된 종업원 대상 정책들은 종업원의 자부심을 높여주어 일에 대한 성과를 높일 수 있다. Dutton and Dukerich1996에 따르면 사회적인 이슈에 반응하는 기업의 활동들은 종업원의 자아 이미지를 높여주고 그에 따라 종업원은 일에 더 집중할 수 있다. 그 결과 종업원은 일에 대한 만족도가 높아지고 이직률은 낮아진다 Greening and Turban 2000. 이직률이 낮아지면, 기업은 종업원의 경험이나 전문성을 지속적으로 활용될 수 있고 새로운 직원을 훈련시키는 비용을 절감해 줄 수 있어 종업원 관리비용을 낮출 수 있다. 이 외에도 ESG 경영은 종업원과의 신뢰 관계를 높여줘 노사분규를 줄일 수 있고 그에 따른 비용을 절감시켜 줄 수도 있다.

한편, 기업의 ESG 경영은 더 유능한 종업원을 확보할 기회를 제공해 준다Turban and Greening 1997. 사람들은 자신이 중요하다고 생각하는 가치를 소유하고 있는 조직에 더 매력을 느끼게 되기 때문이다Chatman 1989. 이와 함께 회사가 추구하는 다양성종업원 채용 기준에 다양성을 규정하는 경우: 성별, 다문화 등은 가망 종업원들에게 회사의 근무요건에 긍정적인 신호signaling effects를 보내는 역할을 한다. 예를 들어 볼보의 경우 직원 채용시 다양성을 확보하기 위한 조치로 여성 고용을 확대한 바 있는데, 이러한 방침으로 채용된 여성 직원들을 '여성을 위한 자동차 YCC'개발에 투입하여 신차 출시 때 좋은 성과를 낸 바 있다.

마지막으로 기업은 종업원에 대한 관리정책을 통해 종업원의 관리효율성을 제고할 수 있다. 사회적 책임을 중시하는 기업들은 종업원의 근무 여건에 투자하게 되고 그에 따라 종업원들의 근무 의욕을 높여주게 된다Flammer and Luo 2017. 예를 들어 종업원 안전을 제고하는 정책은 종업원 부상이나 사고로 인한 시간적 손실을 줄여 그 결과로 종업원 생산성이 높아질 수 있다. 또한, 기업들은 종업원 능력 향상과 성공적인 경력을 쌓는 데 도움을 주기 위해 다양한 프로그램예: 교육, 사회봉사 지원 등을 전개하기도 한다. 예를 들어 팀버랜드는 종업원이 연간 40시간을 지역사회에 봉사하는 제도를 운영한 바 있는데, 그 결과 종업원은 자부심을 느낄

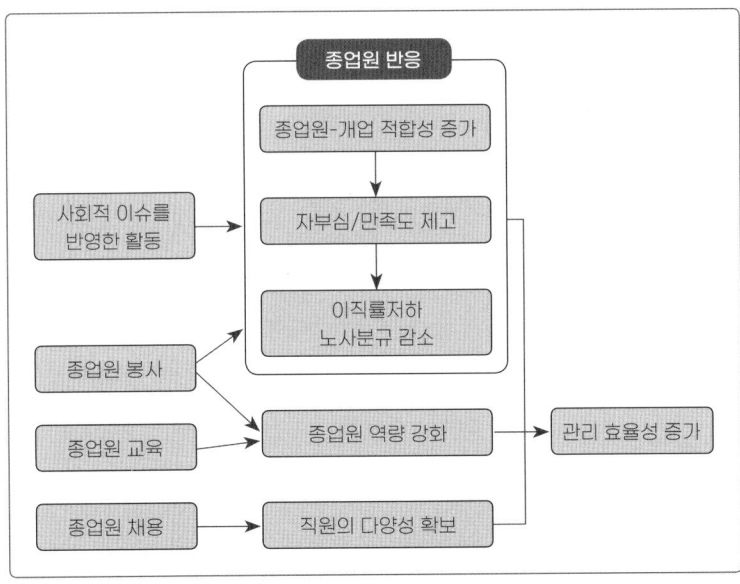

<그림 2> 사회공헌활동이 종업원 반응에 미치는 영향의 개요

뿐만 아니라 지역봉사를 통해 고객을 대하는 기량이 향상된 것으로 평가되고 있다. 〈그림 2〉는 이러한 논의를 종합하여 요약하였다.

(2) 다른 이해관계자에게 미치는 영향

기업은 궁극적으로 고객에게 제품이나 서비스를 전달함에 있어 이해관계자들과 교환가치exchange value를 거래하고 있다Pelosa and Shang 2011. 이해관계자들은 크게 네 가지로 구분될 수 있는데, 제품이나 서비스를 생산하고 제공함에 있어 거래를 하게 되는 관계자들가치사슬상의 관계자들로 공급업체, 중간상 등이 있음, 기업 활동을 보도하는 미디어 관계자들, 기업 활동과 관련된 규제나 촉진 정책을 입안하는 정부관계자들, 그리고 일반 공중예: 지역 커뮤니티들이 있다. 기업의 ESG 경영은 이해관계자들의 교환가치를 높여줘 이들과 우호적인 관계를 유지하는 데 도움을 준다. Barnett2007에 따르면 기업의 사회공헌활동은 이해관계자들에게 기업의 개성character이나 정신을 전달하여 이해관계자들과 다양한 형태의 사업기회를 발견할 수 있고 그에 따라 기업의 재무적인 성과가 향상될 수 있다.

이해관계자들이 특정 기업에 대해 형성하고 있는 호의적인 평가는 일반 공중에게 영향을 미칠 수 있다. 이해관계자들은 기업의 ESG 활동에 관한 정보를 일반 소비자들에게 전달하기 때문이다. 특히 중간상이나 미디어 관계자들은 이러한 중개적인 역할의 영향을 증폭시킬 수 있다. 중간상은 직접 고객을 상대하는 당사자이고 호의적인 평가를 하고 있는 기업의 제품을 판매하기 위해 그 회사의 제품이나 서비스에 대해 호의적인 평가를 고객에게 전달할 수 있다. 한편, 최근 미디어 관계자들은 기업이나 브랜드 정보에 대한 소비자들의 관심이 높아짐에 따라 콘텐츠 가치가 있는 기업 관련 정보를 적극적으로 제공하고 있다. 미디어가 공중에게 제공하는 정보예: 퍼블리시티는 다른 마케팅 도구들대표적인 예: 광고, 판매촉진 등과는 달리 메시지의 신뢰성을 담보하고 있어 이들이 고객의 반응에 미치는 영향이 크다. 이들이 기업과 관련해 호의적인또는 비호의적인 정보를 제공하느냐는 미디어 관계자들의 기업에 대한 인식과 평가에 따라 달라진다고 할 수 있는데, 이러한 인식에 영향을 미치는 요인 중의 하나가 기업의 과거 사회공헌활동과 관련된 누적된 행적 그리고 그에 따른 관계성의 수준이다. 한편, 기업은 환경 관련 단체들과 관계를 강화하기 위해 'Green alliance'나 다양한 형태의 협력관계를 구축하여 이들이 공중에게 회사에 우호적인 정보를 제공하도록 유도할 수도 있다Stafford & Hartman 1997.

    기업의 ESG 경영은 투자 관계자나 투자 기관으로부터 긍정적인 투자 의견을 확보할 수 있고, 이들의 의견은 회사의 재무적 가치예: 주가 등에 직접적으로 영향을 미칠 수 있다. 기본적으로 투자 관련 전문기관들은 기업의 전략적인 방향성을 이해하고 그에 따른 경쟁우위를 평가하여 그들의 평가 결과를 투자자들에게 전달하고 있고 일반 투자자들은 이를 바탕으로 투자를 결정하게 된다. 투자전문 기관들은 회사가 제공하는 다양한 정보연간 보고서, 기업성과 관련 설명회, 프레스 자료 등 외에도 사회공헌활동의 지표들을 평가의 단서로 활용하는 것으로 전해지고 있다.

    마지막으로 사회공헌활동은 정부관계자들과의 우호적인 관계 형성에 도움을 준다. 정부의 정책은 기본적으로 사회 복지를 향상시키기 원하지 때문에 이에 투자하는 기업들을 호의적으로 평가하게 된다. Branett2007는 이를 직접적인 영향기법direct influence tactics이라고 칭하고 있는데, 그는 정책 입안자, 입법 관계자, NGOnongovenment organizations들을 기업의 성과에 직접적으로 영향을 미칠 수 있는 관계자로 구분하고 있다. 사회적 책임을 다하는 기업들은 정부관련 정책에 참여할 기회가 많아져 이들과의 다양한 소통 채널을 확보하게 됨으로써 회사에 우호적인 정책이나 규제를 유도할 수 있고 Hilman, Keim & Schuler 2004; Werner 2015 정부와 관련된 조달 계약 수주에 유리한 위치를 차지하게 된다 Flammer 2018.

이를 종합하면, 기업의 ESG 경영은 이해관계자들과의 관계를 향상시켜 이들의 기업에 대한 긍정적인 평가를 유도할 수 있고, 그에 따라 기업은 이들과 다양한 사업기회를 발견하고 발전시킬 수 있다. 또한, 특정 기업을 긍정적으로 평가하는 이해관계자들은 최종 고객의 기업에 대한 평가에 긍정적인 영향을 미쳐 궁극적으로 그 기업의 시장성과를 높여 줄 수 있다.

(3) 종합

지금까지의 논의를 종합해 보면, 기업의 ESG 경영은 고객, 종업원 및 이해관계자에게 호의적인 영향을 미쳐 기업의 재무적 성과를 높여주게 된다. 사회적 가치를 반영한 경영활동은 고객의 제품 선택 가능성은 높여주게 되고 이해관계자들과 새로운 사업 기회를 발견할 수 있는 기회를 제공한다. 한편, 기업은 자국 시장이 성숙하게 되면 성장의 방법으로 해외시장에 진출하는 것을 모색하게 된다. 해외 시장의 소비자들은 자국시장과 다른 문화를 갖고 있어 이들에게 기반을 갖추는 것은 쉽지 않은 과제이다. 이런 상황에서 적지 않은 기업들이 외국에서의 시장기반을 구축하기 위해 사회적 이슈와 관련된 프로그램을 전개한 바 있다. 특히 글로벌 기업은 열악한 환경에 있는 저개발국가 시장에 진입할 때 환경경영역량을 활용해 좋은 성과를 거둘 수 있다Kim, Moon & Yin 2016. 또한, 이해관계자의 반응과 종업원 반응을 통한 관리효율성 증가는 기업 역량을 향상시켜 줄 수 있을 것이다. 이와 같이 높아진 시장성과, 새로운 사업기회 및 향상된 관리 효율성은 궁극적으로 회사의 재무적 성과를 높여 줄 수 있을 것이다. 〈그림 3〉은 이러한 과정의 개요를 요약하였다.

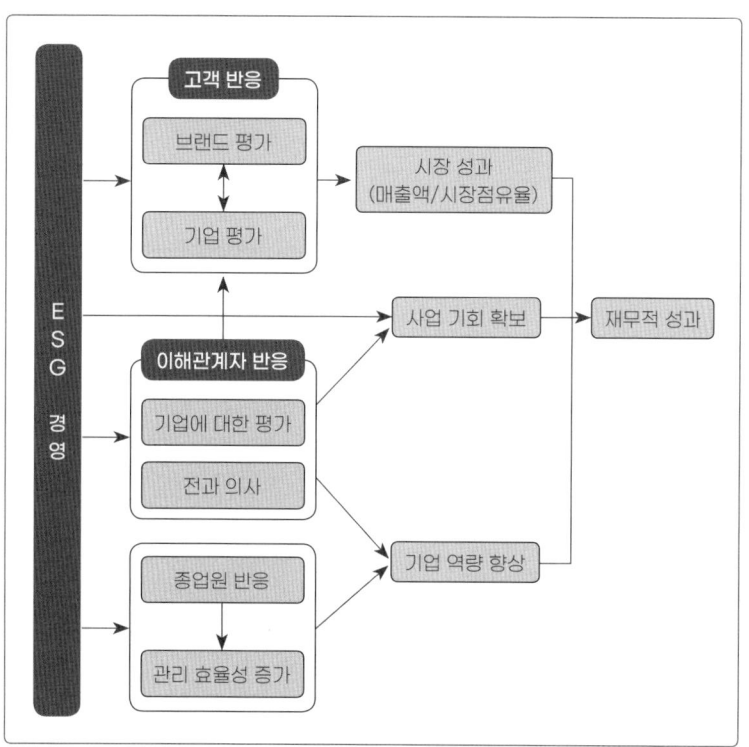

〈그림 3〉 ESG 경영이 재무적 성과로 나타나는 과정

참고문헌

유창조 2014, '사회공헌활동의 진화과정과 경영성과에 관한 종합 고찰,' 마케팅연구, 29 2, 55-78.

Barnett, M. 2007. "Stakeholder Influence Capacity and the Variability of Financial Returns to Corporate Social Responsibility," Academy of Management Review, 32 3, 794-816.

Berense, Guido, Cees B.M. van Riel, and Gerrit H. van Bruggen 2005, "Corporate Associations and Consumer Product Responses: The Moderating Role of Corporate Brand Dominance," Journal of Marketing, 69 July; 35-18.

Bhattacharya, C. B. and Sankar Sen 2003, "Consumer-Company Identification: A Framework for Understanding Consumers' Relationship With Companies," Journal of Marketing, 67 April; 76-88.

Biehal, Gabriel J. and Daniel A. Scheinin 2007, "The Influence of Corporate Messages on the Product Portfolio," Journal of Marketing, 71@, 12-25.

Bishop, Matthew and Michael Green. 2008, Philanthro-capitalism, Bloomsbury Press.

Brown, Tom J. and Peter A. Dacin. 1997, "The Company and Product: Corporate Associations and Consumer Product Responses," Journal of Marketing, 61 January, 68-84.

Carroll, Archie B. 1991, "The Pyramid of Corporate Social Responsibility: Toward the Moral Management of Organizational Stake Holders," Business Horizons, July-August, 10.

Chatman, J. 1989, "Improving Intersectional Organizational Research: A Model of Person-organization Fit," Academy of Management Review, 14, 333-349.

Du, S., Bhattacharya, C. B., & Sen, S. 2007. "Reaping Relational Rewards from Corporate Social Responsibility: The Role of Competitive Positioning," International Journal of Research in Marketing, 24 3, 224-241.

Dutton, J. E. and J. M. Dukerich 1996, "Keeping an Eye on the Mirror: Image and Identity in Organizational Adaptation," Academy of Management Journal, 34, 517-554.

Flammer, C. 2018, "Competing for Government Procurement Contracts: The Role of Coporate Social Responsibility," Strategic Management Journal, 39, 1299-1324.

Flammer, C. and J. Luo 2017, "Corporate Social Responsibility as an Employee Governance Tool: Evidence from a Natural Experiment, Strategic Management Journal, 38, 163-183.

Freeman, R. 1984, Strategic Management: A Stakeholder Perspective, Boston; Pitman.

Friedman, Milton 1970, "The Social Responsibility of Business Is to Increase Its Profits," New York Times Magazine, September 13, 1970.

Greening, D. W., and D. B. Turban 2000, "Corporate Social Performance as a Competitive Advantage in Attracting a Quality Workforce," Business & Society,39 3: 254-283.

Jenkins, Henry 2006. Convergence Culture: Where Old and New Media Collide, New York, University Press.

Kim, N., J. J. Moon and H. Yin 2016, "Environmental Pressure and Performance of Foreign Firms in an Emerging Economy," Journal of Business Ethics, 1373, 475-490.

Koschate-Fischer, Nicloe, Isabel V, Stefan, and Wayne E. Hoyer 2012, "Willingness to Pay for Cause-Related Marketing: The Impact of Donation Amount and Moderating Effects," Journal of Marketing Research, 49December, 910-927.

Kotler, Philip, Hermanwan Kartajaya and Iwan Setawan 2010, Marketing 3.0, John Wiley & Sons, Inc.

Lei, Jing, Niraj Dawar, and Jos Lemmink 2008, "Negative Spillover in Brand Portfolios: Exploring the Antecedents of Asymmetric Effects," Journal of Marketing, 72May, 111- 123.

Luo, Xueming & C. B. Bhattacharya 2006, "Corporate Social Responsibility, Customer Satisfaction, and Market Value," Journal of Marketing, 70October, 1-18.

Peloza, John & Jingzhi Shang 2011, "How Can Corporate Social Responsibility Activities Create Value for Stake Holders? A Systematic Review," Journal of the Academy of Marketing Science, 39, 117-135.

Porter, Michael E. Michael E. and Mark R. Kramer 2002, "The Competitive Advantage of Corporate Philanthrophy," Harvard Business Review, December, 5-16.

Porter, Michael E. and Mark R. Kramer 2006, "Strategy and Society: The Link between Competitive Advantage and Corporate Social Responsibility," Harvard Business Review, December, 78-93.

Porter, Michael E. and Mark R. Kramer 2011, "Creating Shared Value: How To Reinvent Capitalism and Unleash a Wave of Innovation and Growth," Harvard Business Review, January and February, 1-17.

Robinson, Stefanie R., Caglar Irmak, Satish Jayachandran 2012, "Choice of Cause in Cause-Related Marketing," Journal of Marketing, 76July, 126-139.

Saul, Jason. 2011, Social Innovation, Inc.: 5 Strategies for Driving Business Growth through Social Change, Jossey-Bass A Willey Impint.

Sen, Sankar and C.B. Bhattacharya 2001, "Does Doing Good Always Lead to Doing Better? Consumer Reactions to Corporate Social Responsibility," Journal of Marketing Research, 38May, 225-43.

Sen, Sankar, C.B. Bhattacharya, and Daniel Korschun 2006, "The Role of Corporate Social Responsibility in Strengthening Multiple Stakeholder Relationships: A Field Experiment," Journal of the Academy of Marketing Science, 342, 158-66.

Stafford, E., & C, Hartman 1997, "Green Alliance: Strategic Relations between Business and Environmental Groups," Business Horizons, 392, 50-59.

Torelli, Carlos J. and Andrew M. Kaikati 2009, "Values as Predictors of Judgments and Behaviors: The Role of Abstract and Concrete Mindsets," Journal of Personality and Social Psychology, 961, 231-247.

Wener, Timothy 2015, "Gaining Access by Doing Good: The Effect of Sociopolitical Reputation on Firm Participation in Public Policy Making, Management Science, 618, 1989-2011.

Yoon, Yeosun, Zeynep Gunhan-Canli, and Norbert Schwarz 2006, "The Effect of Corporate Social ResponsibilityCSR Activities on Companies with Bad Reputations," Journal of Consumer Psychology, 164, 377-390.

CHAPTER 03

새로운 패러다임에 맞는 ESG 경영의 방향성은?

첨단기술의 등장은 미래 사회에 위협만 제공하는 것이 아니다. 첨단기술은 소비자를 보다 현명하게 만들어 주고 경영자들에게 영향력을 행사할 수 있는 힘을 부여해 준다. 첨단기술의 등장으로 소비자들이 연결되고 서로 상호작용하기 시작하면서 소비자는 새로운 권력을 확보하고 있다. 소비자들은 기업이 제공하는 제품이나 서비스를 선택하는 수동적 역할에서 벗어나 기업에게 자신들이 원하는 제품이나 서비스를 요구하는 능동적 역할을 담당하고 있다.

과거 기업 이미지나 평판은 기업의 활동에 의해 영향을 받았지만 이제 소비자들에 의해 형성되고 있다. 즉, 주도권이 기업에서 소비자로 바뀐 것이다. 그리고 확대된 네트워크에서 소비자들은 수직적인 관계보다는 수평적인 관계를 추구한다.

이와 같은 패러다임이 바뀌는 시기에 기업의 바람직한 ESG 경영의 방향성은 무엇일까? 능동적인 소비자, 자신의 소신을 밝히는 것을 주저하지 않는 소비자, 다수와의 공감을 통해 기업에게 영향력을 행사하려는 소비자가 등장하는 시기에 기업은 어떤 ESG 활동을 전개해야 할까? 저자는 그 방향성을 참여, 협력 및 혁신 지향적 조직문화로 제안하고 아래에서는 이와 관련된 배경을 소개하기로 한다.

01 소비자가 참여하는 ESG 모델을 개발하자

1) 소비자의 자발적인 참여 효과에 관한 최근 연구사례

저자는 최근 소비자의 자발적 참여를 4차 산업혁명시대 새로운 마케팅 패러다임으로 설정하고 자발적 참여의 가능성과 그에 따른 효과를 분석해 왔다. 그 결과 소비자는 적절한 명문이 제시될 때 자발적으로 기부할 의사가 있고 그에 따라 고객의 제품이나 서비스에 대한 충성도가 높아짐을 실증연구를 통해서 확인한 바 있는데, 아래에서는 이를 간략히 소개하기로 한다.

(1) 소비자가 자발적으로 사회적 가치를 제고하기 위한 기부를 선택할 수 있을까? 그리고 기부 선택에 따른 효과는?

전통적인 대의명분 마케팅은 기업이 사회가 요구하는 가치에 대한 명분을 제시하여 소비자의 제품구매를 유도하는 프로그램이다. 즉, 소비자가 제품을 구매하면 회사가 구매 금액의 일부를 특정 기관에 기부하는 방식이다. 이와 같이 대의명분 마케팅 활동이 활발해지는 시기에 CJ 제일제당은 2012년 '미네워터 바코드롭 캠페인'을 전개하면서 대의명분 마케팅의 새로운 방향을 시도한 바 있다. 미네워터는 제품 패키지에 제품 구매 시 스캔할 수 있는 바코드 1개와, 제품 구매와 동시에 기부를 선택할 경우 스캔할 수 있는 바코드 1개 등 총 2개의 바코드를 인쇄하였다. 구매와 동시에 직원에게 기부와 연관된 바코드 스캔을 요청할 경우 소비자는 제품의 가격과는 별개로 기부금액 100원을 추가로 지불하게 되고, 더불어 CJ제일제당과 편의점 프랜차이즈인 CU구 훼미리마트는 각각

100원씩을 추가로 기부하여 모두 300원이 물 부족을 겪는 아프리카 어린이들에게 생수와 식수 정화장치 구매 비용을 지원하게 된다. 물론 기부에 관심이 없는 소비자들은 제품만 구매할 수 있다. 이 캠페인의 특징은 소비자들에게 기부 여부를 선택할 수 있게 여건을 마련해 준데 있다. 이 캠페인이 전개되는 동안 미네워터의 매출액은 전기와 비교했을 때 2배 정도 증가하였고 이 기간 동안 미네소타를 구매한 고객들 중 50%는 기부에 참여한 것으로 나타났다이종식, 유창조 2018. 그러나 이후 국내에서 이러한 소비자의 기부 참여를 제안하는 캠페인은 전개되지 않았는데, 그 이유는 기업이 소비자에게 비용을 부담시키는 제안을 꺼려왔던 것으로 보인다.

저자는 이 캠페인의 효과에 주목하고 이를 보다 체계적으로 연구하는 실험을 진행한 바 있다. 실험 결과의 외적 타당성실험결과가 실제 시장에서 나타날 가능성을 의미하는 개념임을 높이기 위해 실험대상으로 가상적인 브랜드

〈그림 4〉 일반 제품 광고와 친환경을 강조하는 광고의 예

대신 실제 브랜드현재 친환경활동을 활발하게 전개하고 있는 블랙야크라는 아웃도어 브랜드를 선택했다. 이 연구는 두 가지 단계로 진행되었는데, 첫째는 일반 광고와 친환경 광고를 비교하는 것이었다. 이를 위해 두 가지 광고가 개발되었다. 첫째 일반 광고는 블랙야크가 과거 전통적으로 소구해 왔던 기능성과 디자인의 우수성을 강조한 광고였고, 둘째 친환경 광고는 최근 블랙야크가 전개하고 있는 'PLUSTIC 패션 프로젝트'를 소개하는 광고였다그림4 참조.

그 결과는 예상했던 대로 일반 광고를 접한 소비자들보다 친환경 광고를 접한 소비자들의 제품 태도와 구매의사가 유의한 수준에서 높은 것으로 나타났다. 블랙야크 제품의 기능성과 디자인 우수성은 이미 잘 알려져 있지만 친환경활동을 잘 모르던 소비자들이 이러한 정보에 접한 결과 제품에 대한 호감도가 높아진 것이다.

두 번째 연구는 회사가 사회적 가치를 제고하기 위해 기부할 경우와 소비자도 이에 동참할 수 있는 기회를 가질 경우의 효과를 비교했다. 두 번째 연구의 핵심 과제는 1선택형 대의명분 마케팅 제안과 구매연계형 대의명분 마케팅 제안과의 차이를 소비자 반응 측면에서 비교해 보고 2어떤 소비자들이 기부를 선택하는가를 분석하고 3소비자가 기부를 선택했을 때 나타나는 성과를 확인하는 것이다.

이를 위해 세 가지 유형의 광고가 제작되었다. 첫 번째 광고는 앞서 제시한 바 있는 일반 제품광고이다. 두 번째 광고는 앞서 소개한 친환경 광고에 회사의 기부를 소개하는 광고인데, 전통적인 대의명분 마케팅 광고로 소비자 구매시 블랙야크가 산에 버려진 쓰레기를 수거하는 활동에 1000원을 지원함을 안내하였다. 마지막 세 번째 광고는 소비자가 원하면 소비자도 1000원을 쓰레기 수거활동에 지원할 수 있음을 안내하였

〈그림 5〉 회사의 기부를 안내하는 광고의 예

다. 과거 미네워터 캠페인의 경우 소비자의 대안은 제품만 구매하는 경우와 회사와 소비자가 함께 기부하는 것을 선택할 수 있게 해 준 바 있다. 이 경우 소비자의 자발적인 선택의 효과만을 분석할 수 없기 때문에 두 번째와 세 번째 대안을 개발한 것이다. 이때 모든 광고에 제품 가격을 제시해 연구결과의 외적 타당성을 높였다. 독자들의 광고에 대한 이해를 높이기고자 회사의 기부를 안내하는 광고의 예는 〈그림 5〉에 제시되었다. 이러한 세 가지 유형에 대한 실제 소비자 반응에 관한 자료를 수집하는 온라인 실험이 진행되었다.

　그 결과 두 번째 광고와 세 번째 광고를 접한 소비자들의 제품 태도와 구매의사는 첫 번째 광고를 접한 소비자들보다 유의한 수준에서 높은 것으로 나타났다. 이는 앞선 연구결과를 확인해 주는 것으로 블랙야크의 친환경활동을 소개할 때 소비자의 반응이 더 호의적임을 보여주고 있다. 한편, 두 번째 광고와 세 번째 광고를 접한 소비자들은 제품 태도와 구매의사에서 유의한 차이가 나타나지 않았다. 이는 매우 흥미로운 결과로 소비자도 기부할 수 있는 대안을 제시세 번째 광고할 경우 회사만 기부하는 방식보다 호감도가 떨어지지 않음을 의미한다. 즉 소비자는 기부에 참여할 수 있는 기회를 주는 메시지에 대한 거부감이 없는 것이다.

　한편, 소비자가 회사만 기부하는 것과 자신도 함께 기부하는 것을 제시했을 때 기부에 참여하는 소비자의 비율은 71.1%로 매우 높은 수준으로 나타났다. 이는 회사가 먼저 사회적 가치 향상을 위해 기부함을 제시하면서 소비자에게 참여를 제안할 경우 소비자들의 기부참여 의사가 높아짐을 의미한다. 더 흥미로운 점은 회사의 기부만을 선택한 소비자와 자신의 기부참여를 선택한 소비자를 구분해 재구매의사정서적 충성도와 행동적 충성도도 함께 분석함를 분석한 결과에서 확인될 수 있는데, 자신의 구매를 선택한 소비자들의 재구매의사평균값: 5.49가 회사의 기부만을 선택한 소비자들의 재구매의사평균값: 4.94보다 유의한 수준에서 높았다. 이는 소비자들이 자발적으로 기부에 참여한 결과 브랜드에 대한 충성도가 높아질 수 있음을 의미한다. 종합하면 회사가 대의명분 마케팅을 전개할 때 소비자의 기부 참여를 제안하는 것이 더 효과적임을 보여주고 있다. 소비자가 자신의 비용으로 기부를 참여할 의사가 없을 경우 회사의 기부만을 선택할 수 있고 자신이 기부에 참여할 수 있는 대안이 제시되어 이를 선택할 경우 충성고객이 될 가능성이 높기 때문이다.

(2) 소비자가 자발적으로 단골점포를 선택할 때 나타나는 효과는?

국내의 한 프랜차이즈 회사는 사업과 관련된 스마트폰 기반 멤버십 앱을 개발해 이를 통해 고객의 단골점포 선택을 장려한 바 있다. 저자와 공동 연구자는 S사가 보유하고 있는 멤버십 고객들을 대상으로 자료를 수집하기 때문에 고객의 실제 반응을 추적할 수 있었는데, 이와 관련된 자료는 학술지에 자세히 소개되어 있다정기원, 유창조 2019.

이 연구의 목적은 회사의 이러한 제안에 대한 고객의 자발적 참여와 그 효과를 실제 자료를 통해 확인하는 것이었다. 국내의 한 프랜차이즈 회사는 고객들에게 단골점포 등록을 안내하는 행사를 진행한 바 있다. S사는 점포를 방문한 바 있는 고객들에게 앱을 이용해 단골점포 등록이 가능함을 설명하고, 단골점포를 등록하면 점포의 신제품과 행사에 대한 정보가 제공된다고 안내하였다. 고객은 멤버십 포인트 조회 화면에서 해당 점포를 선택하고, 정보수신 동의 버튼을 클릭하면 단골점포 등록은 완료되며, 단골점포를 등록한 고객에게는 해당 점포에서 신제품이나 행사 내용이 앱을 통해 푸시 형태로 제공된다. 이 과정에서 주목할 점은 고객에게 단골점포 등록에 따른 특별한 보상이 제공되지 않았다는 것이다. 따라서 회사는 단골점포를 등록한 고객과 등록하지 않은 고객을 구분할 수 있었고, 각 경우에 따라 등록 후의 점포 구매행위를 추적할 수 있는 기회를 갖게 되었다. 따라서 본 연구는 단골점포를 등록한 고객과 등록하지 않은 고객의 후속 행동을 비교 분석했다.

S사 멤버십 고객을 대상으로 한 단골고객 등록을 안내하는 행사는 2017년 1년간 진행되었는데, 행사기간 중 고객의 단골점포 지정 시점의

전과 후 2개월 간 점포에서의 구매행동방문횟수와 구매금액에 관한 자료가 수집되었다. 저자들은 고객들이 단골 등록 이전의 2개월간 실적과 단골 등록 후 2개월 실적에 관한 자료를 수집하여 구매액과 점포 구매횟수를 비교했다. 실험대상은 S사가 직접 운영하는 2개 점포로 선정되었다. 두 개의 점포는 위치 등의 변수가 작용할 가능성이 있어 각 점포별로 차이를 분석하였다. 이 연구에서 가장 중요한 변수는 단골점포 등록 여부이다. 이 행사에 참여한 S사의 점포는 앱을 다운로드한 고객들에게 서비스를 소개하고 거래한 점포 중에서 단골점포를 지정할 수 있는 기회를 제공하였다. 고객이 앱에서 포인트 조회 화면을 누르면 〈그림 6〉와 같이 고객이 거래한 점포가 나타나고 고객이 거래한 점포 중에서 단골로 선택하고 싶은 점포의 별표 모양을 클릭하면, '단골매장 등록 동의'화면이 나타나고, '동의'버튼을 누르면 단골점포 등록은 완료된다. 앱에서 단골점포를 등록하고 해당 점포에 대한 정보수신에 동의한 고객들은 참여고객으로 구분되고, 단골점포를 지정하지 않은 고객은 비 참여고객으로 구분되었다. 행사시 단골점포를 등록하는 고객에게 특별한 사은품이 제

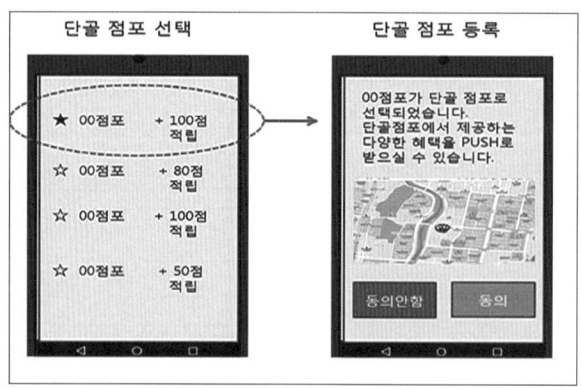

〈그림 6〉 모바일 앱에서의 단골점포 선택 과정

공되지 않았기 때문에 회사의 행사에 자발적으로 참여한 고객들의 행동 변화를 분석하는데 적합하다고 평가될 수 있다.

이 연구가 비교하는 핵심변수는 고객들의 점포 방문횟수와 방문 시 평균 구매금액이다. 단골점 등록이 안내된 고객들은 등록 고객과 미등록 고객으로 구분되었다. 그리고 등록 고객과 미등록 고객들은 모두 2개월 전과 2개월 후의 방문횟수와 평균 구매액의 변화량이 측정되었다. 사전 사후 측정방식의 경우엔 시기에 따른 변수가 변화량에 영향을 미칠 가능성이 있는 것이 단점이지만, 본 연구에서는 단골점포 지정에 참여한 고객과 참여하지 않는 고객을 함께 분석하기 때문에 이러한 문제가 제거될 수 있었다.

자료는 두 개의 점포에서 수집되었다. A점포는 주택 상업지역에 위치한 점포인데, 2017년 4월 1일부터 2017년 11월 30일까지 거래한 11,469명이 분석 대상이다. 이 중 단골점포를 등록한 고객은 총 178명이었다. B점포는 수도권 주거지역에 위치한 점포인데, 같은 기간 중 거래한 7,596명이 분석 대상이었다. 이 중 단골점포를 등록한 고객은 총 50명이었다. 이 자료를 보면 단골점포를 등록한 고객의 비율은 높지 않았는데, 이는 단골점포 등록에 대한 안내가 푸시형식으로 간단하게 제시되었기 때문이다. 향후 단골점포 등록에 따른 고객의 혜택 등이 상세히 소개될 경우 등록 비율은 더 높아질 수 있을 것으로 보인다.

이 연구에서 저자가 관심을 갖고 분석한 변수는 단골점포 등록 고객과 미등록 고객의 점포 방문횟수와 평균 구매금액이었다. 분석결과 두 점포 모두 단골점포를 선택한 고객이 단골점포를 선택하지 않은 고객보다 점포를 더 많이 방문하는 것으로 나타났다. 단골점포를 지정하지 않은 고객의 경우 방문횟수의 차이가 거의 없었지만, 단골점포 등록 안내에 참여한 고객들의 방문횟수는 단골점포 등록 후 0.55회A 점포 및 1.11회B 점포 증가하였다. 또한 구매금액 변화에 있어서도 단골점포 안내에 참여한 고객이 참여하지 않은 고객에 비해 구매금액 변화가 더 큰 것으로 나타났다. 단골점포를 등록한 고객 집단의 구매금액은 5,259원A 점포 및 12,615원B 점포 증가하였다.

위 연구는 회사 제안에 대한 고객의 자발적 참여가 후속적인 구매 행동에 미치는 영향을 실제 고객들에 대한 자료를 수집하여 검증하였다는 측면에서 중요한 기여도가 있다. 본 연구의 연구자가 회사에서 고객에 대한 로열티 프로그램을 관리하고 있었고, 특히 멤버십 앱을 운영하여 고객의 단골점포 등록에 대한 안내에 참여한 고객과 그렇지 않은 고객을 명확하게 구분할 수 있었다. 따라서 본 연구는 실제 고객들에 대한 실제 구매 자료를 통해서 분석이 진행되었기 때문에 그 분석결과는 관리자들에게 다음과 같은 시사점들을 제공할 수 있다.

첫째, 행사에 대한 고객의 자발적 참여를 유도하는 것이 마케팅 담당자가 제공하는 다양한 행사의 효과성을 높이는데 매우 중요함을 확인하였다. 로얄티 프로그램의 목적은 충성고객을 확보하여 기업의 매출과 이익을 제고하는 것이지만, 과거 행사는 고객에 대한 보상을 제공하면서 진행해 왔기 때문에 비용대비 효과에 대한 의문이 자주 제기된 바 있다. 마케팅 관리자는 모바일 앱에서 고객의 참여를 높일 수 있는 다양한 형태의 기능을 활용해 행사에 대한 고객 참여를 유도할 수 있다. 멤버십 앱을 이용하는 고객을 대상으로 고객 참여형 이벤트, 모바일 설문, 단골점포 등록, 스탬프 등을 효과적으로 활용한다면, 로얄티 프로그램의 차별성과 효과성을 높이는 계기를 마련할 수 있을 것이다.

둘째, 고객참여 행동에 따른 후속적인 구매 행동의 변화는 고객의 충성도 수준에 의해 달라짐이 확인되었다. 충성도 수준이 높은 고객일수록 행사에 대한 참여도가 높아지고 안내되는 정보에 대해 더 적극적으로 처리하기 때문에 방문횟수 및 구매금액이 더 크게 늘어난 것이다. 따라서 기업은 고객 정보를 기반으로 충성도 높은 고객을 확보하기 위해 노력해야 하고 이들에게 유익한 콘텐츠를 제공하여 상호작용을 유도하게 되면, 이들의 후속적인 구매 행동도 호의적으로 변화될 수 있다. 프랜차이즈 점포들이 고객에게 차별적으로 제공할 수 있는 마케팅 수단은 부족하고 사용할 수 있는 예산도 충분하지 못하다. 그러나 모바일 앱을 활용해 고객과 실시간으로 상호작용하면서 이들의 충성도 수준을 높일 수 있고 그에 따른 점포 구매금액과 방문 빈도를 높여 매출과 이익을 증대할 수 있을 것이다.

셋째, 본 연구는 고객에게 유용한 콘텐츠를 적시에 실시간으로 제공한다면 고객의 자발적 참여를 유도할 수 있음을 보여주고 있다. 본 연구에서는 고객에 관한 기존 정보를 바탕으로 방문 점포에 관한 자료를 제시하면서 단골점포 등록을 요청하였고 이에 대한 보상을 제공하지 않았음에도 일부 고객들이 단골점포를 자발적으로 등록하였다. 비록 그 등록 참여 비율은 높지 않았지만 짧은 기간의 테스트 마케팅이었음을 감안하면, 보다 다양한 콘텐츠를 통해 고객 참여를 유도할 수 있음을 보여준다. 그리고 참여한 고객들에게 다양한 정보를 제공신제품이나 행사 안내 외에 다양한 점포 소비 행위에 관련된 오락적 정보제공 등한다면 고객의 참여 수준을 높이고 그에 따른 바람직한 마케팅 성과를 낼 수 있을 것이다.

2) 어떻게 고객의 자발적 참여를 유도할 수 있을까?

　기업이 제시하는 대의명분이나 마케팅 제안에 자발적으로 참여하는 고객이 있고 자발적으로 참여한 고객들은 기업에 대한 충성도 수준을 높이고 있음이 확인되었다. 기업이 어떻게 사회적 가치를 추구하느냐에 따라 소비자는 기업 활동과 관련해 인지하는 단계, 참여하는 단계, 지지하는 단계를 거치게 될 것이다. 과거 기업은 기업이 원하는 사회적 명분을 선택해 이를 소비자들을 전달해 왔는데 이때 목표는 소비자들에게 자신의 선한 활동을 알리는 것이었다. 이제 기업은 소비자들이 원하는 사회적 명분을 발굴하고 이를 함께 참여하는 방법을 제시해야 하고 소비자의 주도적 역할을 부여함으로써 지지자로 만들어야 한다. 그렇다면 어떻게 소비자들을 자발적으로 참여하게 만들 수 있을까? 답은 소비자들을 무대의 주인공으로 만드는데 있다. 저자는 Pine & Gilmore1999가 저술한 체험경제학에 있는 내용을 참조해 기업의 ESG 활동에 소비자들을 주인공으로 초대하는 방안을 정리해 보았다.

(1) ESG 활동에 적합한 주제(또는 컨셉)를 선정하라

　기업이 어떤 활동을 전개할 때 주제또는 컨셉의 중요성은 아무리 강조해도 지나침이 없다. 디즈니랜드가 시대에 맞는 주제를 제시해 성공한 대표적인 브랜드이다. 특별한 주제가 없이 놀이기구, 게임 및 스낵 코너로 구성되어 있는 유원지에 불만을 갖고 있는 창업자 월트 디즈니는 1955년 어릴적 꿈꾸던 환상의 세계를 제공한 공간 디즈니랜드를 개장했다. 관객을 매료시키는 만화를 중심으로 '아서 왕의 회전목마', '피터 팬의 여행', '마크 트웨인의 노보트'와 같은 주제가 있는 놀이기구를 판타지랜드와 프론티어 랜드에 마련하는 것이 아이디어의 시작이었다. 디즈니랜드는 지금도 영화나 최신 동화에 바탕을 둔 스토리라인으로 공원을 구성하고 이와 관련된 다양한 캐릭터 상품도 개발하며 식당도 '하우스 오브 블루스'와 같은 주제가 있는 식당을 유치해 방문객을 매료시킨다. 예를 들어 '놀이와 모험과 재미의 섬'이라는 뱀블라 주제는 바다에서 실종된 두 명의 아이들이 거대한 거북에 의해 구조되어 뱀블라 섬에 도착하게 된다는 환상적인 이야기로 아이들을 매혹시킨 바 있다. 그리고 '바다거북이 다시 아이들을 구조할 수 있게 이 섬을 깨끗이 청소해 주세요'라는 메시지를 전달하는 것도 빠트리지 않는다. 관객들은 이런 곳에서 색다른 체험을 하고 몰입되면서 놀라움을 경험할 수밖에 없다.

기업이 ESG 활동을 전개할 때 고려해야 할 요소들은 다음과 같다. 첫째, 주제는 기업의 성격character과 조화를 이루어야 한다. 마켓 4.0 시대로 접어들면서 기업은 소비자들이 자신의 추구하는 정신에 소구해야 하는데, 이러한 정신은 기업의 미션이나 비전에 표현되어야 한다Kotler, Kartajaya and Setiawan 2017. 과거 기업 미션은 CEO가 추구하는 경영철학을 반영하는 것이었지만 이제 미션은 사회가 요구하는 열망에 부합해야 한다. 소비자가 기대하는 것을 파악하고 이를 구현하겠다는 CEO의 의지가 미션에 담겨야 하고 이런 철학에 맞는 주제를 선정해야 한다. 기업이 추구하는 정체성에 부합하는 주제는 진정성을 전달해 줄 수 있다.

둘째, ESG 활동의 주제는 일관성을 유지해야 한다. 커뮤니케이션 활동에서 메시지의 일관성은 그 무엇보다도 중요하다. 이는 주제를 바꾸지 말라는 것은 아니다. 성공적인 캠페인의 특징은 핵심 메시지를 유지하면서 새로운 표현 방식을 끊임없이 개발해 메시지의 전달력을 높이는 데 있다. 주제는 환경이 바뀌면서 진화되고 새로운 표현 방식이 시도될 수 있지만 그 핵심은 유지되어야 한다.

　　마지막으로 주제는 소비자의 상상력을 자극할 수 있어야 한다. 새로운 마케팅 패러다임 중의 하나는 고객과의 장기적인 긴장관계를 유지하는 것이다. 기업은 고객에게 놀랄만한 감동을 전달해야 하고 더 나아가 고객이 이 회사가 앞으로 또 어떻게 놀라게 할 것인지 기대하게 만들어야 한다. 주제가 정해지면 이제 이를 중심으로 다양한 요소들을 구성해야 한다. 구성요소를 선택할 때 유일한 기준은 주제를 얼마나 강화시킬 수 있는가를 평가하는 것이다. 라스베가스에는 포럼 숍Forum shop이라는 곳이 있다. 고든 그룹 홀딩스의 셸던 고든이 구상하고 사이먼 프라퍼티 그룹이 개발한 이 쇼핑몰은 고대 로마의 시장이라는 독특한 주제를 선정하고 다양한 건축요소를 결합해 방문객들에게 새로운 체험을 제공해 준다. 대리석 바닥, 순백의 기중, 노천카페, 살아있는 수목들, 보기에도 시원한 분수대, 뭉게구름과 파란 하늘;정기적으로 천둥과 번개를 동반한 폭우까지 표현되었다. 몰의 출입구와 상점 정면에는 로마인을 재현한 조각들이 있다. 다양한 표현방식이 사용되었지만 모두 설정된 주제를 강화시키고 있다. 주제를 강화시키는 요소를 개발하는 것도 중요하지만 부정적인 자극을 제거하는 것도 못지않게 중요하다. 플라스틱 재활용을 강조하는 회사의 CEO가 재활용되지 못한 플라스틱 용기로 커피를 마시는 모습을 고객이 목격하게 된다면 어떻게 될까? 사소해 보이는 것 하나로 회사의 진정성이 의심받게 될 것이다. 예를 들어 직원 복장, 제품 패키지, 고객이 사용하는 화장실 등에도 설정된 주제가 손상되지 않도록 세심하게 점검되어야 한다.

(2) 고객이 몰입할 수 있는 무대를 연출하라

　소비자들이 몰입할 수 있는 무대를 만들어주는 첫걸음은 소비자가 열망하는 것을 제공하는 것이다. 첨단기술로 인해 기업과 소비자의 상호작용이 가능해 지면서 상호작용에 기반한 체험경영의 시대가 열리고 있다. 이제 기업은 소비자들이 열망하는 체험을 경험할 수 있는 무대를 만들어줘야 한다. 기업이 고객에서 제품이나 서비스를 통해 최적 체험을 제공해 준다는 측면에서 소비자들이 느끼는 심리적 가치는 매우 중요하다. 체험과 관련해 소비자들이 느끼는 심리적 가치는 즐거움, 성취감, 자부심 등이 있다.

　첫째, 소비자는 무대에서 즐거움을 느낄 수 있어야 한다. 즐겁지 않으면 소비자는 참여하지 않는다. 예를 들어 콘서트와 같은 무대공연을 생각해 보자. 최고의 무대를 만드는 BTS나 싸이는 단지 노래를 부르지 않는다. 공연에서 관람객과 함께 호흡하며 함께 무대를 만들어가고 있다. 이들의 공연장을 찾는 관객들은 가수들과 함께 공연을 이끌어가는 느낌을 갖는다. 무대를 제공하는 사람과 이를 관람하는 사람들과의 경계가 허물어지고 있는 것이다. 팬들이 이들의 공연에 열광하는 가장 중요한 이유이다. 다른 예로 하겐다즈가 진행한 청소년들을 위한 꿀벌 복원 프로그램을 생각해 보자. 미국에서 꿀벌 군집이 붕괴되는 현상이 일어났을 때 하겐다즈는 꿀벌을 보호하는 청소년들의 체험 프로그램을 준비했다. 아이스크림 향의 주원료인 꿀벌을 확보하는 것이 이 프로그램의 목적이었는데, 하겐다즈는 미국 청소년들에게 꿀벌이 붕괴되는 현장을 방문해 이를 직접 체험하고 이를 복원하는 프로그램을 마련한 것이다. 수업이 학교 내에서 현장으로 이동되면서 청소년들에게 새로운 즐거움을 제공해 주었고, 즐거움은 참여도를 높여 주었다.

둘째, 기업은 소비자들에게 무대를 통해 무언가를 달성하는 성취감을 제공해 주어야 한다. SKT과 AIA가 함께 전개한 바 있는 'T건강걷기 ×AIA 바이탈리티'가 좋은 예이다. 이 두 회사는 대한민국 국민들을 걷게 해 건강을 증진시키기 위한 목적으로 'T건강걷기 ×AIA 바이탈리티' 프로그램이라는 건강 습관 개선 서비스를 개발했다. 고객들은 앱을 다운 받아 주간단위 걷기 목표주간 미션를 설정하고, 목표를 달성한 고객들에게 매주 3000원, 월 최대 1만2000원씩 총 6개월 간 통신요금을 할인해 준다. 통신요금 할인혜택을 원치 않는 고객은 매주 스타벅스 커피 1잔, 뮤직메이트 400회 음악듣기, 영풍문고 4000원 상품권 중 한 가지 혜택을 선택할 수 있다. 이 프로그램이 소개된 후 가입자 수는 서비스 6개월 만에 100만 명을 돌파했고 전체 가입자의 절반 이상이 40대 이상 고객이었는데, 건강 프로그램이 구전을 통해 전파되면서 소비자들이 자발적으로 앱에 가입한 결과이다. SK텔레콤 분석 결과, 전체 가입자 중 1회 이상 주간 미션을 달성한 비율은 약 30%인 것으로 나타났다. 1회 이상 주간 미션 달성자의 비중이 가장 높은 연령대는 50대40%로 20대20%의 2배를 기록했다. 주간 미션을 달성한 자의 걸음을 거리로 환산하면 지구 220바퀴약 900만km에 달한다. 소비자들이 스스로 목표를 세우고 목표를 달성하면 보상을 해 줌으로써 성취감을 느끼게 해 준 결과이다. 고객관리에 사용되는 대부분의 촉진 프로그램들이 혜택을 먼저 제공하는 방식을 사용해 왔는데, 먼저 목표를 먼저 제시해 주었다는 측면에서 새로운 촉진 모델이다. 다른 예로 블랙야크는 BACBlackyak Alpine Club이라는 커뮤니티 프로그램을 운영하면서 명산 도전 성공인증 프로그램을 마련해 회원들의 도전정신을 고취시키면서 회원수가 증대되는 효과를 거둔 바 있다. 회사는 '명산 100'프로그램을 마련하고 이들 산에 등정한 사람들이 사진을 찍어 올리면 등산 전문가가 이를 인증해 주고 이를 앱에 공지하였다. 회원들이 등정에 성공한 회수를 통해 자신의 실력을 인정받는 성취감을 느끼게 되고 이러한 실적이 다른 회원들과 공유됨으로써 다른 회원들의 도전의식을 고취시키는데 성공한 것이다.

셋째, 기업은 사회공헌활동을 전개할 때 소비자들에게 자부심을 심어주어야 한다. 과거 대의명분 마케팅은 기업이 선정한 사회적 명분을 제시하고 소비자들이 제품 구매 시 지불한 금액 중 일부를 사회적 가치를 추구하는 단체에 기부함을 소구함으로써 소비자들의 구매를 유도해 왔다. 이러한 방식은 소비자들의 구매를 유도한다는 측면에서 효과가 검증되어 왔지만, 이러한 제품이나 서비스를 구매한 고객들이 제품 소비를 통해 자부심을 느끼기는 어렵다. 그러나 사회적 가치 또는 친환경 가치를 명확히 설정하고 이러한 가치를 구현하게 되면 이러한 가치가 차별화 요인이 될 수 있다. 예를 들어, 친환경 제품의 상징이 된 파타고니아를 입는 소비자들은 자신이 환경적 가치를 중시한다는 소신을 표현하고 있고 테슬라 자동차를 타고 다니는 사람들은 자신들이 환경보존에 앞장서고 있다는 자부심을 느끼고 있다. 기업이 ESG 활동을 전개할 때 소비자들에게 즐거움, 성취감 및 자부심을 느끼게 해 주는 것이 자발적 참여를 유도하는 비결이다.

(3) 고객에게 브랜드에 대한 주인의식을 심어 주자

Kotler2017는 마켓 4.0 시장에서 미래의 마케팅 컨셉으로 공동창조 co-creation를 제안한 바 있다. 이는 기업이 소비자와 함께 제품이나 서비스를 구현해야 함을 강조한 것이다. 이와 같은 소비자가 기업의 경영활동에 적극적으로 참여할 때 기업에 대한 심리적 소유감psychological ownership, 즉 기업에 대한 주인의식을 느끼게 된다. 소비자가 브랜드에 대해 주인의식을 갖는 것은 고객관리의 가장 이상적인 모습이다. 그렇다면 어떻게 소비자에게 브랜드에 대한 주인의식을 제공할 수 있을까?

사람이 동기부여가 될 때 어떤 행동을 하게 된다. 동기는 크게 외재적인 동기extrinsic motivation와 내재적인 동기intrinsic motivation로 구분된다. 외재적인 동기란 행동을 한 결과로 부여되는 보상으로 형성된다. 과거 마케터들은 소비자의 행동특히 구매을 유도하기 위해 보상을 제시해 왔다. 브랜드의 촉진활동샘플, 경품행사, 쿠폰 제공, 가격할인, 선물 등은 대체로 외재적인 동기를 제시하는 것이다. 이러한 보상은 단기간에 효과를 볼 수 있지만 그 보상이 제공되지 않으면 지속되기 어려운 것이 문제이다. 내재적인 동기란 행동의 결과로 부여되는 보상이 아니라 스스로 행동에 대한 동기를 형성하는 것으로 어떤 행동의 결과로 자기 효능감이 높아지거나 능력이 향상될 수 있을 때 또는 그 행동에 대해 스스로 흥미를 느낄 때 형성될 수 있다. 내재적인 동기 형성으로 하게 되는 행동을 자기결정에 따른 행동이다. 소비자가 어떤 행동을 외재적인 보상을 받기 위한 것이 아니라 자기 스스로 결정했다는 의미이다. 소비자가 내재적인 동기를 형성해 스스로 행동할 때 그 대상에 대한 심리적 소유감을 형성하게 된다.

사람들에게 자율적인 행동의 동기를 형성시켜 주는 요인으로 자율성autonomy, 유능감competence, 연결성relatedness이 제시되어 왔다Ryan & Deci 2000. 첫째, 자율성이란 어떤 행동에 대한 통제권을 자신이 소유한다는 인식이다. 여러 연구결과에 따르면 어떤 행동에 대한 외재적인 보상이 제시되면 내재적인 동기부여가 낮아지는 것으로 나타나고 있다. 따라서 외재적 보상이 제시되지 않으면 더 이상 같은 행동을 기대하기 어려워진다. 마케터들이 고객에 대한 외재적인 보상을 제시하는 프로그램을 설계할 때 주의해야 할 대목이다. 둘째 사람들은 어떤 행동이 흥미롭다고 느끼거나 자신의 행동으로 자신의 능력이 향상될 수 있다고 느낄 때 행동에 대한 내재적인 동기를 형성하게 된다. Duckworth2016는 사람의 성공 가능성을 높이는 요소로 기개grit을 강조했고 기개는 어떤 환경에서도 자신의 목표달성을 위해 지속적으로 노력하는 마음가짐을 말한다. 그들은 이러한 기개가 형성되기 위해서는 자신이 성장할 수 있다는 믿음을 가져야 한다고 강조한다. 성장가능성에 대한 믿음은 행동이 자율적으로 결정되었을 때 더 높게 인식되고 그 결과 더 좋은 성과를 기대할 수 있다. 마지막으로 연결성은 자신과 다른 사람과 연결되어 있다는 느낌이다. 이와 같이 다른 사람들과 연결되어 있다는 느낌에서 오는 소속감은 자기결정성을 향상시켜 준다. 특히 자신의 행동이 연결되어 있다고 느끼는 다른 사람들과 공유되는 상황에서 스스로 결정한 행동에 대한 자부심특히 긍정적인 결과가 나오는 상황에서을 느끼게 해 준다.

　기업은 어떻게 소비자들을 기업이 전개하는 활동에 자발적으로 참여하게 만들고 그 결과 소비자들을 브랜드에 대한 열성적 지지자로 만들 수 있을까? 관리자는 소비자들에게 ESG 활동의 참여 여부를 자율적으로 결정하는 권한을 부여해야 하고 참여에 따라 자신의 능력이 향상될 수 있다는 기대감을 주어야 하며 이러한 발전된 모습을 연결되어 있는 다른 사람들에게 보여줄 수 있어야 한다.

02 협력 네트워크를 통해 더 큰 파이를 만들자

1) 협력은 왜 필요한가?

저자는 앞서 기업들에게 ESG 활동을 전개할 때 소비자가 자발적으로 참여하는 모델을 제안했다. 기업이 ESG 활동을 전개할 때 협력 대상은 소비자로 국한되지 않는다. 앞서 저자는 과거 주주 중심의 자본주의 시대가 이해관계자 중심의 자본주의 시대로 진화되고 있음을 설명한 바 있다. 기업은 소비자들에게 바람직한 가치를 구현하기 위해 다양한 구성원공급업체, 유통업체, 미디어, 정부, 시민단체, 금융기관 등들과 관계하고 있고 소비자에게 제공되는 가치의 완성도를 높이기 위해 이들과 협력적 관계를 구성해야 한다. 이하에서 협력 네트워크의 필요성과 배경을 설명하고 이를 추진하는 방법을 소개하기로 한다.

(1) 협력의 이론적 배경

기업 간 협력은 공동의 목적을 달성하기 위해 시도될 수 있는데, 협력이 모색되는 근거로 사회교환이론social exchange theory, 거래비용이론transaction cost theory, 자원준거이론resource based theory, 산업조직론적 관점industrial organization 및 동반성장 이론이 있다.

첫째, 사회교환이론은 사회시스템의 관점에서 구성원들의 역할을 인식하고 시스템의 관점에서 구성원들의 교환 관계를 통해 경영효율성을 제고할 수 있다고 본다Evan 1965. 사회적 교환관계가 형성되면 경쟁과 협력이 공존하는 구조사업의 독립성을 유지하면서도 신뢰를 통한 결속관계의 유지가 유도될 수 있다Jarillro 1988. 이러한 교환관계가 형성되기 위한 요건으로 상호지향mutual orientation, 상호의존interdependence, 결속bond, 관계특유자산의 유지 등이 제시되고 있고 파트너의 기회주의적인 행동과 시장의 불확실성이 장애요인이 될 수 있다Johnson and Matton 1987.

둘째, 거래비용이론에 따르면 시장불완전성으로 인한 거래 비용이 증가할 때 이를 감소하기 위한 노력으로 기업 간 협력이 시도될 수 있다Williamson 1975. 예를 들어 Williamson1979은 정상시장거래와 위계의 선택준거에 따라 준시장거래quasi-market의 위계구조가 가능함을 제시한 바 있다. 이에 대한 대표적인 예는 광고주와 광고회사의 관계에서 발견될 수 있다. 광고주는 광고를 자체 제작하기 위해 다양한 전문 인력을 고용하여야 하는데 이를 유지하기 위한 비용을 고정적으로 지출하는 것은 광고제작 전문 에이전시를 이용하는 것보다 비효율적일 수 있다. 따라서 광고주는 광고 제작을 전문으로 하는 광고회사와 계약을 통해 광고를 제작할 수 있고 그에 따라 다양한 서비스를 받을 수 있다. 광고주의 입장에서는 광고 제작에 따른 거래비용을 줄이기 위해 광고회사와의 협력 관계를 시도하게 되는 것이다.

셋째, 자원준거이론은 회사가 보유하고 있지 않은 자원을 확보하기 위한 방법으로 협력을 모색할 수 있음을 제안한다Ring 1996. 기업은 경쟁우위를 확보하기 위하여 다양한 자원을 확보하여야 하는데, 이를 모두 소유하기 어렵고 필요한 자원을 확보하기 위해 타 기업과 협력관계를 시도하게 된다. 특히 경쟁우위를 유지하는데 필요한 자원이 기업에 의해 통제되거나 소유되기 어려운 경우 경쟁기업과의 협력은 필수적일 수밖에 없다.

넷째, 산업조직이론은 기업에게 시장에서의 지배력을 확보하기 위한 방법으로 협력을 제안한다. Porter1980의 산업구조분석 모델에 따르면,

기업은 대체제의 등장, 잠재적 진입자, 기존 사업자와의 경쟁, 구매자와의 협상력 등을 고려해 경쟁력을 확보하여야 하고 이들 구성원들과의 협력관계를 통해 시장 지배력을 강화할 수 있다. 이러한 협력관계는 강력한 경쟁자에 대한 대응예: 마즈다가 포드가 협력하여 토요다에 대항으로, 경쟁 기업 간 협력을 통한 진입장벽 구축예: 인텔과 텍사스 인스트루먼트가 기술 교환으로 시장 선점 및 진입장벽 구축 등과 같이 다양한 형태로 이미 시도된 바 있다.

마지막으로, 기업 간 협력은 동반성장을 위한 수단으로 활용될 수 있다. 이러한 유형은 한국형 협력모델이라고 할 수 있는데, 현대자동차와 기아는 대기업, 중견기업 및 중소기업 간 상생을 위한 협력관계를 유도하여 궁극적으로 선순환 산업 생태계의 구축과 전파를 위한 다양한 정책을 개발하고 있다. 특히 기업 생태계 측면에서 중소기업의 역할이 중요하게 인식되는 시점에서 바람직한 생태계 유도는 대기업에게도 장기적인 측면에서 거래비용 감소, 필요한 자원의 확보 및 교환가치 창출 등의 효과를 가져다 줄 수 있다.

(2) 협력은 자생적으로 발전될 수 있다

Axelrod1984는 〈Evolution of Cooperation〉이라는 저서를 내면서 협력이 자생적으로 진화될 수 있음을 보여준 바 있다. 그의 저서는 기업 간 협력관계 모색에 중요한 시사점을 제공해 준다. 그의 모델은 죄수의 딜레마prisoner's dilemma에서 시작되는데, 이는 아래 〈표 3〉에 요약되어 있다.

〈표 3〉 죄수의 딜레마

		Player A	
		Cooperate	Defect
Player B	Cooperate	R = 3 / R = 3 Reward for mutual Cooperation	S = 0 / T = 5 Sucker's payoff Temptation to defect
	Defect	T = 5 / S = 0 Temptation to defect Sucker's payoff	P = 1 / P = 1 Punishment for mutual defection

　이 모델에서 중요한 것은 게임이 단 한 번만 진행된다는 점이다. 공범을 저지른 범인이 범죄의 자백 또는 부인 여부에 관한 의사결정을 해야 하고 두 공범자가 다시 공범을 도모할 기회가 없다고 가정하면 각자는 자신의 이익형량의 감소을 추구할 수밖에 없다. 즉 자신만 자백하지 않으면 형량이 높아지기 때문에 상대방에 대한 극단적인 신뢰가 없다면 범죄를 자백하는 것이 자신의 형량을 낮추는 수단이 된다. 이로 인해 예상되는 결과는 모두 범죄를 자백하는 것이다. 이는 인간이 단기적인 관점을 가질 때 자신의 이익을 극대화하기 위해 타인의 이익을 고려하기 어려움을 보여주는 경우라 하겠다.

　그러나 Axelrod1984는 이러한 게임이 반복될 경우 구성원의 의사결정이 달라질 수 있음을 보여줘 노벨 경제학자상을 받은 바 있다. 그는 죄수의 게임을 여러 차례 반복되는 실험으로 설계하고 다양한 사람들을 이 게임에 참여시켜 어떤 전략을 사용하는 것이 전체 게임에서 가장 좋은 종합점수를 받을 수 있는가를 실험하였다. 이 실험에 참여하는 사람들은 각각 다양한 방식의 전략을 사용하게 되는데, 'TIT for TAT'첫 번째 게임에서는 협력하나 그 후 전 라운드에서 상대방의 선택을 따라 하는 방식: 즉 상대방이 전 라운드에서 협력하지 않으면 이번 경기에서 협력하지 않고, 전 라운드에서 상대방이 협력하면 다음 경기에서 협력하는 전략, 'DOWNING'매 경기마다 상대방의 선택을 예측하여 좋은 점수를 받기 위한 선택을 하는 전략, 'FREEMAN'대체로 비협력적인 선택을 하는 전략, 'JOSS'대체로 협력하나 가끔 비협력적인 선택을 하는 전략 등이 있다. 그 결과 전체 게임에서 가장 좋은 점수를 획득한 전략은 'TIT for TAT'인 것으로 나타났다. 이 결과가 의미하는 바는 게임이 오랜 기간 반복될 경우 비협력은 가장 적은 점수를 가져다주고 이러한 결과가 예상되는 상황에서 협력적인 분위기가 자생적으로 형성될 수 있다는 것이다.

Axelrod1984는 이를 바탕으로 개별 구성원에게 1첫 번째 경기에서 협력하고 2상대방의 비협력적 자세가 목격되면 응징해야 하고 3상대방이 협력적으로 나오면 언제든지 다시 협력할 의사가 있음을 전달하라고 조언하고 있다. 상대가 자신의 이익만을 위해 파트너의 이익에 반하는 의사결정을 하게 되면 그에 따른 응징을 할 준비가 되어있음 보여주어야 하고, 향후 다시 협조적인 관계를 원할 경우 협력 관계가 복원될 수 있음을 알려주는 것이 중요하다. 이 때 시간이 지나갈수록 협력관계에 있는 구성원들은 협력만이 가장 좋은 성과를 낼 수 있음을 스스로 깨닫게 된다. 비협력적인 의사결정을 한 사람과 관계를 단절하고 새로운 사람과 협력관계를 모색하는 것보다는 기존 파트너와 장기적인 관계를 유지해 협력이 자생적으로 진화될 수 있도록 하는 것이 더 효율적이기 때문이다.

이러한 협력의 진화 과정은 실험뿐만 아니라 다양한 사회 현상으로도 목격된다. Nowak2012은 협력 여부는 게임의 지속 여부에 달려있고, 상대방이 명성이 있을 경우 더 협력할 수 있게 된다고 제안한다. 그는 또한 협력하는 집단은 비협력적인 집단의 공격에서 버틸 수 있고, 장기적으론 베푸는 사람이 결국 살아남는 다양한 사례를 제시한 바 있다. 이러한 자생적 협력 진화의 대표적인 예는 1차 세계대전 서부 전선에서 목격된 바 있다. 치열한 전쟁이 벌어지고 있는 전선에서 한 지역에서는 대치 병력의 변동이 없었다고 한다. 이 대치 병력들은 초기 고지 탈환을 위해 치열한 공방전을 벌여 왔는데, 같은 병력의 대치가 지속되자 서로 협력적인 분위기예: 초기 편지 보내는 시간 및 크리스마스 기간 중 공격하지 않기로 암묵적으로 합의하다가 나중엔 서로 마주쳐도 공격하지 않고 아예 공격하는 시간을 따로 정하는 현상이 발견된가 조성되었다. 모든 병사들의 목적은 전쟁에서 이기는 것보다는 살아서 가족의 품으로 돌아가는 것이었고 오랜 기간 대치하면서 서로 협력하는 것이 가장 좋은 대안임을 인식하기 시작한 것이다. 이와 같이 게임이 반복되면 내게 돌아올 이익을 극대화하는 가장 현명한 방법이 서로 협력하는 것임을 알게 되고 그에 따라 협력 문화가 형성될 수 있다.

(3) 협력의 장애요인과 성공여건

앞서 설명하였듯이 협력경영이 가져다 줄 수 있는 가장 큰 이익은 각 기업은 고객에게 더 높은 가치를 제공해 줄 수 있고 그에 따라 더 파이를 만들 수 있다는 점이다. 더 중요한 것은 협력으로 창출된 이윤이 공정하게 분배될 때 돌아오는 파이가 독자적으로 사업을 전개했을 때 기대되는 파이보다 커야 한다. 이때 협력적 문화는 자생적으로 발전될 수 있다. 그러나 자생적인 협력의 진화에는 많은 시간이 소요된다. 따라서 자생적인 협력문화가 진화될 수 있도록 노력할 필요가 있다.

국내에서 협력문화가 구축되는데 장애가 되는 요인은 첫째 기업 간 역량의 불균형이다. 협력은 기업 간 역량이 균형을 이룰 때 또는 상호보완적인 역량을 소유하고 있을 때 시도될 수 있다. 힘의 균형이 깨지게 되면 기업 간 협력은 부정적인 방향(예: 갑을 관계)으로 나타날 수 있다. 둘째, 기업이 갖고 있는 단기적인 관점이다. 기업이 단기적인 이익만을 추구한다면 기업은 협력하지 않을 충분한 이유(예: 1회의 죄수의 딜레마 게임)가 있지만 장기적인 관점을 갖는다면 협력할 이유도 충분하다. 예를 들어 대기업은 기존 시장에서의 시장지배력 유지 내지 강화만을 추구하기 보다는 장기적인 안목에서 새로운 사업 기회(예: 신시장 개척, 새로운 융합형 시장의 창출) 등를 확보기 위해 노력할 필요가 있다. 기존 시장에서 작은 상권에까지 침투해 작은 이익을 구현하기 보다는 새로운 시장에서 더 큰 이익을 모색하는 것이 대기업의 바람직한 경영전략이다. 반면 중소기업은 작은 상권에서 경쟁력을 확보하기 위한 노력을 기울여야 한다. 중소기업은 차별화와 유연성 제고를 통해 중소기업 고유의 자산을 확보하여 대기업이 자발적으로 중소기업과 협력관계를 모색하기 위한 요건을 갖추어야 한다. 마지막으로 미흡한 제도적 여건이다. 최근 정부는 중소기업을 지원하고 동반성장을 추진하는 다양한 정책을 제시하고 있지만 주로 규제로 접근하고 있기 때문에 기업의 자발적 참여가 미흡하다. 또한 그 정책도 중소기업 역량강화나 협력문화 조성 등과 같은 발전적인 방향으로 확대되지 못하고 있다.

이제 개별 기업 수준에서 협력문화가 구축되는 필요한 요건을 생각해 보자. 첫째, 최고 경영자의 참여와 의지가 무엇보다도 먼저 요구된다. 협력경영은 장기적인 안목을 가질 때 비로소 정착될 수 있기 때문이다. 둘째, 최고경영자는 협력경영을 전략적 요소로 활용할 필요가 있다. 미

래 시장예: 마켓 4.0에서는 무엇보다도 먼저 고객에게 제공되는 가치가 제고되어야 하고 이를 위한 가장 좋은 대안은 협력일 것이다. 외국 글로벌 기업이 새로운 시장 및 글로벌 시장을 개척하고 생산성을 혁신하는 수단으로 기업 간 개방적 협력을 시도해 왔음을 기억할 필요가 있다. 셋째, 협력에 참여하는 기업들은 상호간 신뢰를 구축하기 위한 프로세스를 정밀하게 설계할 필요가 있다. 협력관계는 신뢰가 결여되면 지속될 수 없다. 필요하다면 상대 기업에 따라 의사결정 구조도 조정될 필요가 있다. 마지막으로 협력은 개방적으로 시도되어야 한다. 특정 기업 간 협력으로 국한되는 폐쇄형은 시간이 지나가면서 역기능 현상이 나타날 수 있다. 언제든지 협력의 대상자가 바뀔 수 있는 개방형은 각 구성원들이 협력관계를 유지하기 위해 노력하게 만들어줄 것이다.

2) 경쟁과 협력의 유연성을 발휘하자

　　기업은 시장에서 타 기업과 치열하게 경쟁해 왔다. Poter1980라는 뛰어난 학자가 제안한 경쟁우위의 확보는 경영전략의 핵심으로 간주되어 왔다. 기업은 고객에게 경쟁사보다 우월한 가치를 제공해 우월적 지위를 확보하기 위해 노력해야 하는데, 이를 위해 공급사슬 상에 있는 구성원들과 협력적 관계를 구축할 필요가 있다고 설명한 바 있다. 그러나 시장간 경계가 허물어지고 경쟁의 범위가 산업 내에서 산업 간으로 확장되면서 경쟁적 협력이라는 용어가 등장했다. 경쟁적 협력coopetition은 Nalebuff and Brandenburger1996에 의해 처음으로 소개된 바 있는데, 이는 경쟁자가 동시에 보완자가 되는 현상을 통칭한다. 기업은 경쟁회사와 치열하게 경쟁하면서도 필요에 따라 협력을 도모함으로써 경영의 효율성을 높일 수 있다. 예를 들어 삼성과 소니는 가전 분야에서 치열하게 경쟁하고 있지만 S-LCD라는 합작법인을 설립해 신제품의 표준을 선도하기 위한 목적으로 LCD 패널을 공동으로 생산한 바 있다송재용2013.

이러한 경쟁적 협력이 모색된 배경은 경쟁의 역기능이 목격되는데 있다. 먼저 경쟁의 순기능을 살펴보면 다음과 같다. 기업은 근본적으로 고객의 욕구를 충족시켜야 하고 이를 위해 고객에게 제공하는 가치를 높이기 위해 노력하게 된다. 이러한 경쟁은 기업에게 경영혁신의 동기를 제공하게 되고 창의적인 아이디어를 다양한 각도에서 모색하게 만들어 준다. 이와 같은 가치 완성도 제고를 위한 치열한 경쟁의 결과 수월성 있는 기업이 시장에서 생존할 수 있게 되고 소비자에게 제공되는 가치는 향상될 수 있다.

반면, 기업 간 과도한 경쟁은 산업 차원에서 비효율성을 가져다 줄 수 있다. 첫째, 시장이 성숙기나 쇠퇴기에 접어들면 기존 시장에서의 치열한 경쟁은 동반 하락을 가져다준다. 둘째, 기업은 시장 지배력을 강화하기 위해 각자 독자적으로 설비 확보에 투자할 경우 산업차원에서는 중복투자로 인한 산업 수준에서의 비효율성이 목격될 수 있다. 셋째, 각 기업은 미래 사업이 될 수 있는 원천과학 분야에 대한 투자를 제한적으로 할 수밖에 없다. 그 결과 기업이 새로운 시장을 개척하는데 적지 않은 시간이 소요된다. 이러한 한계점을 극복하기 위해 최근 기업들은 경쟁 회사와의 협력도 과감하게 시도하고 있다. 과거의 적이 오늘의 동지가 되는 전략적 유연성이 발휘된 결과이다, 예를 들어 GM과 토요타가 수소연료 전지를 공동개발하고 GM과 다임러 크라이슬러가 파워 트레인을 공동 설계한 바 있다. 이제 경쟁과 협력은 상호 배타적인 차원이 아니라 상호 보완적인 차원으로 발전되고 있고 이러한 변화는 미래의 핵심 경영 패러다임으로 정착되고 있다.

동물의 세계에서 서로 경쟁과 협력을 함께 구현되는 경우가 있다. 딕티오스 텔리움 디스토이데움이라는 아메바는 박테리아가 풍부할 때는 개별적으로 행동하면서 서로 경쟁하지만 먹이가 부족해지면 신호를 통해 모여 수만 마리의 집합체를 형성한다. 이 과정에서 20%는 죽게 되고 이들이 굳어지면서 줄기를 형성하게 되고 나머지가 이 줄기를 타고 다른 곤충의 몸에 기생할 기회를 갖게 된다고 한다. 또한 남극의 펭귄은 영하 60~70도를 오르내리는 추위를 극복하기 위해 가장 바람이 적게 부는 곳이 남극점으로 이동하고 펭귄들은 둥글게 무리를 지어 몸을 밀착시킨다. 안쪽과 바깥쪽의 온도 차이는 10도 정도가 되는데 서로 원을 그리며 움직이면서 순차적으로 위치를 바꾸면서 모든 펭귄들이 극한의 추위를 극복한다. 이러한 사례들은 선견지명이 있어야만 협력의 관계가 형성되는 것이 아님을 보여주고 있다. 더 넓은 의미에서 보면 동물의 먹이사슬 관계도 건강한 생태계를 유지하기 위한 협력의 결과이다.

한편, 인상파 화풍이 등장한 배경엔 개방형 경쟁과 협력이 있었다고 한다이병주 2013. 당시 기존의 화풍에 만족하지 못했던 화가들모네, 르노와르, 바지유, 시슬레, 드가, 세잔 등은 클레르 화실에서 나와 함께 새로운 방식을 모색했다. 이들은 서로 새로운 화풍이 무엇인지 몰랐지만 오랜 기간 새로운 시도를 하면서 서로 부족한 부분을 채워주면서 발전했고 그 결과 인상파라는 새로운 화풍을 완성하게 된다. 그 과정은 협력의 과정에 중요한 시사점들을 제공해 주고 있는데, 집단 리더십예: 우두머리가 없었음, 다양성의 존중, 개방형 문화, 새로운 시도에 대한 호의적 참여 등이 그들이다. 결과적으로 이들은 협력과 경쟁을 통해 새로운 화풍을 완성하게 되는데, 이러한 사례를 미래에 도래될 것으로 예상되는 융합형 시장에서 여러 기업들이 협력과 경쟁을 통해 새로운 시장을 만들어 나갈 수 있음을 보여주고 있다.

우리나라에도 기업 내에서의 경쟁적 협력이 성과를 보여주는 사례가 있다. 송재용-2013은 글로벌 기업으로 도약하고 있는 삼성의 경영 방식을 분석한 결과 기존의 경영학에 제시하지 못한 독특한 세 가지 경영 방식을 발견하였고 이를 삼성경영의 세 가지 패러독스라고 명명한 바 있다. 그에 따르면 삼성은 그룹의 최적화를 우선시하면서 계열사간 또는 사업부서간 경쟁과 협력을 유도하는 메커니즘을 유도하는데 성공하였다. 삼성은 듀얼 소싱, 병행 투자 등을 통해 그룹 내 경쟁을 유도하면서도 엄정한 평가를 통해 협력을 통한 성과를 장려하였다. 또한 삼성은 상시 구조조정 방식을 채택하여 조직의 유연성을 배가시켰고 복합적 사업 구조를 통해 가치 창출의 극대화를 유도하였다. 한편, 현대차도 기아차를 인수한 후 다양한 통합 운영방식을 검토하였지만 결국 현대차와 기아차가 서로 경쟁하는 것을 경영방식으로 선택하였다. 즉 현대자동차와 기아는 양사의 협력만을 강조하지 않고 서로간 경쟁을 통해 경쟁력을 배가시키기로 결정한 것이다. 즉, '한 지붕 두 가족'전략을 선택했고 그 결과는 두 기업 모두 글로벌 기업으로 성장하게 된 것으로 평가되고 있다.

여기서 주목할 점은 협력과 경쟁이 공존하는 시스템은 외부의 요구나 규제에 의해서가 아니라 자발적으로 진행될 수 있다는 것이다. 그 목적은 더 많은 이익의 창출하고 창출된 이익을 적절하게 배분하는 것이다. 즉, 구성원 모두는 더 많은 보상을 받기 위해 경쟁하면서도 필요하면 협력하는 지혜를 발휘할 수 있다.

3) 생태계 차원의 경쟁시대에 대비하자

(1) 산업 생태계의 등장과 플랫폼의 필요성

4차 산업 혁명은 기업 간 경쟁에서 생태계 경쟁의 시대를 예고하고 있다. 미래 시장에서 개별기업의 경쟁력보다는 산업생태계의 경쟁력이 더 중요해지고 있기 때문이다. 예를 들어, 아래 그림은 애플 생태계와 구글 생태계의 경쟁을 보여주고 있다. 이 그림에서 보여주듯이 이제 소비자들은 어느 기업의 제품을 선택할 것인가 보다는 어떤 생태계를 선택할 것인가를 고민하고 있다. 생태계 간 경쟁 시대에서 협력의 패러다임도 바뀌어야 한다.

우리나라는 대내외 환경 측면에서 여러 가지 극복해야 할 과제를 안고 있다. 국내외의 경제 불황과 인플레이션이 상당 기간 지속될 것으로 예상되고 있고 대기업과 중소기업 간 격차 심화는 건강한 생태계의 지속가능성에 어려움을 주고 있다. 이런 시점에 저자는 다른 학자들과 함께 중견 및 중소기업의 역량 강화를 통한 지속가능경영을 위한 종합 시책을 제시한 바 있다한상만 외 2018. 당시 연구팀은 국내 상황을 종합적으로 분석한 결과 대기업과 중견 및 중소기업 간 격차가 존재하고 있다고

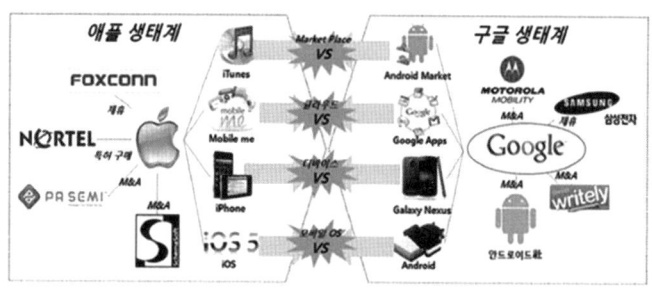

<그림 7> 애플 생태계와 구글 생태계의 경쟁 사례

진단하고 이러한 격차를 줄이기 위한 산업 플랫폼이 필요하다고 제언한 바 있다.

대부분의 국내 기업의 과거 협력모델은 공급 사슬value chain 중심의 경영모델을 개발해 왔다. Poter1995가 제시한 가치사슬은 부가가치 창출에 연관된 관련 기업들의 활동을 사슬처럼 연계 시킨 것으로 주도하는 기업이 원자재 조달, 아웃 소싱, 수직 계열화 및 계약과 같은 방법으로 운영 효율성을 높이는 것을 목표로 한다. 그러나 시장 지배력을 갖고 있는 대기업이 주도하는 가치 사슬모형은 원가 절감을 위한 수직적인 관계를 추구해 운영의 경직성이 높아지고 환경변화에 대처하는 유연성을 저하시킬 수 있다. 그에 따라 공급사슬에 있는 구성원들의 협력적 관계는 제한되고 각 구성원들의 창의성이 발휘되기 어렵다. 4차 산업혁명 시대에 경영자는 가치 중심의 네트워크를 형성하고 가치가 구현되는 전반에서 구성원들의 적절한 역할을 부여해 경영의 효율화와 최적화를 추구해야 한다.

정보가 공유되고 기업 간 연결성이 제고되며 기업과 사회가 연결된 공동체로 진화되면서 생태계 차원의 가치 네트워크 모델이 요구되고 있다. 생태계 차원의 가치 네트워크는 주도하는 기업의 이윤극대화보다는 소비자에게 제공되는 가치의 완성도를 높이는 것을 목적으로 하고 이를 위해 네트워크에 구성된 모든 기업들은 수평적 관계를 바탕으로 각 구성원의 핵심역량이 결합해 생태계 차원의 경쟁력을 강화하기 위해 노력하게 된다. 그러한 경쟁력 강화로 만들어 지는 더 큰 파이가 적절하게 분배되는 시스템이 갖춰지면 생태계 차원에서의 포용적 성장이 가능해 진다.

저자가 언급하는 생태계란 고객에게 전달하고자 하는 가치와 관계되는 모든 구성원들소재 및 부품을 공급하는 공급업체, 제품이나 서비스를 전달하는 유

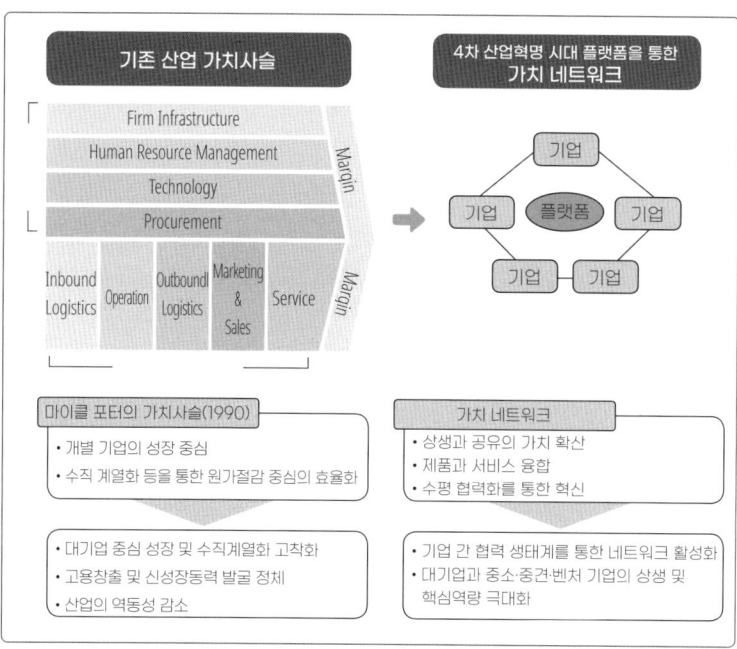

<그림 8> 공급사슬과 가치네트워크의 비교

통업체, 경쟁자 및 보완재 생산 업체, 연구개발 관련 연구소와 벤처회사, 금융서비스, 정부 및 미디어이 서로 자유롭게 연결되고 상호작용하는 공동체를 의미한다. 이러한 연결된 공동체에는 각 구성원들이 각자의 니즈와 핵심 역량을 중심으로 다양한 제안이 공유되는데, 네트워크에 대한 참여 여부는 각 구성원이 자율적으로 결정하게 된다. 따라서 이 가치 네트워크는 경영환경의 변화에 따라 구성원이 교체될 수 있는 수평적 관계를 형성해 변화에 민첩하게 대응할 수 있고 각 구성원의 창의성이 발휘되어 가치의 완성도를 높일 수 있다. 또한 구성원들의 협력을 통해 새로운 사업이 발굴될 수 있고 기술 및 인력 등 자원이 선 순환되어 운영 효율성도 향상될 수 있다.

산업 생태계가 경쟁력을 갖추기 위해서는 구성원들에 의해 공유되는 플랫폼이 필요하다. 플랫폼이란 구성원들이 공통적으로 사용하는 기본 구조, 상품 거래나 응용 프로그램을 개발할 수 있는 인프라로 구성원들에 의해 공유되는 합의나 규칙을 갖고 있다. 따라서 플랫폼은 특정 가치를 창출하는데 관심을 갖는 모든 구성원들이 연결되고 가치 향상을 위한 공정한 거래를 활성화할 수 있도록 구축된 환경을 갖춰야 한다. 플랫폼에 참여한 구성원들은 다양한 형태의 상호작용-자원 및 시장에 관한 정보 공유 및 재생산, 데이터 및 지식 공유 등을 통해 네트워크 효과를 극대화하는 방향으로 진화될 수 있어 생태계의 경쟁력을 높여줄 수 있다.

플랫폼은 연결이 늘어나고 참여자들 간 연결성이 강화될 때 가치가 높아지게 된다. 따라서 플랫폼은 개방적 구조 하에 진입과 탈퇴가 자유로워야 힘을 발휘하게 된다. 이러한 플랫폼의 특징은 생태계에 여러 가지 효과를 가져다 줄 수 있다. 첫째, 플랫폼이 제공하는 정보공유 기능은 자원 정보나 시장 정보를 제공함으로써 거래비용을 감소시킨다. 둘째, 플랫폼이 제공하는 지식 및 정보공유 시스템은 각 구성원뿐만 아니라 산업 생태계의 혁신역량을 제고시켜 준다. 플랫폼은 정보 공유를 통해 대기업들과 중견·중소·벤처기업 간 정보 및 자원의 공유를 가능하게 해줘 특히 중견·중소·벤처기업의 혁신역량을 향상시켜 준다.

플랫폼은 산업 플랫폼과 시장 플랫폼으로 구분될 수 있다. 산업 플랫폼은 자원 공유를 통한 혁신적인 제품 개발 중심의 플랫폼으로 사업화 과정에서의 비용과 리스크를 줄여주고 구성원들이 혁신에 집중할 수 있게 해 준다. 반면 시장 플랫폼은 킬러 콘텐츠를 통해 고객을 확보해 다수 기업들의 시장 접근을 지원해 주는 역할을 한다. 플랫폼이 제공하는 효과는 연결비용의 최소화로 파레토 법칙-결과물의 80%가 20%에 해당하는 조직 의해 생산된다는 원칙뿐만 아니라 롱테일 법칙-80%의 사소한 다수가 20%의 핵심적 소수보다 뛰어난 가치를 창출한다는 원리이 적용될 수 있다.

(2) 바람직한 플랫폼의 요건

앞서 설명한 대로 플랫폼 참여자들은 생태계 내에서 협력하여 가치를 창출하는 가치 네트워크의 구성원들이다. 플랫폼 참여자는 제공하는 기능과 관련한 핵심 기술이나 서비스 등 개별 기업으로서 경쟁력 있는 핵심역량을 보유할 필요가 있고 생태계를 기반으로 하는 플랫품의 경우 참여자의 핵심역량만큼이나 중요한 것은 참여자의 신뢰이다. 여기서 신뢰는 구성원들이 단순히 거래 안정성을 담보하는 수준을 넘어서 기업의 경영활동으로 인해 야기될 수 있는 경제적, 사회적, 환경적 위험 요인들을 함께 관리하고 대응할 수 있느냐에 달려 있다. 산업 플랫폼의 경우 참여자의 상호 협력이 강화되고 협업에 의한 가치창출이 지속적으로 일어나는 만큼, 참여자의 지속가능경영에 대한 이해는 필수적인 요소였다. 따라서 산업의 지속가능한 경쟁력sustainable competitiveness 제고를 위한 플랫폼이 구축되는 단계는 다음과 같다.

첫 번째 단계는 소비자들에게 제공하는 가치를 중심으로 정보가 공유되는 기반인 플랫폼정보공유센터을 마련되는 것이다. 정보공유 중심의 플랫폼에서는 플랫폼 참여 기업들의 자원정보, 시장정보, 데이터 관련 정보, 지적 재산권 관련 정보, 지속가능경영 관련 정보 등이 공유될 수 있어야 한다. 특히, 정보공유 중심의 플랫폼의 경우 지속가능경영에 대한 인식제고를 주요 목표로 설정되고, 참여 기업들의 지속가능경영 관련 관리활동에 대한 정보공유와 함께 ESG 리스크 요인 등에 대한 컨설팅 관련 정보, 국제적 규범 및 동향 등에 대한 정보가 제공되어야 한다.

두 번째 단계에서 플랫폼 내에서 플랫폼의 네트워킹 기능이 활성화

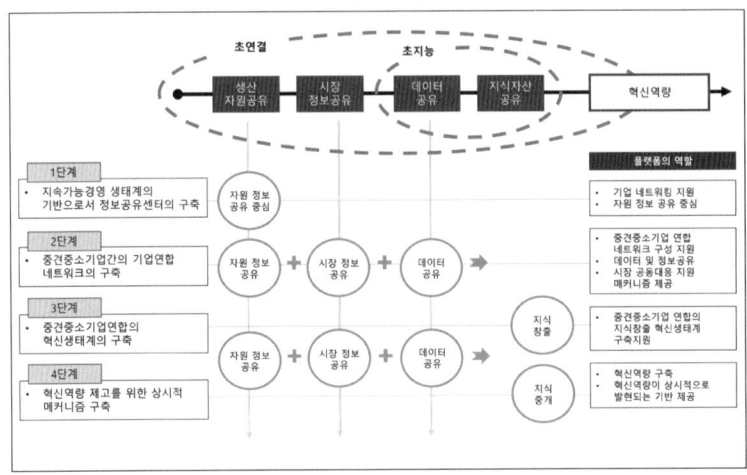

<그림 9> 단계별 플랫폼의 개요와 주요 역할

되어야 한다. 특히 참여하는 대기업, 중견·중소기업 및 벤처기업들간의 데이터의 공유, 인프라 공유 및 지식 자산의 공유 및 교환을 통해 중소기업에게 부족한 기술 및 지식이 제공될 수 있어야 한다.

세 번째 단계에서 생태계 차원의 혁신 역량이 제고될 수 있어야 한다. 한국 기업환경을 고려할 때 생태계 구성의 중심축은 중견기업이 담당해 대기업과 중소기업 및 벤처기업과의 상호작용을 위한 가교 역할을 담당하는 것이 바람직하다. 특히 시장에 관한 정보를 많이 보유하고 있는 대기업이 주요 자원정보, 무형자산, 지식자산 등을 플랫폼을 통해 공유할 수 있어야 하고 중소·벤처기업의 특화된 기술이 활용될 수 있어야 한다. 한편, 지식에 기반을 둔 기관들대학 및 연구소과의 중개 기능이 강화되어 혁신과 지식 창출이 촉진되어야 한다.

마지막 4단계에서 제도적 지원 장치가 마련되어야 한다. 이 단계에서 생태계 내의 구성원들의 관계는 단기적인 관점이 아니 장기적인 관점의 상호 보완적인 관계로 발전될 수 있다. 정부가 지속가능경영에 관한 교육을 제공하고 플랫폼 참여와 협력의 진화를 유도하는 지원책도 마련할 필요가 있다. 이러한 단계별 구축방향은 그림 9에 제시되어 있다.

03 혁신지향적인 조직문화를 만들자

  4차산업 혁명과 AI 시대는 ESG 이슈 등장과 맞물려 기업에게 새로운 경영 패러다임을 요구한다. 시장과 시장의 경계는 허물어지면서 새로운 가치 중심의 시장이 형성되고 있기 때문에 기존의 시장에 머무르는 기업은 도태될 것이다. 소비자가 요구하는 가치는 움직이기 때문에 value migration이라 칭함 성공한 시장에서 기존의 경쟁우위에 안주하게 되면 승자의 저주 success trap에 빠지게 된다. 첨단기술의 특성상 이러한 변화는 빠르게 진행되고 있다. 기존 시스템의 관리 능력보다는 새로운 가치의 발견이 기업의 핵심능력으로 부상되고 있다. 경쟁자가 누구인가를 인지하는 것은 매우 중요하다. "기업의 생존을 위협하는 진짜 무서운 경쟁자는 지금 보이지 않는 가시권 밖의 미래기업"이라는 말이 있다. 누군가가 새로운 가치를 구현해 기존 시장을 허물어트릴 수 있는 것이다. 예를 들어 한때 새로운 유통모델을 구축해 전성기를 구가한 바 있는 토이저러스는 아마존이라는 미래의 경쟁자를 간과해 시장에서 사라진 바 있다. 따라서 기업은 상시적 시장파괴의 선도자가 되어야 한다. 성공한 경영자가 빠질 수 있는 함정 중 하나는 기존 시장에 머물고 싶은 욕구임을 명심해야 한다. 경쟁자의 관점에서 나의 기존 시장을 파괴하는 모델을 상시로 모색하는 것이 미래에 살아남을 수 있는 유일한 방법이다.

이러한 변화의 흐름 속에서 기업은 과거 독자적 경영을 통한 성장을 추구했던 방식에서 벗어나 능력 있는 구성원들과 함께 성장을 추구해야 한다. 과거 기업들은 경쟁우위를 달성하기 위해 기업 내에서의 혁신전통적 생산요소를 기반으로 구매, R&D, 제조, 마케팅, 배송, 서비스 전달에서의 혁신을 추구해 왔다. 그러나 첨단 기술의 등장으로 참여와 협력의 시대가 열리면서 생태계 차원의 경쟁이 시작되면서 생태계 플랫폼을 통한 개방형 또는 공동체 혁신이 요구되고 있다.

개방형 혁신은 UC버클리의 Chesbrough2003가 제안한 개념에 기초한다. 그는 기업에게 과거의 내부 경영에서 탈피하여 외부의 기술이나 아이디어를 적극 활용해 가치를 창출함에 있어 각 기업 및 기관들의 역량을 활용하는 것을 제안한 바 있다. 따라서 기업은 생태계 내에서 사회적 가치 창출에 필요한 모든 구성원들과의 교류를 통해 혁신능력을 강화할 수 있는데, 이에는 두 가지 방식이 있다. 첫째는 외부로부터 사회적 혁신에 대한 노하우를 학습해 기업이 보유하고 있는 기술, 자원 및 역량을 발전시키는 것이고 둘째는 기업이 보유하고 있는 혁신기술을 공개함으로써 다른 구성원들과 시너지를 창출하는 방법이다. 예를 들어, 자사의 제품과 기술력을 지역사회 사업가들에게 제공함으로써 베트남 농촌 주민들의 삶을 획기적으로 개선시킨 유니레버의 '완벽한 마을'perfect village 프로젝트, 지역사회 의료 전문가들의 지식을 내부화하여 자사 보유의 기술력으로 낙후지역에 의료 지원 서비스를 제공함으로써 사회가치 창출 비즈니스 모델로 승화시킨 휴렛팩커드의 원격의료시스템 'e헬스 센터'가 개방형 혁신을 결과로 볼 수 있다.

기업은 개방형 혁신에서 한 걸음 더 나아가 공동체 혁신을 추구할 수 있다. Chesbrough2006에 따르면 개방형 혁신 과정에 참여하는 이해관계자는 경제적 보상뿐만 아니라 공동체의식과 시민의식에 기반해야 한다. 공동체 의식이 결여된 개방형 혁신은 구성원의 참여와 탈퇴가 자유롭기 때문에 구성원들의 경험에 의한 학습효과를 내는데 한계가 있고 지속적 관계에서 기대되는 협력의 자발적 진화가 달성되는데 많은 시간이 소요될 수 있다. 따라서 사회적 가치 창출과 관련한 기술과 자원을 갖고 있는 플레이어들이 모여 함께 혁신을 추구하는 것이 공동체 혁신이다. 이때 협력의 대상은 R&D 업체, 벤처업체, 시민단체 등으로도 확대될 수 있다. 미래 시대에 맞는 ESG 경영의 방향성으로 소비자와 함께 하는 ESG 활동, 가치를 중심으로 한 모든 이해관자와의 협력 네트워크 구성을 제시한 바 있는데, 이러한 방향성은 공동 창조형 혁신을 요구한다. 예를 들어, 자사의 환경보존 관련 원칙과 기술을 사업 전반의 다수 공급업체에게 이전시키고 확장시킴으로써 지구친화적인 생태계 형성을 이룩한 이케아 사례도 주목할 만하다.

참고문헌

이종식, 유창조 2018, "CJ제일제당 "미네워터"의 선택형 대의명분 마케팅," Korea Business Review, 223, 1-31.

정기원, 유창조 2019, "단골 점포 등록에 대한 고객의 자발적 참여가 점포내 구매행동에 미치는 영향에 관한 연구," 광고학연구, 305, 125-144.

한상만, 유창조, 신경식, 송교직, 정진섭, 강우성 2018, 지속가능경영 종합 대책에 관한 최종 보고서.

Axelrod, Robert 1984, The Evolution of Cooperation, Basic Books.

Chesbrough, Henry 2006, Open Business Models: How to Thrive in the New Innovation Technology, Harvard Business School Press.

Duckworth, Angela 2016, Grit: The Power of Passion and Perseverance, Simon & Schuster Inc.

Jarillo, S. C. 1988, "On Strategic Network," Strategic Management Journal, 31-41.

Jenkins, Henry 2006. Convergence Culture: Where Old and New Media Collide, New York, University Press.

Kotler, Pillip, Hermawan Katazaya and Iwan Setiawan 2017, Marketing 4.0: Moving form Trational to Digital, John Wiley & Sons.

Nalebuff, B. J. and Brandenburger, A. M. 1996, Composite Brand Alliance : An Investigation of Extension and Feedback Effects, Journal of Marketing Research, 334, 453-446

Nowak, Martin. A. 2011, Super Cooperators: Altruism, Evolution, and Why We Need Each Other to Succeed, Free Press.

Pine, B. J., & Gilmore, J. H. 1999. The Experience Economy. Harvard Business Press.

Porter, M. E. 1980, Competitive Strategy, New York: Free Press.

Ring, P. S. 1996, "Forging Alliance: A guide to Top Management," Columbia Journal of World Business, Fall, 7-13.

Ryan, Richard and Edward Deci 2000, "Self Determination Theory and the Facilitation of Intrinsic Motivation, Social Development, and Well-Being," American Psychologist, 551, 68-78.

Williamson, O. E 1975, Market and Hierarchy : Analysis and Antitrust Implication, NY: Free Press

CHAPTER
04

참여·협력 및
혁신적 조직문화
구축을 통한
ESG 경영 성공사례

과거 국내 기업들은 창출한 이윤의 사회 환원 차원에서
다양한 사회공헌활동을 전개해 왔다. 이러한 활동의 대부분은 자선적 의미로
소외 계층을 지원해 왔고 최근 들어 지자체 및 시민단체와의 협력 모델이 시도되고 있지만 그
범위는 제한적이다. 저자는 ESG 경영의 미래 방향으로 참여, 협력 및 개방 또는
혁신적인 조직문화를 제안한 바 있다. 참여, 협력 및 혁신적인 조직문화를 바탕으로 한
ESG 경영은 아직 출발점에 있지만, 과거 이를 통해 좋은 성과를 낸 사례들이 있다.
4부는 이러한 사례를 소개하고 이를 통해 얻을 수 있는 시사점들을 정리해 보았다.

01 소비자가 무대의 주인공이 되는 사례들: 브랜드 주인의식을 갖는 소비자

1) 자발적인 참여로 자부심을 느끼는 자원봉사자: 삼성화재 안내견 사업

공익마케팅이란 특정 브랜드를 사회적 명문이나 이슈에 연계시켜 전개하는 마케팅 활동으로 기업의 매출 증진에 직접적으로 기여하지는 않지만 기업 이미지 향상에 도움이 될 수 있어 자선적 사회공헌활동의 방법으로 사용되어 왔다. 공익 마케팅을 전개하는 방법은 크게 세 가지로 구분된다. 첫째는 기업의 자선단체 기부이다. 기업이 사회에 바람직한 활동을 전개하는 단체를 선정해 기부함으로써 사회적 가치 향상에 기여하는 것이다. 둘째는 기업이 특정 기관과 제휴를 통해 사회적 가치를 향상시키는 것을 시도하는 것이다. 대표적인 예로 브리티시 항공이 유니세프와 제휴를 맺고 해외여행을 하고 돌아온 손님으로부터 쓰다 남은 돈을 비행기 출구에서 수거한 후 이를 유니세프에 전달하는 프로그램을 제시해 좋은 성과를 낸 바 있다. 마지막은 기업이 스스로 공익적인 활동을 개발하고 전개하는 것이다. 이 방식은 기업의 사회공헌활동을 전면에 부각시킬 수 있는 장점이 있지만 직접 활동을 전개함에 따른 시간과 비용을 전적으로 부담해야 한다는 단점이 있다. 이러한 단점으로 기업의 수익과 연계되지 않는 자선적 사회공헌활동은 지속되기 쉽지 않다는 지적도 있다. 그러나 기업의 사회적 책임이 강조되는 시대적 흐름에서 어느 정도 규모를 갖춘 기업들또는 그룹은 사내에 전담 부서를 배치하고 자선적 사회공헌활동을 전개해 왔고 재단을 설립해 사업을 전개하기도 한다.

　이러한 공익마케팅을 전개할 때 시민이 함께 참여하는 방식을 시도한 기업이 있다. 1993년 삼성화재의 안내견 프로젝트가 바로 그것이다. 민동원2014은 이 프로젝트를 자발 참여형 공익마케팅으로 소개한 바 있는데, 삼성화재는 시민이 자발적으로 참여하는 모델을 개발하고 현재도 사업을 지속하고 있다. 이미 30여 년 전 시민의 자발적 참여를 유도했다는 측면에서 이 프로젝트는 매우 선도적인 프로그램이다. 이 사례를 간략히 소개하면 다음과 같다.

(1) 개요
　삼성화재의 안내견 사업은 전 삼성그룹 이건희 회장의 시각장애인에 대한 특별한 애정으로 1993년 '삼성화재 안내견 학교'의 출범과 함께 시작되어 2022년 30주년을 맞이하고 있다. 삼성화재가 재정적으로 후원하고 삼성 에버랜드가 실질적인 운영을 담당하고 있는데, 세계에서 유일하게 민간 기업이 안내견 육성사업을 진행하고 있다.

　안내견이란 시각장애인의 안전한 보행을 돕기 위해 특별히 훈련된 보조견으로, 언제 어디서나 시각장애인과 함께 함으로써 이들이 독립된 삶을 영위하고 사회의 당당한 일원으로 살아갈 수 있도록 도와주는 역할을 한다. 즉, 시각장애인의 눈과 귀가 되어주는 것이다. 안내견 한 마리를 길러내려면 많은 시간안내견 육성하는데 최소 2년이 소요됨과 노력전문 수의사 및 훈련사 양성 등이 들어가고 매년 1~2억의 비용이 소요된다. 후원자의 사명감 없이는 이러한 사업이 지속되기는 쉽지 않다는 측면에서 30년간 지속된 이 사업은 진정성이 평가될 수 있다. 30년 간 사업을 진행하면서 삼성화재 안내견 학교의 직원들은 퍼피워킹과 자원봉사자 담당, 안내견 훈련, 시각장애인 파트너 교육, 안내견 진료 및 치료 등 관련 분야에서 탁월한 전문성을 갖추고 있고 안내견 학교는 안내견 육성에 필요한 매우 우수한 기반 시설 및 물품들을 구축하고 있다.

이 사업의 목적은 장애인의 사회활동을 지원하는 것이다. 이 사업은 시작장애인의 반려견이 아닌 직장이나 학교를 다니는 등 사회생활을 하는 분들을 위한 서비스이다. 우리나라엔 사회활동을 하는 시각장애인이 많지 않지만 장애인을 위한 복지활동이 확대되면서 사회활동에 참여하는 시각장애인의 수가 늘어나고 있어 안내견의 수요도 늘어날 것으로 전망된다. 따라서 시각장애인이 안내견을 신청한다고 해서 모두 지원되는 것은 아니다. 안내견을 분양받을 시각장애인의 자격요건은 명확하게 제시되어 있는데, 가장 중요한 것은 정기적으로 사회활동에 참여하고 있는가이다.

(2) 안내견이 양성되는 과정

안내견의 대부분은 래브라도 리트리버다. 이 견종의 경우 첫 1년이 매우 중요하다. 이때 여러 사람을 만나고, 쇼핑몰도 가고, 계단도 다녀보고, 지하철이나 버스를 타는 등 다양한 경험을 해야 안내견 역할을 수행할 수 있다. 따라서 출생 후 7주 간 안내견 학교에서 사람들과의 생활에 친숙해지는 초기 사회화 과정을 거친다. 이후 일반 가정에서 약 1년 동안 생활하면서 일상생활에서 사람과 함께 지내는 법을 배우는 '퍼피워킹Puppy-walking'과정이 이어진다. 일반인의 자원봉사가 꼭 필요한 이유이다. 자원 봉사자와 퍼피워킹을 마친 후보견은 안내견학교로 돌아와 전문 훈련사로부터 본격적인 보행훈련을 6개월~1년여 동안 받은 후 최종 선발 과정을 거쳐 정식 안내견이 된다. 안내견은 시각장애인 파트너와의 매칭훈련을 거쳐 안내견으로 활동을 하게 되며, 이때 지속적으로 안내견 학교를 통해 관리를 받게 된다. 일정 연령 이상이거나 그 전이라도 안내에 무리가 있다고 판단되면 안내견은 은퇴를 하게 되며 은퇴견 홈케어 봉사자 가정에 위탁되거나 안내견학교로 돌아오게 된다.

(3) 시민의 자발적 참여

앞서 설명했듯이 안내견은 일반 가정에서 1년 간 사람과 함께 지내는 법을 훈련받아야 시각장애인의 눈과 귀가 되어줄 수 있다. 이때 일반 시민이 삼성화재의 안내견 사업에 참여하면서 퍼피워커가 된다. 퍼피워킹은 어린 강아지들이 자원봉사자 가정에서 받는 사회화 훈련으로, 자원봉사자들은 주기적으로 안내견학교의 전문훈련사의 점검을 받으면서 훈련견과 함께 생활하게 된다. 이 기간 동안 훈련견은 자원봉사자와 함께 거리를 걸어 다니고 대중교통 수단을 이용하고 공공장소에 출입하면서 후일 안내견이 겪을 수 있는 일상적인 상황예를 들어 에스컬레이터 타기, 많은 사람들이 몰려나올 때 대처하기, 지하철표 내는 곳 찾기, 장애물 피하기, 엘리베이터 이용 시 장애인용 버튼 밑에 앉기 등을 미리 적응하게 된다. 훈련견은 일반 가정에서 초인종 소리나 물 끓는 소리, 아이들이 떠드는 소리 등에 적응하는 것뿐 아니라 정량을 정시에 먹고 정시에 배변하는 훈련도 받게 된다.

퍼피워킹을 신청하는 시민들은 일단 훈련견과 함께 생활하기 원하는 사람들이고 사회적 가치에 대한 인식이 높은 사람들이다. 이들은 훈련견과 함께 생활하고 정기적으로 전문조련사에게 점검을 받아야 하는 번거로움을 기꺼이 감수한다. 이들에게 자원봉사에 따른 특별한 보상이 제공되지 않고 있음에도 불구하고 퍼피워커를 신청하는 시민들은 꾸준히 늘어나고 있다. 그러나 일반 시민이 신청하면 모두 퍼피워커가 되는 것은 아니다. 안내견 훈련에 참여하기 원하는 시민들은 삼성화재 안내견 학교에 퍼피워킹 신청을 해야 하고, 안내견 학교는 신청자가 훈련견이 지내는데 적절한 환경을 갖추고 있는지 점검하기 위해 1차 면담을 진행한다. 1차 면담은 신청자의 가정에서 진행되는데, 이를 통해 신청자가 안내견을 훈련시킬 여건을 갖추고 있는지가 점검된다. 1차 면담이 통과되면, 안내견 학교는 훈련견과 함께 가정을 다시 방문해 2차 면담을 진행하고 특별한 문제가 없으면 신청자에게 퍼피워킹이라는 자원봉사를 할 수 있는 기회를 제공한다. 이와 같이 선발된 퍼피워커들은 훈련견과 함께 생활하면서 자연스럽게 삼성화재의 안내견 사업을 홍보하기도 한다. 훈련견은 야외에 나갈 때 보건복지부의 등록증이 부착된 훈련견 조끼를 입게 되는데, 이때 주위 사람들이 조끼에 궁금증을 갖고 질문하게 되면 자신의 역할을 설명할 기회도 갖게 된다. 삼성의 직원이 아닌 퍼피워커들이 안내견 사업의 중요성과 진정성시각장애인을 위한 사업을 전달하기 때문에 이에 대한 공중의 공감을 받을 가능성이 높아진다.

자원봉사자들은 퍼피워킹 외에도 은퇴 안내견 홈케어 및 안내견학교 견사 관리 지원활동에도 참여한다. 더 눈여겨 볼 점은 자원봉사자들이 자발적으로 기획해 진행하는 활동들비용 본인부담이다. 안내견 학교 자원봉사자들은 장애인복지법의 개정과 관련해 일반인의 호응을 이끌어내기 위해 자비와 노력을 들여 광화문, 청계천 등에서 서명행사를 주최하기도 하였다. 또한 보다 효과적으로 행사를 진행하기 위해 스스로 자원봉사자 유니폼을 제작하고, 안내견 홍보물을 제작한 바 있으며, 어린 학생들이 안내견에 대해 정확하게 인식할 수 있도록 주기적으로 초·중학교 및 도서관 등에서 안내견 설명회도 개최하고 있다. 이들은 안내견의 활동과 안내견을 대할 때의 에티켓을 설명할 뿐 아니라 어린 학생들이 장애인의 불편함에 대해 이해하고 시각장애인 안내견에 대한 인식을 새롭게 갖는데 도움을 주고 있다. 한편 자원봉사자들은 그간 여러 차례 바자회를 개최해 수익금으로 안내견에게 필요한 물품이동 시 사용하는 바닥깔개, 영양제 등을 기부하고 있다.

(4) 시사점

이 사례가 주는 가장 중요한 시사점은 시민의 자발적 참여이다. 삼성화재는 이미 30여 년 전에 안내견 사업을 기획할 때 모든 것을 회사가 전담하지 않고 시민과의 협력 모델을 개발했다. 이 사업은 시민들에게 특별한 인센티브를 제공하지 않았음에도 불구하고 자발적 참여를 유도하는데 성공했다는 측면에서 의미를 갖는다. 이 사업은 장애인들의 사회 활동 복귀에 기여하는 가치를 소구해 일반 시민의 참여를 유도한 것이다.

2) 창업자의 경영철학을 전파하는 브랜드 커뮤니티: TOC(Tesla Owner's Club)

저자는 공동연구자와 함께 소비자의 역할변화에 대한 연구를 진행하면서 소비자가 주도하는 브랜드 커뮤니티와 관련된 사례를 심층적으로 분석한 바 있다김숙진, 유창조 2022. 이하에서는 이와 관련된 두 가지 사례를 소개한다.

(1) 개요

테슬라 오너스 클럽이하 TOC로 칭함은 2018년 8월에 설립된 브랜드 커뮤니티로 소비자들에 의해 만들어졌고 테슬라 본사로부터 공식 인증도 받은 커뮤니티이다. 원래 테슬라에 관심이 있는 소비자들이 만든 비공식적 카페가 있었는데, 당시 활동에서 광고가 진행되어 상업적으로 변질되자 일부 회원들이 독립해 지금의 TOC를 만들었다. 이 과정에서 TOC 회장은 커뮤니티 운영을 선포하면서 비영리성을 강조하고 있다. TOC가 창립된 초기 테슬라를 구매하기 전에도 테슬라의 브랜드 철학에 동의하고 지지하기 위해 가입하는 참여자들이 있었고, 이러한 테슬라의 철학 공유는 회원 활동의 중심적인 역할을 하고 있다. 창립 초기 테슬라 차량 가격은 높은 편엔트리 차가 8천만원대이었기 때문에 초기 회원은 테슬라 오너 중심의 소수정예로 시작되었다. 당시 테슬라 오너들은 전문 직종예체능 전문가, 의사, 변호사 벤처 창업가, 성공한 자영업자 등 종사자들이 주로 구매했고, 연령대별로 보면 30대에서 40대가 가장 많았다. 이들은 대체로 의견 선도자로서 새로운 자동차 문화 확산에 기여할 의지가 있는 사람들이었고 지속가능한 환경에 관심이 높은 사람들이었다. TOC는 매우 체계적인 조직도를 만들어 엄격한 운영규칙을 세워 운영하고 있다. 이를 통해 TOC만의 고유한 특징이 발견될 수 있는데, 이는 다음과 같은 세 가지로 요약될 수 있다.

첫째, TOC는 회원들에게 명확한 커뮤니티의 비전을 제시하고 있다: "TOC South Korea는 테슬라 잠재 구매자 및 소유자들에게 유용한 정보를 공유하여 구성원들의 테슬라 구매 및 운용에 실질적인 도움이 되고자 합니다. 또한, 글로벌 공식 테슬라 커뮤니티의 일원으로서 비영리성을 근간으로 구성원 간의 활발한 교류를 지원하며 한국에서의 건전한 테슬라 문화, 나아가 전기차 문화를 선도하고자 합니다."TOC 창립자이자 현 회장은 전기차, 특히 테슬라가 환경적 위기를 극복할 수 있는 좋은 수단이 될 수 있다고 판단했고 커뮤니티 활동을 통해 테슬라 문화를 선도하기 원했다. 여기에는 테슬라 회장인 얼론 머스크의 철학세상을 바꾸고자 하는 꿈, 새로운 것을 시도하는 것에 대한 가치, 새로운 기술을 통한 지속 가능한 지구환경 보존도 영향을 받았는데, 이러한 철학이 커뮤니티 운영의 중심의 축으로 자리 잡고 있다.

둘째, TOC는 다른 커뮤니티와 달리 체계적인 조직 체계를 갖춰 이를 공개하고 있다. TOC의 의사결정은 운영진에 의해서 진행된다. 운영진은 회장을 중심으로 부회장 및 20여 명의 임원들로 구성되고 매년 회원들의 재신임 과정카페 회원의 2/3 이상 찬성을 거친다. 의사결정은 운영진의 다수결에 의해서 결정되는 규정도 있어 의사결정의 체계성도 확보되고 있다.

TOC는 'Global TOC Communication'이라는 테슬라 본사와의 공식 채널도 갖추고 있다. 이러한 창구는 한국 TOC가 테슬라 본사로부터 공식적으로 인정받고 있어 가능하다. 한국 TOC가 본사로부터 인정받는 절차는 매우 까다롭다. 회원들의 테슬라 차량 보유자 수, 활동 기간, 본사가 추구하는 사명지속가능한 지구환경을 물려주기 위해 친환경 에너지 및 교통수단으로의 전환 등에 적합한 활동을 수행한 증빙 서류 등이 갖춰져야 본사에 가입신청이 가능하다. 승인을 받고 난 후에도 매년 활동실적을 제출해야 인증이 연장될 수 있다. 따라서 한국 TOC는 테슬라 글로벌 정책을 준수하기 위해 노력하고 있고 이 채널을 통해 각국 TOC 회원들과의 교류도 추진되고 있다.

한편, TOC는 운영진과 회원과의 공감을 확보하기 위해 TOC 정책위원회를 운영하고 있다. 이 위원회는 활동카페, 단톡방, 오프라인 모임에 적극적으로 참여하고 있는 회원들로 구성되어 회원들의 의견을 청취하는 역할을 한다. 운영진의 모든 의결사항은 정책위원회에서 결정된다. TOC의 행사를 진행하는 전담팀도 이 위원회를 통해 구성된다.

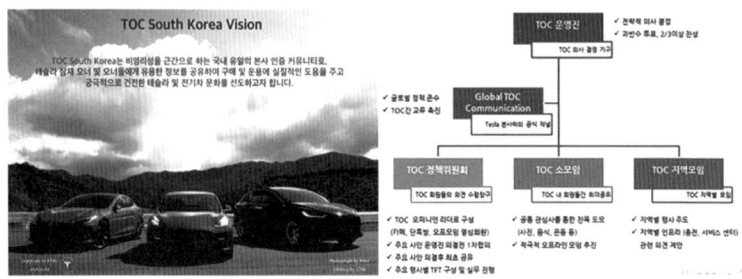

<사진> TOC의 비전과 조직도
출처 : TOC 네이버 카페(https://cafe.naver.com/teslaownersclub)

마지막으로, TOC는 엄격한 운영규칙을 세우고 있다. TOC는 다른 커뮤니티와는 달리 구체적인 조직도를 구성하고 공개하고 있는데, 이는 테슬라 본사의 글로벌 커뮤니티 클럽의 운영 방침을 따르고 있기 때문이다. 운영 규칙의 핵심은 비영리성과 철학의 공유이다. TOC는 테슬라에 대한 지식과 사용경험을 공유하고 이를 통해 환경 보존 및 새로운 커뮤니티 문화를 만들기 위한 운영 규칙을 세우고 있다. 예를 들어, 자동차 용품 공동 구매 또는 제품에 대한 클레임을 단체로 회사에 제기하는 행동이 엄격하게 금지되고 있다.

"테슬라 오너스 클럽은 운영규칙을 아주 철저하게 수립하고 관리합니다. 원래 영리 목적으로 활용되고 있던 커뮤니티에서 나와서 정말 테슬라 브랜드를 좋아하고 전기차를 사회에 확대하고 싶은 사람들끼리 다시 만든 커뮤니티이거든요". (테슬라오너스클럽 운영자, 남 30대)

테슬라에 대한 관심이 높아지면서 회원 수는 꾸준히 증가해 2022년 1월 기준 1만 2천명을 넘어섰다. 테슬라 구매자들의 대부분은 TOC의 회원이 되고 있다. 이는 구매자들은 전기자동차에 대한 지식이 많지 않아 많은 정보가 공유되고 있는 커뮤니티에 대한 수요가 높기 때문이다. TOC와 본사와의 관계는 열성적 지지자로 요약될 수 있다. 이는 TOC 초기 회원들의 가입동기가 회사 철학과의 공유였기 때문이다. 테슬라 본사도 글로벌 커뮤니티를 통해 자동차 판매 증대보다는 회사가 추구하는 자동차 문화를 전파하고자 한다. 이를 위해 본사는 분기별로 1회 TOC 회장단 컨퍼런스를 열고, 미국에서 매년 1회 정기회의를 개최하면 권역별유럽, 아시아, 북미 등 정기 및 비정기 미팅이 이어서 열린다. 이런 회의를 통해 회사의 철학이 전 세계의 회원들과 공유된다. TOC 회원들에게는 테슬라 본사 및 공장 투어 자격이 주어지고 신차 또는 기존 차량에 새로운 기능이 추가될 때 시승하는 기회도 주어진다. 또한, TOC가 진행하는 행사에 공간이나 물품 등이 상황에 따라 대여되거나 제공되기도 한다. 또한, 본사는 회사가 가지고 있는 다양한 콘텐츠를 커뮤니티 게시판에 공개될 수 있도록 지원하고 있다. 이 외에 본사가 TOC 회원들에게 제공하는 지원은 없다.

회원들은 이러한 본사와의 관계에 대체로 만족하고 있다. 회원들은 테슬라가 2003년에 설립되어 창립 당시 적자를 내고 있어 재정이 넉넉하지 못함을 잘 알고 있었다. 따라서 회원들은 본사에 지원을 기대하기보다는 테슬라가 정상 궤도에 올라설 수 있도록 도움이 되는 활동을 하려는 의지가 높았다. 이러한 결과로 환경 관련 자원봉사나 홍보에 자발적으로 참여하는 회원들이 많은 편이다.

(2) TOC 회원들이 경험하는 가치

TOC 회원들은 커뮤니티 내에서 다양한 활동을 전개하고 있다. 첫째, 운영진들은 회원들에게 주제별로 다양한 행사를 제공한다. 오프라인 모임은 여러 카테고리 별로 진행되는데, 환경·기술 세미나, 지역별 친목 도모 모임, 반기별 전국 단위 가족 모임행사, 연 2회 자원봉사, 환경보호활동 등이 있다. 회원들의 환경 보호 활동에 대한 참여도는 매우 높은 편이다.

둘째, 자동차 관련 정보의 교류이다. TOC는 뉴스 룸을 만들어 운영하고 있는데, 여기서 테슬라 글로벌 소식, 신차 정보, 주요 이슈예: 충전 정보 업데이트 등가 제공된다. 이곳에서 일반인이 접하기 어려운 전기차, 환경, 에너지, 기술 부분에 대한 고급 정보가 제공되고 창업자에 대한 국내외 뉴스도 게재되기 때문에 검색과 방문이 활발하게 진행되고 있다. 또한, 커뮤니티 룸이 있어 이곳에서 회원들간 다양한 정보시승 후기, 사용 후기, 수리 관련 경험담, 충전 정보 등가 공유된다. 뉴스 룸과 커뮤니티 공간에는 테슬라와 관련된 광범위한 정보가 축적되어 있어 일반인들도 정보를 얻기 위하여 자주 방문하기도 한다. 회원들은 자신이 수집한 정보나 후기를 자발적으로 올리고 있어 테슬라 자동차 사용과 관련된 광범위한 정보가 축적되고 있다. 그 결과 회원들은 이 공간에 대한 사용만족도가 매우 높은 편이어서 대부분이 매일 2회 이상 정보를 방문하고 있다. 그리고 TOC에는 회원들이 실시간으로 이용하는 카카오 대화방이 운영되고 있다. 회원들은 테슬라 자동차 관련해 궁금한 내용을 올리면, 관련 정보가 있는 회원들이 바로 피드백을 준다. 또한, 이 대화방에는 한국뿐만 아니라 미국, 아시아, 유럽의 회원들도 참여하고 있어 다양한 정보 교환이 이루어지고 있다. 그 결과 TOC 회원들의 동류의식소속감은 매우 강하고 그에 따라 테슬라 회원이라는 자부심도 매우 높고 회원들의 교류도 매우 활발하다. 회원들이 거주하는 지역별로 인프라충전, 서비스 등 정보가 교환되고 지역별 오프라인 모임이 진행되고, 소모임의 경우 지역과 관계없이 공통 관심사음식, 운동, 사진 등에 대한 교류가 진행된다. 소모임은 기본적으로는 온라인을 통해 진행되지만, 회원들의 적극성에 따라 오프라인 모임이 진행되기도 한다.

"테슬라 오너스 클럽은 다른 자동차 카페와는 달리 정보에 대한 관심, 동의, 토론의 정도가 높아 소속감이 높은 것 같아요. 이는 테슬라라는 전기 자동차와 머스크를 지지하는 사람들의 모임이기 때문인 것으로 보입니다."(테슬라 오너스 클럽 일반 회원, 남 30대)

(3) TOC 회원들의 브랜드 주인의식

대부분의 브랜드 커뮤니티는 특정 브랜드를 좋아하는 사람들이 모여 브랜드와 관련된 정보를 공유하고 사용 경험의 가치를 높이기 위해 활동한다. 그러나 TOC의 경우 회원가입의 중요한 동기는 창업자의 경영철학에 대한 공감이다. 창업자 머스크의 경영철학은 새로운 것에 대한 도전과 지속 가능한 환경 보전이라는 철학을 갖고 있다. 그에 따라 회원들은 커뮤니티 활동을 통해 사회적 가치를 높이고 있다고 느끼고 있는데, 이는 다른 커뮤니티에서는 찾아보기 어려운 점이다. 커뮤니티 활동의 심리적 가치로 영향력과 사회적 책임감이 제시된 바 있지만Nowell and Boyd 2010, 당시 언급된 영향력은 커뮤니티 내에서의 타 회원에 대한 영향력이고 사회적 책임감의 대상은 제품의 사용에 국한되어 있었다. 반면, TOC 회원들은 커뮤니티 내에서뿐만 아니라 사회에 긍정적인 영향을 미치기 원하고 있고 지속가능한 환경을 구현하려는 의지를 갖고 있다. 요약하면 회원들은 커뮤니티에서 기업의 일원으로 기업을 대신해 사회에 긍정적으로 영향을 미치기 원한다.

> "TOC는 지구환경을 지키고 지속 가능한 발전을 위해 노력하는 사람들이 모여 있습니다. 그래서 대부분 직업도 엔지니어, 에너지 등 관련 업계 전문직 종사자들이 많구요. 전기차 테슬라의 철학을 이해하고 전파하고, 직접 자동차를 사서 탄다는 것이 사회와 이 지구에 도움이 된다고 생각해요". (테슬라코리아 참여자 남 30대)

마지막으로, TOC 회원들은 기업문화의 공동 생산자라는 역할을 인식하고 있고 그에 따라 자신들이 브랜드의 구성원이라는 일체감을 느끼면서 주인의식brand ownership을 느끼고 있었다. 그 결과 회원들은 혁신적인 자동차에 대한 새로운 소비문화를 만들기 위해 다양한 활동에 자발적으로 참여하고 있다. 소비자와 기업관계라는 관점에서 보면 역할의 무경계성회사와 소비자 간이 목격되는 것이다.

> "테슬라를 사랑하는 회원들은 테슬라를 본인의 회사처럼 생각해요. 저도 그렇고요. 테슬라가 하는 일에 동참해서 지속 가능한 발전에 기여하고 싶어요."(테슬라 오너스 클럽 일반 회원, 남 30대)

(4) 시사점

TOC의 경우 본사와 회원과의 관계는 일체형이다. 테슬라 본사는 세계적으로 브랜드 커뮤니티를 운영하고 공식적으로 인증하고 있는데,

커뮤니티의 운영 목적은 새로운 것에 도전하는 꿈과 지속가능한 환경을 추구하는 회사의 철학을 전파하는 것이다. TOC의 경우 창립자나 초기 가입자들은 새로운 것을 먼저 시도하는 혁신 소비자나 조기 수용자였고 테슬라라는 새로운 제품을 초기에 선택한 이유도 창업자의 경영철학에 공유했기 때문이다. 이러한 회원들은 회사로부터 어떤 지원을 받기 위해 활동하는 것이 아니라 새로운 혁신적인 제품과 경영철학에 매료되어 이를 일반 소비자들에게 소개하기 원하는 열성적인 지지자들이다. 이는 애플이 창업되고, 매킨토시가 시장에 소개된 후 형성된 'Mac Fanatics' 그룹과 유사한 성격을 보여주고 있다. 이 커뮤니티에서 가장 주목할 점은 회원들이 브랜드에 대한 철학과 가치가 공감될 때 나타나는 결과이다. 회원들은 같은 가치를 공유하고 있어 동류의식, 회원간 신뢰도 및 참여도가 매우 높다. 또한, 회원들이 사회 지향적인 가치를 전파하는 역할에 대한 자부심도 느낀다. 전기차에 대한 수요가 늘어나면서 테슬라 오너의 수도 늘어날 것이다. 회원 수가 증가되면서 TOC와 본사와의 관계는 더욱 긴밀해 질 것으로 기대된다.

 이 사례는 다음과 같은 시사점들을 제공해 준다. 첫째, 기업은 소비자들이 제품이나 서비스를 소비하면선 경험할 수 있는 사회적 가치를 브랜드 정신 또는 아이덴티티로 설정할 필요가 있다. 그 가치가 공유되면 소비자는 제품이나 서비스를 소비하는 것을 넘어 브랜드의 철학을 전파하는 지지자가 될 수 있다. 둘째, 기업의 브랜드의 소비자들과 관계를 형성할 때 보상보다는 유능감을 느낄 수 있는 콘텐츠를 개발해야 한다. 테슬라는 차 소유자들이 만든 커뮤니티와의 공식적인 관계를 추구한다. 회원들은 본사가 추구하는 사명지속가능한 지구환경을 물려주기 위해 친환경 에너지 및 교통수단으로의 전환 등에 적합한 활동을 수행한 증빙 서류 등이 갖춰야 본사로부터 공식적으로 인증을 받을 수 있고 승인을 받고 난 후에도 매년 활동 실적을 제출해야 인증이 연장될 수 있다. 물론 인증 받은 커뮤니티에게는 다양한 세미나와 정보를 제공해 활동에 따를 성취감을 향상시켜 줄 수 있는 프로그램을 제공한다. 이러한 시스템은 회원들에게 TOC 회원으로서의 성취감을 느낄 수 있게 해 주는 원동력이다.

3) 노래에 담겨진 사회적 메시지로 팬들을 감동시킨 글로벌 브랜드 BTS: Army의 등장

(1) 개요

빅히트 엔터테인먼트 방시혁 대표는 2013년 7인조 보이그룹 BTS를 만들어 이 그룹을 세계에게 가장 영향력 있는 뮤지션으로 성장시켰다. BTS는 순수 한국인으로 구성되어 한국어로 노래를 불렀음에도 불구하고 전 세계 팬들의 열광적인 호응을 얻고 있다. BTS는 2018년 한국인으론 처음으로 빌보드 음반 차트에 1위를 차지한 후 3년 간 연속 1위를 차지했고, 2020년에 발표한 'Dynamite'라는 신곡은 빌보드 싱글차트인 '빌보드 핫 100'차트에서도 1위에 등극한 바 있다. BTS가 지금까지 전 세계에서 판매한 음반 판매량은 2,000만장이 넘었으며 음악계 최고 권위상인 그래미상 후보에 올랐다. 글로벌 대중음악 시장에서 BTS의 성공은 대한민국 K-Pop이 세계의 주류가 될 수 있음을 보여주고 있고, 이는 비틀즈의 'Bristish Invation'에 비유해 'Korean Invasion'이라고 불려진다. 적지 않은 전문가들은 BTS가 과거 비틀즈의 열풍을 뛰어넘고 있다고 평가한다. BTS는 이제 세계적으로 가장 강력한 브랜드가 되었는데, 이러한 성장의 배경엔 노래에 담겨진 사회적 메시지가 있다.

(2) 노래가 전해주는 메시지: 청소년을 감동시키다

BTS 그룹은 구성 당시 일류 가수들로 구성되지 않았다. 당시 국내에서 주목받던 아이돌 그룹에 들어가지 못한 사람들이었는데, 방시혁 대표는 이들 중 개성이 뚜렷하고 자신들의 성장을 열망하는 가수들로 멤버를 구성했다. 멤버 선발에 있어 가장 중요한 기준은 뮤지션으로서의 철학·음악적 재능보다 더 중시했음의 소유와 노래를 통해 팬들에게 의미있는 메시지를 전하려는 의지였다. 멤버가 구성되자 이들은 이류의식을 벗어나기 위해 안무와 관련된 힘든 훈련과정을 거쳤고 그 결과 BTS의 춤예: 칼군무은 당시 아이돌 그룹보다 더 멋진 것으로 평가되었다. 그러나 성공의 핵심은 춤이 아니라 그들의 노래가 청소년들에게 전하는 메시지에 있다.

방시혁 대표는 빅히트 엔터테인먼트를 설립 당시 기존 음반 기획사와는 다른 미션음악과 아티스트를 통해 모든 사람에게 위로와 감동을 준다을 제시했다. 당시 대다수 엔터테인먼트 기업들이 재미와 흥미를 끄는데 집중했다면 팬들이 공감할 수 있는 메시지를 전달하기 위해 노력했다. 그는 사업의 목적을 성공적인 음악인을 배출하는 것을 넘어서 사회에 의미있는 메시지를 전달하는 것으로 설정한 것이다. 그는 대부분의 K-POP 음악이 잠깐 소비되고 사라지는 것을 아쉬워했고 대안을 찾아냈다. 대중음악이지만 전 세계 팬들에게 오래 각인되기 위해서는 현란한 안무, 영어 위주의 랩이나 가사 대신 누군가의 기억 속에 오래 남을 수 있는 메시지를 전달해야 한다고 생각한 것이다. 오랫동안 들을 수 있는 노래를 하려면 메시지가 의미 있어야 하고 이를 위해선 아티스트만의 세계관 구축이 필수라고 느꼈고 이를 위한 치밀한 전략이 시작되었다. 그래서 만들어진 것이 BTS의 세계관BTS Universe라고 칭해짐이다.

BTS 세계관은 세 가지 이야기로 전개되어 왔다. 첫째는 화양연화 시리즈 앨범에서 표현되는 고통이다. 이 앨범은 자신이 통제할 수 없는 주어진 환경 속의 트라우마와 고통을 담고 있다. 이는 상실, 좌절, 외로움, 이별 등 있는 그대로의 현실을 담아내면서 전 세계 젊은이들의 마음을 어루만졌다. 두 번째 Wings 앨범에서는 자신의 세계를 찾아가는 과정을 담고 있다. 안전한 유년기를 깨고 나와 험한 세상에서 자신만의 세상을 만들어가는 과정을 보여준다. 마지막이 정점을 찍은 'Love Yourself'다. 상실과 좌절을 딛고 어두웠던 과거의 나도 사랑해야 하고 그런 과정에서 나만의 세상을 만들어가자고 제안한다. 그러면서 자신의 목소리를 내라고 독려한다Speak Yourself!. 즉 미래는 내가 개척한다는 것이다. 그리고 이러한 메시지를 완성도 높은 안무로 완성시켰다.

〈사진〉 BTS 리더의 청소년을 향한 유엔 연설

이런 스토리라인은 변화의 물결 속에서 위축된 세계 젊은이의 마음을 울렸다. BTS가 젊은이들에게 미치는 영향력을 인정한 UN은 2018년 BTS를 초청해 청소년들에게 메시지를 전달할 기회를 주었다. 이 때 팀 리더인 RM본명 김남준은 이러한 그들의 세계관을 설명한 바 있다. 이러한 세계관은 2020년 11월에 발표한 신곡 'Life Goes On'에서도 지속코로나 시기에 팬들에게 위로와 격려의 메시지 전달되었고 후렴을 제외한 거의 모든 노랫말이 한국어로 이루어졌음에도 불구하고 빌보드 싱글차트에서 1위에 올랐다. 소비자의 마음을 사로잡는 광고가 나오기 위해서는 소비자가 공감할 수 있는 핵심 주제가 있어야 하고 이 주제가 창의적으로 표현되어야 한다고 한다. BTS의 열풍을 지속해 주는 힘은 BTS의 세계관이를 BTS Universe, 즉 BU라 칭함과 표현 능력의 완벽한 조화에 있다.

(3) 플랫폼을 통한 팬들과의 교감: 친밀감을 확보하다

BTS가 활동을 시작해 전 세계 팬들을 단시간 내에 확보할 수 있었던 것은 유튜브라는 플랫폼이 있었기 때문이다. 방송 플랫폼이 TV에서 인터넷, 인터넷에서 다시 모바일로 전환됨에 따라 소셜 미디어는 시간과 공간의 제약 없이 다수와 교감할 수 있는 매체로 부상되었다. 유튜브는 BTS의 세계관을 전달하는 최적의 공간이었다. 이를 통해 BTS는 고객과의 상호작용을 통한 브랜드 공동창조 brand cocreation, 소비자 간 공유 sharing와 이를 통한 사회적 연대감 social affiliation 고취, 디지털을 활용한 자기표현 digital self-expression을 유도해 낸 것이다. 빅히트 엔터테인먼트는 BTS의 활동 및 일상을 유튜브에 등장시켜 팬들에게 가장 가까운 친구와 같은 모습을 보여 주었다. 유튜브는 전 세계의 청소년들에게 막대한 비용을 들이지 않고 BTS의 세계관을 전달할 수 있는 최고의 매체였고 빅히트 엔터테인먼트는 새로운 시대적 패러다임에 맞는 커뮤니케이션 전략을 선택한 것이다.

이러한 전략의 단서를 제공한 것은 싸이의 '강남스타일'이었다. 싸이가 2012년 유튜브를 통해 '강남스타일' 뮤직비디오를 소개한 후 두 달도 지나지 않아 유튜브 조회 건수가 역대 최단 기간에 1억 건을 돌파했고 빌보드 '핫 100HOT 100'차트 2위까지 올랐다. 특히 싸이는 저작권이라는 콘텐츠에 대한 통제권control을 스스로 포기해 사람들이 자유롭게 새로운 콘텐츠를 만들어 내는 결과를 유도했다. 소셜 미디어 상에서 바이럴 viral 현상을 만들기 위해 저작권을 버린 것이다. 그 결과 '강남 스타일'과 관련해 수많은 패러디와 리액션 영상물이 등장해 싸이 열풍을 가속화시켰고, 싸이가 세계적인 가수가 되는 데 오랜 시간이 걸리지 않았다. 유튜브가 없었더라면 당시 싸이의 열풍도 없었을 것이다.

빅히트 엔터테인먼트는 이러한 사례가 주는 시사점을 BTS에 적용시켰다. 빅히트 엔터테인먼트는 소셜 미디어라는 플랫폼을 통해 팬들과 실시간 소통을 하면서 공감의 효과를 높일 수 있다고 판단했고 여기에 BTS활동을 집중했다. 당시 빅히트 엔터테인먼트 임직원은 이러한 전략을 다음과 같이 설명한다: "유튜브는 비용과 시간을 최소화하면서 자사의 아티스트를 글로벌 스타로 만드는데 최적화된 창구입니다. 아티스트가 더 많은 대중과 실시간 소통하기 위해서는 일단 신비주의 등의 전략을 버리고 팬들에게 스타 이전에 '친구'같은 일상의 편안함을 줘야 합니다. 그리고 서구권에서는 이미 그런 스타들이 더 많은 팬덤을 형성하고 있습니다. 그 결과 저희는 적은 비용과 시간으로 독자 노선을 걸었음에도 세계 시장에 좀 더 손쉽게 나아갈 수 있었습니다"이인혜, 권상집 2021. BTS는 2020년 발표한 'Dynamite'뮤직비디오를 공개한지 하루 만에 조회 수가 1억을 넘기며 유튜브 최단 기간 1억 조회 수 돌파라는 신기록을 수립했다.

이러한 소셜 미디어의 파급력을 인지한 빅히트 엔터테인먼트는 '세계 최고의 엔터테인먼트 플랫폼 기업'으로 나갈 것을 선언하고 독자적인 커뮤니티 플랫폼 위버스를 개발했다. 위버스 플랫폼은 2019년 6월 출시되었는데, 현재 100개국에서 1000만 명이 참여하는 세계 최대의 팬덤 플랫폼으로 자리 잡아가고 있다. 출시 1년 6개월 만에 BTS의 위버스 팔로워 수는 850만 명을 넘어섰다. 빅히트 엔터테인먼트는 더 이상 유튜브에 자사 뮤지션의 공연이나 뮤직 비디오를 실시간으로 올리지 않고 직접 출시한 위버스에서 영상콘텐츠를 업로드하고 관련 상품을 제작, 판매하며 플랫폼의 영향력을 확대시키고 있다.

한편, 이 위버스는 공연이 금기시되었던 코로나 시기에 BTS의 온라인 공연을 가능하게 해 주었다. 결제, 관람, 관련 상품 구매까지 위버스를 통해 논스톱으로 진행할 수 있는 통합형 공연 사업 모델을 개발한 것이다. 빅히트 엔터테인먼트는 2020년 모든 공연이 코로나로 전면 취소되는 상황에서 최초로 방구석에서 즐기는 BTS 콘서트라는 이름으로 '방방콘'을 열었고 그 결과 전 세계에서 200만 명이 넘는 팬이 집결되어 큰 성공을 거두면서 공연무대의 새로운 장을 열었다. BTS의 방방콘은 이틀 동안 조회 수가 5,000만 건을 돌파했고 동시 접속자 수 역시 224만 명을 기록했다.

(4) BTS의 가치를 공동으로 창출하는 ARMY

세계적인 팬덤 현상을 만들어가고 있는 BTS의 성장 과정은 좋은 혁신 사례로 평가될 수 있다. 빅히트 엔터테인먼트는 BTS를 세계 시장에 소개하면서 흥미와 자극을 주기 위한 안무보다는 청소년에게 전달하는 사회적 메시지를 강조했고, 한국어 노래로 세계 시장을 공략했고 방송매체보다는 소셜 미디어에 집중했으며 코로나 위기에 위버스를 통해 온라인 공연을 세계 최초로 시도한 바 있다. 이는 기존 업계의 전통적인 전략에서 벗어난 파격적인 혁신이었다. 이러한 혁신으로 BTS는 가장 열성적인 팬 그룹인 ARMY를 갖게 되었다. BTS의 팬 커뮤니티인 ARMY는 "Adorable Representative M. C. for Youth"의 약자로 소속사 빅히트 엔터테인먼트가 운영하는 온라인 플랫폼 위버스Weverse에 등록된 회원2021년 2월 25일 기준, 910만 명, 트위터 팔로워3,315만 명 및 유튜브 구독자 4530만 명로 구성된다. 이들은 단순히 팬이 아니라 BTS와 함께 가치를 창출하는 동반자인데, 기업과 소비자의 새로운 관계유형을 보여주고 있다. Ramaswamy2011는 공동가치 창출을 '소비자와 기업이 함께 협력함으로써 서로의 가치를 공동으로 창조하는 모든 활동'으로 정의하고, 해당 활동에 참여하는 소비자는 일반 소비자와는 다른 특별한 경험을 만들어가는 과정에서 스스로의 가치를 향상시킨다고 설명한 바 있다.

이민하2021는 'ARMY'의 브랜드 공동가치 창출 활동을 다음과 같이 크게 세 가지로 소개하고 있다. 첫째, 방탄소년단의 음악 및 관련 콘텐츠를 전문가 수준으로 해석하거나 번역하고, 방탄소년단과 관련한 창의적인 콘텐츠를 창작하여 공유함으로써 방탄소년단의 인지도를 높이는 데 기여한다. 둘째, 방탄소년단에 대한 왜곡된 정보를 전달하거나 폄하하는 경우, 집단적 항의와 비판을 통해 사실관계를 바로잡는다. 셋째, 방탄소년단의 이미지에 손상이 갈 수 있는 콘텐츠나 행사를 기획할 때에는 소속사에 대한 강력한 요구를 통해 결정을 재고하거나 정정하도록 한다. 이러한 아미의 활동은 단순히 방탄소년단에 대한 환상과 열정뿐 아니라, 전문가 수준의 정보와 지식을 갖추기 위한 자발적인 노력과 학습을 기반으로 하여, 브랜드의 방향성과 가치를 명확하게 확립하는 데 실질적인 도움을 주는 역할을 한다. 이를 요약하면 ARMY는 이제 팬이 아닌 BTS의 멤버인 것이다. 앞서 설명한 바 있는 기업과 소비자간 역할의 경계가 허물어지는 현상이 발견된다. 즉, 기업의 브랜드관리에서 가장 바람직한 수준인 브랜드에 대한 주인의식이 ARMY에서 발견된다.

(5) 시사점

브랜드의 고객관리의 가장 이상적인 결과는 ARMY와 같은 열성적인 팬소비자을 확보하는 것이다. BTS가 ARMY와 같은 팬 그룹을 확보하게 된 원인과 시사점은 세 가지로 요약될 수 있다.

첫째, 브랜드는 소비자의 이성과 감성뿐만 아니라 정신에 소구하는 메시지또는 아이덴티티를 가져야 한다. 커뮤니케이션 전략에서 메시지 또는 주제의 중요성은 아무리 강조해도 지나치지 않다. 커뮤니케이션 전략의 두 가지 중심은 적절한 메시지와 창의적인 표현방식인데, 소비자의 정신에 소구하는 메시지는 캠페인이 장기적으로 전개될 수 있게 만드는 원동력이다. BTS는 노래를 만들기 전 청소년의 개성과 정신에 소구하는 메시지를 먼저 선정했고 멤버들의 끊임없는 훈련으로 최고 수준의 안무 능력을 개발해 표현했다. BTS가 노래를 통해 전달하는 사회적 메시지는 청소년들에게 위로와 감동을 전해줘 팬들을 즐겁고 행복하게 만들어준다. 그 결과 팬들은 BTS가 전하는 메시지를 흡수해 위로받고 이들의 활동에 능동적으로 참여하면서 열성적 지지자가 된다.

둘째는 BTS의 활동의 일관성에서 느껴지는 진정성이다. BTS는 음악 활동뿐 아니라, 가정폭력이나 재해, 빈곤 등으로 소외되거나 어려움을 겪고 있는 이들을 위한 자선활동을 지속적으로 진행해 그들이 전하는 메시지의 진정성을 보여주고 있다. 이러한 노력을 인정해 유엔이 청소년을 위한 홍보대사로 임명하고 UN에 초청해 연설할 수 있는 자리를 이미 두 차례 마련해 준 바 있다. 팬들은 BTS 활동의 진정성을 느끼면서 일체감을 형성하고 이러한 사회봉사활동에도 동참하고 있다. ARMY는 BTS의 활동을 지원하기 위해 재단을 설립하고 기금을 모집하는 한편, 온·오프라인 상에서 자신이 겪었던 아픈 경험을 서로 나누고 위로하는 방식의 치유 활동도 함께 진행하고 있다.

마지막은 플랫폼에서 형성되는 수평적 관계이다. BTS는 초기부터 유튜브와 같은 소셜 미디어에 집중함으로써 팬들과의 친밀감을 확보했다. BTS와 팬의 관계는 무대에서 공연하는 가수와 이를 관람하는 관객이 아니다. 함께 무대를 만들어가는 협연자이다. 팬들은 BTS가 자신의 이상을 구현해 줄 것을 기대하고 밀고 당기는 긴장관계를 원한다. 그리고 팬들은 BTS가 다음에 어떤 새로운 감동을 전해줄 것인가에 대한 기대감을 형성해 기다리고 있고 이를 위해 자신의 상상력이나 아이디어를 발휘할 준비가 되어 있다.

4) 쓰레기를 자발적으로 수거하는 브랜드 커뮤니티: BAC(Blackyak Alpine Club)

저자는 등산하고 내려오면서 산에 버려진 쓰레기를 수거하는 활동을 하는 커뮤니티 회원들을 연구한 바 있다유창조 2021. 블랙야크가 창립한 BACBlackyak Alpine Club 회원들이 바로 주인공이다. 이들은 쓰레기를 수거한 활동에 대해 특별한 보상을 받지 않는다. 그럼에도 불구하고 이들은 왜 산에 버려진 쓰레기를 수거하고 있을까? 이제 그 이유를 알아보자.

(1) 개요

블랙야크는 고객관리 차원에서 BAC^{Blackyak Alpine Club}이라는 커뮤니티를 만들었다. 블랙야크는 2013년 창사 40주년을 기념해 명산 등정에 도전할 등산객 3000명을 모집했다. 이들 중 40개 명산 등정에 완주한 등산객 1,600여명을 위한 모임이 제공되면서 BAC라는 커뮤니티가 만들어졌다. 이 커뮤니티는 블랙야크의 어플리케이션에 기반을 둔 소셜 액티비티 플랫폼으로 산을 좋아하는 사람들로 구성되어 있다. 설립 당시 등산에 관심 있는 애호가들이 BAC에 가입하기 위해선 어플리케이션 앱을 다운 받고 가입비를 5만원 내야 회사가 제공하는 다양한 등산 관련 정보를 접할 수 있다. 대신 회사는 가입하는 회원들에게 가입비에 상응하는 기념품 블랙야크 제품을 제공했다. 1년 후 회사는 가입비를 없앴다. 회사가 BAC을 운영하는 목적을 소비자들에게 건강을 위해 등산을 장려하고 도전의식을 고취하는 것으로 재설정한 것이다. 특이한 점은 이 커뮤니티엔 회원의 등급이 없다. 등산을 좋아하는 사람들은 앱을 다운받아 가입하면 된다. 따라서 이 커뮤니티는 블랙야크라는 브랜드를 좋아하는 사람들에서 등산 애호가들의 모임으로 개편된 것이다. 초기 회사는 'extreme team'이라 불리는 팀이 히말라야 원정대를 지원해 왔는데, 이 팀이 BAC 지원을 전담하고 있다. 이 팀은 등산을 좋아하는 사람들에게 필요한 정보를 개발해 왔고 명산 100 프로그램을 확대해서 발표한바 있다, BAC은 등산애호가들의 동호인 모임으로 발전하면서 꾸준히 회원 수가 증가해 왔는데, 2016년엔 회원 수가 4만 명에 이르게 된다. 이때까지는 회사가 제공하는 프로그램에 회원들이 반응하는 시기이다. 이후 회사는 백두대간을 거니는 '백두대간' 프로그램 2017년, 우리나라 대표적인 섬과 산을 여행하는 '섬&산 100' 프로그램 2017년이 개발되었고 최근

에는 낙동정맥, 한북정맥, 한남동맥, 한남금북정맥, 금북정맥 프로그램들이 개발되었다. BAC의 회원 수는 2017년부터 급격하게 증가2021년 말 30만 명으로 추산됨하기 시작하는데, 그 과정에서 커뮤니티의 운영의 주도권도 회사에서 회원으로 바뀌고 있다.

(2) 회사 주도형에서 소비자 주도형으로의 변화

BAC이 가입비를 없애고 앱을 통한 가입을 쉽게 해 주면서 회원 수가 증가될 뿐만 아니라 회원들의 자율적인 활동이 늘어나게 된다. 회원들이 앱을 통해 정보를 공유하면서 기업에서 제공하는 프로그램이 아닌 자발적인 프로그램을 만들고 그 안에서 스스로 소그룹을 구성하기도 한다. 회원들의 이런 적극성에 고무되어 블랙야크는 커뮤니티의 운영자에서 지원자로 역할을 재설정했다, 회원은 다양한 프로그램 중 등반하기 원하는 곳을 선정해 도전할 의사를 앱에 올리면, 다른 회원들이 이 정보를 보고 도전에 동참하기도 한다. 운영진은 회원들이 도전하는 산에 대한 다양한 정보등정 경로, 등정 시 주의점, 주변 약도, 주변 먹거리 등를 앱을 통해 제공해 줄 뿐이다.

회사는 BAC 회원들에게 매우 독특한 인증시스템을 제공하면서 회원들의 교류를 촉진하고 있다. 히말라야 등정과 관련된 인증시스템히말라야 최고봉 등정에 성공한 산악인은 전문가로부터 인증 받아야 함이 커뮤니티 활동에 적용된 것이다. 이를 위해 블랙야크는 지역별로 등산 전문가인 전문 셰르파를 운영하고 있다. 회원들은 명산 등정에 성공하게 되면 이를 사진을 찍어 앱에 올린다. 해당 산을 담당하는 전문 셰르파해당 산을 자주 등정한 바 있는 전문 산악인가 사진을 보고 등정을 인증해 주고 있다. 그리고 전문가가 인증한 100대 명산의 등정 기록이 앱에서 공개예를 들어 100대 명산 중 40개

등정되는 것이다. 이를 통해 회원들은 등반을 즐기면서도 자신의 실적을 쌓을 수 있고, 이에 대한 정보가 다른 회원들과 공유된다. 자신의 등정 기록이 커뮤니티 내 모든 회원들에게 공개되기 때문에 회원들은 등정 실적에 따라 성취감을 느낄 수 있게 되었다. 이 인증시스템은 초기 BAC의 확산에 기여한 바 있다.

"BAC 가입을 통해 여러 산을 등반하면서 내가 뭔가를 이뤄내고 있다는 느낌이 든다(50대 남자)"

블랙야크는 매년 히말라야 원정대를 구성해 도전하고 있는데, 회원들은 인증 실적에 따라 새로운 도전(예: 히발라야 등반)을 위한 기회를 제공한다. 회원들은 등정과 관련된 다양한 기록들과 후기를 앱에 남겨 다른 회원들에게 유익한 정보를 남길 수 있다. 이러한 등반 도전은 개별적으로 또는 팀으로 진행될 수 있다. 회원들이 함께 등반을 도전하기도 하고 특정 등산가클럽 운영자라고 함가 도전을 앱에 올리면 함께 도전할 사람이 모이기도 한다. 팀별 등정 실적도 인증되어 공개되고 있고 이와 관련된 다양한 후기들이 공유되고 있다. 따라서 회원들은 동창회 혹은 지역을 중심으로 300여 개의 소모임을 만들어 운영하면서 적극적으로 활동하고 있다. 특히 등산의 성격상 지역별 모임이 활성화되어 있다. 이에 회사는 우수클럽을 선정하고 지원하는 시스템도 운영하고 있다. 이처럼 회원들의 자발적인 참여증가와 회사의 지원이 조화를 이루면서 이제 BAC의 활동은 회원들에 의해 주도되고 있다.

(3) 회원들이 느끼는 사회적 가치와 주인공의식

BAC이라는 커뮤니티의 회원수가 폭발적으로 늘어나게 된 결정적 계기는 'Heavier BackPack' 캠페인이다. 블랙야크의 강태선 회장은 산악인으로 평소 산행을 하면서 산에 버려져 있는 쓰레기에 주목하고 산을 보호하기 위한 'Heavier BackPack'이라는 캠페인을 2016년부터 시작했다.

블랙야크는 2016년 회원들에게 'HEAVIER BACKPACK' 캠페인을 전개하면서 '클린마운틴365'활동을 제안했다. 회원들이 등산 과정에서 목격하는 페트병과 쓰레기를 수거하여 우리가 즐기는 산을 보호하자고 제안한 것이다. 회원들이 이러한 제안에 동참하면서 BAC은 지속 가능

BAC 사이트에 있는 캠페인 안내문 중 일부

> 'HEAVIER BACKPACK'최소한의 것만 자연으로 가져가고 돌아올 때는 버려진 쓰레기를 가지도 돌아오는 자연보호 캠페인입니다.
>
> 우리는 지난 수년 간 명산 100과, 백두대간, 섬앤산 등의 프로그램을 함께 하면서 산에 버려진 수많은 쓰레기들을 보아왔습니다. 그것들은 우리 또는 우리와 같은 사람들이 산행을 하면서 버린 쓰레기 들입니다. 그리고 8년 동안 우리는 회원들과 함께 버려진 쓰레기들을 주워 담고 있습니다.
> 'HEAVIER BACKPACK'은 우리의 모든 아웃도어 활동에서 실천해야 할 행동 원칙으로 "더 무거운 배낭이 자연을 지킨다."는 아웃도어 실천 캠페인입니다. 일회용품 사용을 최소화하고 버려진 쓰레기를 수거하는 'HEAVIER BACKPACK'은 "더 무거운 배낭으로 떠나기"와, "더 무거운 배낭으로 돌아오기"를 실천하는 것을 목표로 합니다. 우리가 자연으로 떠날 때 가벼운 배낭이 항상 최선이 아닙니다. 때로는 더 무거운 배낭이 자연을 위해 더 나은 선택이 될 수 있습니다. 'HEAVIER BACKPACK'은 BAC의 모든 프로그램에 적용되는 활동 수칙이며 자연에 대한 최소한의 배려입니다.

한 소비문화를 구현하는 커뮤니티로 거듭나고 있다. 회원들은 명산을 등정하면서 쓰레기들을 수거할 뿐만 아니라 해시태그로 SNS에 인증 사진을 공유한다. BAC 커뮤니티는 회원들이 자부심을 느낄 수 있는 레벨 제도를 운영하고 있다. 회원들의 클럽 레벨은 산행 인증실적과 클린 마운틴 참여도에 따라 정해지고 공개되어 다른 회원들과 공유된다. 그에 따라 명산 등반과 등반 시 쓰레기 수거를 하나의 놀이로 인식하며 서로 경쟁하기 시작한 것이다. 회사는 회원들의 쓰레기 수거 활동에 대한 보상을 제공하지 않음에도 불구하고 회원들이 번거로운 일에 자발적으로 참여하는 것은 산을 보호하는 활동에서 느낄 수 있는 자부심이 자리 잡고 있다.

회원들이 'Heavier BackPack' 캠페인의 참여도가 높아지자 전담팀은 '클린 도전단'이라는 별도의 커뮤니티를 만들었다. 회사는 매주 특정

〈사진〉 신안군 우이도에서의 클린 도전단 활동 모습

산이나 섬을 지정해 환경보호를 위한 프로그램을 만들어 사이트에 올리면 회원들이 자발적으로 참여하는 형태이다. '클린 도전단' 활동의 목적은 등반보다는 환경보호에 있다. 산과 섬에 버려진 쓰레기를 수거하기 위해 산이나 섬을 탐험하는 것이다. 회원들은 이제 자율적으로 클린 도전단 팀을 구성하고 있다. 이러한 활동은 일부 지역에서 시작되었지만, 현재는 매주 전국적으로 진행된다. 환경보호 활동은 초기 회사에 의해 제안되었지만, 이제 무대의 주인공은 회원들이다. 현재 회원들은 스스로 클린 도전팀을 구성해 쓰레기를 수거하는 활동을 하고 있고 이와 관련된 실적을 사진으로 남겨 앱에 올리고 있다. 회원들은 등반을 통한 도전의 가치와 자연보호 활동이라는 사회적 가치를 즐기고 있다. 등반 도전에 친환경 활동이 가미되면서 회원들은 성취감과 자부심을 함께 느끼고 있다. 이제 회원들은 커뮤니티 활동의 주인의식을 느끼고 있고 더 나아가 '인간과 자연의 공존'이라는 기업문화를 주도하고 있다고 생각한다.

> "직원은 아니지만 내가 블랙야크에 큰 도움을 주고 있다고 생각합니다. 내가 잘해야 우리 블랙야크가 더 좋은 기업이 될 수 있다는 생각이 듭니다 (50대 남자)."

(4) 시사점

저자가 파악하고 있는 자료를 기준으로 BAC은 국내에서 가장 많은 회원을 확보하고 있는 브랜드 커뮤니티이다. 이러한 커뮤니티 확산에 결정적으로 기여한 것은 인증프로그램과 사회적 가치에 대한 제안'HEAVIER BACKPACK' 캠페인이다. BAC의 경우 초기 회원 수의 증가에 중요한 역할을 한 것이 명산 등반에 대한 인증시스템이다. 회원들이 명산에 등정한 것에 대해 전문가가 인증해주고 이를 공시함으로써 회원들의 자신의 등반 목표를 세우고 실적을 인정받게 해 주는 것이 자신의 능력향상이라는 성취감을 고취시켜 준 것이다. 그리고 2017년 회사가 제안한 'HEAVIER BACKPACK' 캠페인은 회원들의 적극적인 호응을 받았고 당시 4만여 명이던 회원수는 21년 말 30만 명을 넘어섰다. 이는 산에 버려진 쓰레기를 수거하고 이러한 자신들의 노력이 앱을 통해 공유됨으로써 자신이 국내 명산의 환경지킴이라는 자부심을 심어준 결과이다. 지금 회원들은 이런 활동을 함께 하자고 지인들에게 권장하고 있고 그에 따라 회원수는 앞으로도 기하급수적으로 늘어날 것으로 예상된다. 코로나 상황이 종료되면 이러한 활동은 더욱 활성화될 것이다. 소비자들이 공감할 수 있는 사회적 가치에 대안 제안과 이를 공유할 수 있는 시스템의 구축이 성공의 비결이다.

02 협력 네트워크를 통한 가치 창출 사례

과거 국내 기업들은 독자경영을 추구해 왔고 다양한 기관들과의 협력적 관계 구축은 매우 제한적이었다. 그러나 협력의 시대가 시작되면서 다양한 이해관계자들과의 협력 모델이 시도되고 있다. 특히 이해관계자들과의 협력은 고객에게 전달하는 가치의 완성도를 높이고 운영효율성을 제고할 수 있다. 아래에서는 이와 관련된 성공사례를 요약하고 시사점을 논의하였다.

1) 현대자동차와 기아의 협력 네트워크: 협력사와의 동반성장

현대자동차와 기아는 2017년 협력사와의 동반성장이 완성차 경쟁력 향상의 원천임을 인식하고 1차 협력사뿐만 아니라 2차 및 3차 협력사들과의 '선순환형 동반성장'을 위한 5대 전략을 발표한 바 있다. 5대 전략의 핵심은 경영개선, 경쟁력 강화, 해외 지출, 고용 및 1차-2, 3차 협력사간 협력 강화이다.

(1) 동반성장의 배경

현대자동차와 기아가 협력사와의 동반성장을 추구하게 된 배경은 앞서 설명한 바 있는 생태계 차원의 경쟁력을 확보해야 미래 경쟁에서 살아남을 수 있다는 판단에 있다. 현대자동차와 기아는 총 부품의 95%를 협력사로부터 구매하고 있어 부품의 품질이 완성차의 경쟁력과 직결된다. 부품사들은 과거 자동차 회사의 주문을 받아 부품을 제조하는 역할을 담당해 왔지만, 첨단 기술시대를 맞이하면서 설계, 제조, 개발 등의 분야에서 연구 제조에서 연구기술력을 확보하고 있어 자동차 회사 입장에서 보면 이들의 기술력은 최대한 활용될 필요가 있다. 자동차 산업의 경우 자동차와 ICT의 융합이 가속화되면서 제조사간 경쟁에서 부품업계가 주축이 되는 생태계간 경쟁으로 빠르게 이동하고 있다. 현대자동차와 기아는 이들과의 협력사와의 장기적인 관계 구축이 무엇보다도 중요하다고 인식하고 이를 위한 운영전략을 구체적으로 수립하였다.

(2) 동반성장을 위한 운영전략

현대자동차와 기아의 동반성장을 위한 운영전략은 1. 글로벌 경쟁력 육성 2. 지속성장 기반 강화 3. 동반성장 문화정착으로 구분되어 있다.

- **글로벌 경쟁력 육성**: 현대자동차와 기아는 생태계 차원의 글로벌 경쟁력을 강화하기 위해 협력업체의 품질 경쟁력을 육성하고 생산성 향상을 위한 활동을 지원하며 기술 개발력을 강화하기 위한 구체적인 프로그램을 진행하고 있다. 품질 경쟁력을 강화하기 위한 가장 대표적인 활동은 자동차부품산업진흥재단의 설립과 운영이다. 현대자동차와 기아는 2002년부터 부품사의 중요성을 인식하고 자금을 출연해 자동차 부품업계의 품질, 기술 및 경영 능력 양성을 위한 공익재단을 설립해 다양한 지원 사업교육, 현장 지도 및 기타 지원 프로그램을 전개하고 있다. 이 재단의 미션은 "자동차 산업 생태계에 최적화된 토탈 솔루션을 제공하여 모빌리티 경쟁력 향상에 기여하는 것"이고 이를 위해 최고의 전문가와 혁신적인 파트너가 모이는 플랫폼을 구축하고 있다. 이외에도 품질학교를 운영해 자동차 산업 분야 품질 전문가를 육성하고 기술학교를 운영해 품질관리 향상을 위한 기술 인력을 양성하며 품질 기술세미나를 업종별로 정기적으로 개최하고 있다. 생산성 향상을 지원하는 대표적인 프로그램은 스마트 공장 육성이다. 현대자동차와 기아는 2022년 스마트 공장 육성을 위한 운영계획을 수립하고 연간 50억 원 규모의 재원을 마련해 1차 및 2차 협력사중소기업을 대상으로 함를 지원하고 있다. 스마트 공장이란 제품의 기획부터 판매까지의 모든 과정을 ICT 기술로 통합해 최소 비용과 시간으로 고객 맞춤형 제품을 생산하는 첨단 지능형 공장이다. 그리고 현대자동차와 기아는 자사가 보유한 R&D 기술개발 노하우를 부품사에게 전수해 부품사의 부족기술을

지원하는 프로그램을 운영하고 있고 협력사의 기술을 보호하고 특허권을 무상으로 제공하고 있다.

- **지속성장 기반 강화**: 현대자동차와 기아는 협력사의 지속성장을 위한 기반을 강화하기 위해 기업의 규모에 따라 납품대금을 현금으로 지급매출액 5000억 미만: 현금 주 1회, 매출액 5000억 이상: 60일 어음 주 1회하고 있고, 원자재가 인상 부분을 당사가 흡수철판 귀금속: 포스코 공시 또는 국제가 기준 조정, 알루미늄 및 플라스틱 등: 국제가 또는 관세청 고시가 기준 조정하여 협력사가 양질의 부품을 지원할 수 있는 제도도 마련했다. 또한, 현대자동차와 기아는 협력사의 자금을 지원하는 다양한 프로그램들미래성장 상생펀드, 미래성장 동반펀드 등을 운영하고 있고 당사의 구매력을 활용하여 협력사와 공동구매를 진행해 협력사의 구매비용을 절감시키기 위한 노력도 전개하고 있다.

- **동반성장 문화 정착**: 현대자동차와 기아는 급변하는 모빌리티 시대에 1, 2차 협력사들을 대상으로 '함께하는 미래 캠페인'을 운영해 자동차 산업의 동반자로서 역량을 강화하고 자부심을 제고하고 있다. 이 캠페인을 통해 협력사에게 필요한 교육을 제공되고 있고 우수협력사 사례와 시사점이 공유되는 시스템도 마련되었다. 그리고 현대자동차와 기아는 자동차 산업 생태계 경쟁력을 강화하기 위해 협력사의 ESG 인식을 개선하고 역량을 향상시키는 로드맵도 마련한 바 있다. 이 외에도 현대자동차와 기아는 동반성장 포털 사이트 http://winwin.hyundai.com를 운영해 당사의 다양한 지원활동과 프로그램을 안내해 참여도를 높이고 있다.

(3) 주요 성과

현대자동차와 기아가 협력사들을 대상으로 전개하는 동반성장 프로그램은 여러 가지 분야에서 성과를 거두고 있다. 첫째, 현대자동차와 기아의 협력사들은 96%가 20년 간 장기거래를 하고 있어 협력이 자생적으로 진화되는 여건이 마련되었다. 2021년 기준으로 볼 때 현대자동차와 기업의 협력사들과의 평균 거래기간은 34년으로 다른 산업에서의 평균 거래기간인 12.3년보다 긴 것으로 나타났다. 둘째, 당사의 협력사들은 평균 매출액이 2001년부터 2021년까지 연평균 7.7% 성장동기간 편균 매출액 4.4배 증가하고 있어 안정적인 경영기반을 확보하고 있다. 셋째, 현대자동차와 협력사의 기업 규모도 중소기업에서 중견기업으로 중견기업에서 대기업으로 꾸준히 성장하고 있는 것으로 나타나고 있다. 예를 들어 2001년도의 경우 협력사 중 대기업의 비율은 3%였고 중견기업의 비율은 13%이었는데, 2021년엔 11%와 52%로 증가하였다. 이는 협력사들이 당사와의 장기거래를 통해 성장하고 있음을 보여준다. 마지막으로 현대자동차와 기아는 해외에 공장을 설립할 때 협력사들과의 동반 진출을 적극적으로 모색하고 있는데, 2021년 해외에 동반 진출한 협력사 수는 794사이다.

(4) 시사점

현대자동차와 기아의 동반성장 모델은 시대적 흐름에 맞는 대표적인 협력사례로 평가될 수 있다. 과거 자동차 메이커와 부품 공급사들은 대표적인 갑을 관계로 인식되어 왔다. 그러나 생태계 차원의 경쟁시대를 맞이하면서 현대자동차와 기아는 협력사를 경쟁력 강화를 위한 동반자로 인식하고 이들의 안정적인 성장을 통해 소비자에게 제공하는 완성차의 품질 수준을 높이고 있다. 그 결과 현대자동차와 기아의 품질 수준은 글로벌 시장에서 매우 높은 것으로 평가되고 있다. 현대자동차와 기아는 과거 해외 시장 진출시 저가 전략을 전개해 왔지만 이러한 품질 향상은 명품자동차로의 도약을 위한 발판이 되고 있다. 그 결과 현대자동차와 기아는 거래처와 장기적인 관계를 유지하고 있는데, 이러한 장기적인 관계는 협력이 자생적으로 발전하는 계기가 되고 있다.

2) 대한통운의 실버택배: 실버 채용을 통한 관리 효율성 제고

(1) 개요

CJ 대한통운은 실버세대의 증가가 대한민국의 중요한 사회적 문제로 부상되기 시작할 때 이러한 문제를 해결하는 방안을 찾기 시작했다. 그래서 등장한 것이 '실버택배'이다. CJ 대한통운은 2016년 실버택배 모델을 통해 사회적 문제로 부상되는 노인 문제를 해결함과 동시에 기업의 택배 운영의 효율성을 향상시키고 있다유창조, 이형일 2016. CJ 대한통운은 이러한 새로운 모델을 시도할 때 다양한 기관과의 협력 네트워크를 구성했는데, 이는 앞서 Poter & Kramer2011가 제시한 바 있는 협력 네트워크 구축의 모범적인 사례이다.

(2) 실버택배 시스템

CJ 그룹은 지속가능경영의 필요성을 인식하고 2015년 그룹 차원에서 CSV실을 국내에서 처음으로 설치해 운영한 바 있다. CSV는 그룹 차원의 사회적 활동에 대한 방향성을 제시하고 각 계열사들은 자신의 사업에서 적용할 수 있는 프로젝트를 개발하기 시작했는데, CJ 대한통운이 개발한 사업이 실버택배이다. 당시 CJ 대한통운은 사회적 문제로 부각되고 있는 실버의 문제점 해결에 기여할 수 있는 사업으로 회사의 운송 과정에 은퇴한 고령자를 채용하는 아이디어를 찾게 되었다. 은퇴한 고령자의 채용은 단순히 실버세대를 지원하는 사업이 아니었다. CJ 대한통운은 이들을 채용함으로써 배송의 효율성을 높이기 원했다. 이른바 공유가치 창출의 기회를 발견한 것이다.

CJ 대한통운은 이 프로젝트를 일시적인 사업이 아닌 회사의 시스템으로 정착시키기 위해 전략지원실CSV경영팀, 경영지원실경영관리담당, 택배운영 팀에 14명의 전담 인력을 배치한 바 있다. 그리고 CJ 대한통운은 이 사업을 전개함에 있어 회사가 담당하는 역할을 최소화해야 한다고

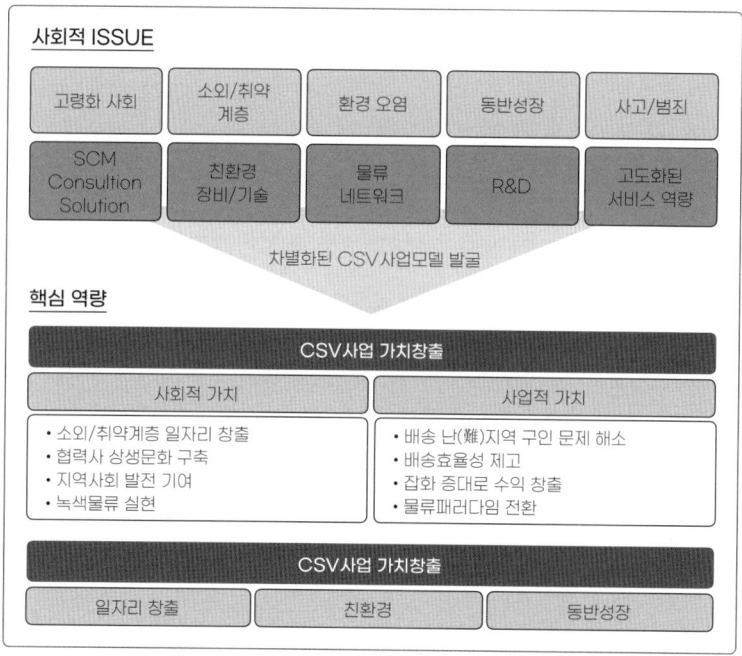

〈그림 10〉 CJ 대한통운이 주목한 사회적 문제와 이를 통한 공유가치 창출 모델
* 자료 : CJ 대한통운

판단했다. 회사가 전담해 전개할 경우 많은 비용이 발생되기 때문에 시간이 지나갈수록 지속가능한 운영에 걸림돌이 될 것이라고 판단했기 때문이다. 그에 따라 전담팀은 다양한 기관들과의 협력 모델을 개발했다. 그 결과 CJ 대한통운은 ①보건복지부한국노인인력개발원를 통해 모델 구축에 필요한 예산을 확보했고 ②지자체초기에 부산을 출발 거점으로 선정하고 부산시와의 협력을 구현함가 제공한 근린 거점을 배송 거점으로 활용했으며 ③노인관련 단체를 통해 택배에 참여할 수 있는 시니어 택배 배송 인력을 확보하였다.

실버택배는 시니어 맞춤형 일자리를 만들어 주었다. 기존 배송 프로세스인 「지역별 Sub 터미널 → 고객 배송」의 구조를 「지역별 Sub 터미널 상품분류 → 배송거점 운송 → 고객 배송」과정으로 변형시켜 근무시간을 평균 6시간에서 4시간으로 단축시키고, 노인들에게는 배송 및 집화 업무로 범위를 축소시켰다. 한편, 운송에 참여하는 시니어들의 체력적 부담을 고려해 회사는 시니어들이 배송할 때 사용할 수 있는 환경 배송장비를 개발해 제공했다. 이 모델의 핵심은 기존 택배기사 1명의 배송 물량을 4~5명의 시니어가 나누어 배송하게 됨으로써 고객 대면시간이 증가하는 과정에서 고객 서비스 향상 효과도 함께 모색한 것이다. 그 결과 회사는 운송과정에 지역 실버 층을 확보함으로써 운영효율성을 증대하고 서비스 수준을 높일 수 있게 되었다. 예를 들어, 아파트의 경우 제품 배달 과정에서 최종 고객에게 전달하는 것이 쉽지 않은 여건인데, 해당 아파트에 거주하고 있는 실버택배기사가 배달의 완성도를 높여주고 있다.

현재 실버택배 사업은 초기 부산에서 시작되었지만, 전국적으로 확산되어 운영되면서 그 효과가 배가되고 있다. 또한 이 모델은 물류 연계

형과 거점 기반형 사업으로 세분화되어 발전하고 있다. 물류 연계형 사업은 택배물류만 전담하는 실버택배에서 한걸음 나아가 전통시장 물류를 적극 지원할 수 있는 지원사업과 마트 근거리 배송까지 지원하는 방향으로 진화하고 있다.

(3) 시사점

실버택배 사업모델은 지속가능성이 높은 것으로 평가되고 있다. 초기 투자비용은 있었지만, 사업모델이 완성되면 실버기사에게 지급되는 인건비는 배송비로 충당될 수 있어 추가적인 비용이 많지 않다. 즉 창출

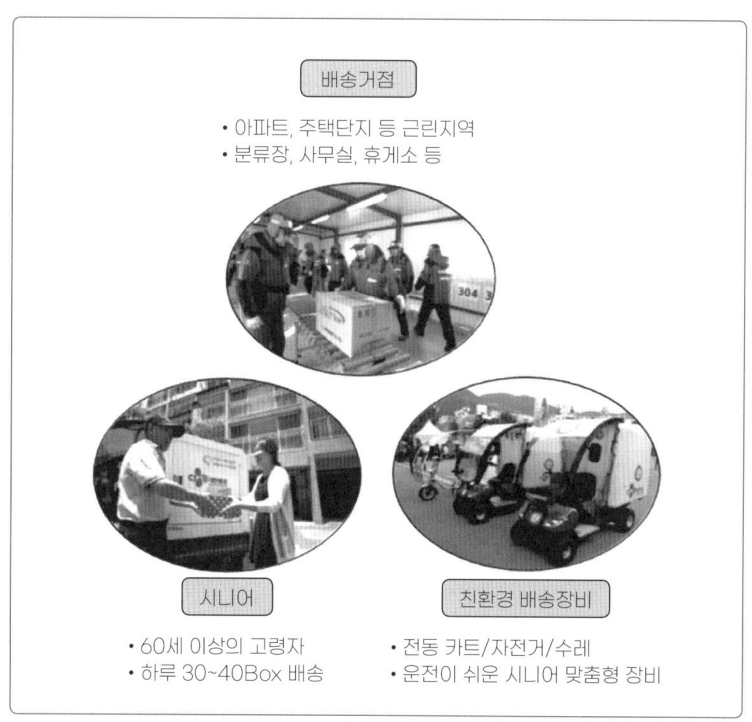

〈그림 11〉 실버택배 사업모델
* 자료 : CJ 대한통운

한 이유에서 사업에 필요한 예산을 배정하는 것이 아닌 사업이 전개되는 과정에서 오히려 수익이 창출될 수 있는 것이다. 기업이 사회적 문제 해결에 기여하는 사업을 전개함에 있어 혼자서 모든 것을 담당하고자 할 경우 상당한 비용이 발생되고 이를 지속적으로 전개하는데 여러 가지 어려움이 따르게 된다. 실버택배와 같이 지자체나 정부기관 시민단체 등과의 협력 Cluster가 구축되면 운영의 효과성뿐만 아니라 효율성도 제고될 수 있다.

공유가치창출 모델이 제시되면서 안전문제, 노인문제 및 건강문제를 해결하기 위한 다양한 모델들이 시도되었지만 대부분 지속되지 못했다. 가장 큰 이유는 투자금액이 커질 뿐만 아니라 관리해야 할 담당자가 많아지게 되어 지속적으로 전개하기 어렵기 때문이다. 한 회사가 소상공인들에게 회사의 IT기술을 사용할 수 있게 해주는 프로젝트를 시도한 바 있으나 오래 지속되지 못했다. 자사의 기술력을 활용해 비용은 크게 문제가 되지 않았으나 너무 많은 관리 인력을 계속 충당하기 어려웠기 때문이다. 또한 한 회사는 노인용품을 개발하고 이를 판매하는 노인들을 채용할 계획을 세웠으나 가시적인 성과를 거두지 못했다. 노인용품을 판매하는 것이 우리나라 문화에서 시기적으로 앞선 모델이었고 나이든 사람이 노인용품을 남들이 볼 수 있는 매장에서 사는 것을 꺼려함 투자비용이 너무 많았기 때문이다. CJ 대한통운은 시스템을 구현하면서 보건복지부, 지자체 및 노인 협회와 협력체계를 구축하는데 성공했다. 협력시스템이 갖추어지자 회사는 필요한 노인택배 인력을 확보하고 관리만 하면 된다. 지금도 이 사업이 지속될 수 있는 이유이다.

3) 아모레퍼시픽의 개방형 협력: 약속을 실천하기 위한 다자간 협력체계

(1) 개요

아모레퍼시픽은 1993년 환경무한책임주의를 선언하고 2009년부터 지속가능경영을 적극적으로 도입하기 시작했는데, 이러한 의지는 기업의 미션에 잘 담겨져 있다. 아모레퍼시픽의 미션은 'We Make A More Beautiful World사람을 아름답게 세상을 아름답게'이다. 즉 아모레퍼시픽은 모두가 자신만의 고유한 아름다움을 가꾸고 빛날 때 세상도 아름다워진다는 믿음을 바탕으로 세상을 아름답게 만든다는 꿈을 선언한 것이다. 아모레퍼시픽은 이러한 꿈을 달성하기 위해 5가지의 원칙고객을 중심으로 행동한다, 최초, 최고를 위해 끊임없이 도전한다, 열린 마음으로 협업한다, 다름을 인정하고 존중한다, 스스로 당당하게 일한다도 선언한 바 있다. 그리고 아모레 퍼시픽은 '모든 고객이 New Beauty를 통해 자신만의 아름다움을 발견해 건강하고 행복한 삶을 실현할 수 있도록 한다.'는 기업 비전도 제시하고 있다.

(2) 2030 A More Beautiful Promise

아모레퍼시픽은 2021년 이러한 기업 미션과 비전을 실천하기 위해 지속가능경영과 관련된 5대 약속A More Beautiful Promise을 공개했다. 이는 사람과 세상 모두를 아름답게 만들기 위해 아모레퍼시픽 전 구성원이 함께 노력과 실천을 이어가겠다는 다짐이자, 향후 10년 간 추진해 나갈 이해관계자와의 약속이다. 이 약속은 '고객 및 사회와의 동행'및 '대자연과의 공존'이라는 두 축이 중심이 된다.

- **고객 및 사회와의 동행**: 아모레퍼시픽은 고객의 지속가능한 소비를 촉진하고 모두가 함께 하는 더 나은 사회를 만드는 데 기여하기 위해 두 가지 목표를 제시했다. 첫 번째로 아모레퍼시픽은 신제품 100%에 환경 또는 사회 친화적 속성을 구현하고 고객의 지속가능한 라이프 스타일 영위에 기여하는 브랜드 활동을 전개할 계획이다. 전 과정 평가를 통한 신제품의 '환경 발자국' 저감, '그린케미스트리' 기술 혁신, 가치 소비 확산을 위한 브랜드 캠페인 전개 등이 주요 골자다. 둘째로 아모레퍼시픽은 다양성과 포용의 가치를 사내외에 확산하고 모든 이해관계자와의 조화로운 성장을 구현할 계획이다. 전 임직원 대상 다양성·포용성 교육 및 인식 개선 프로그램 운영, 다양성·포용성 기반의 뷰티 제품 개발 및 캠페인 전개, 경제적 자립이 필요한 계층의 경제 역량 강화 및 시민의 건강한 삶 지원을 위해 총 1,000억 원을 투자한다는 것이 핵심 내용이다.

- **대자연과의 공존**: 아모레퍼시픽은 기후 위기에 대응하고 대자연과 공존하기 위한 3가지 실천 목표도 제시했다. 세 번째 약속은 글로벌 생산 사업장의 탄소 중립을 실현하고 폐기물 매립 제로화를 달성하는 것이다. 이를 위해 국내외 전 생산 사업장의 재생에너지 사용률을 100%까지 끌어올리고, 국내 물류 차량 100%를 전기차와 같은 친환경 차량으로 전환하는 등의 실천 방안을 추진한다. 네 번째 약속은 제품 포장재의 플라스틱 사용량을 절감하고, 플라스틱 포장재를 사용할 경우 100% 재활용, 재사용 또는 퇴비화가 가능하게 하는 것이다. 플라스틱 포장재 30%에 재활용 또는 바이오 플라스틱 사용, 리필제품 및 서비스의 확장 등이 주요 내용이다. 마지막

으로 다섯 번째 약속은 생물 다양성의 보전과 이용을 위해 100억 원을 투자하고 2023년까지 팜유 사용량의 90% 이상을 'RSPO 인증 팜유'로 대체한다는 것이다.

(3) 약속을 실천하기 위한 개방형 협력

아모레퍼시픽은 앞서 설명한 다섯 가지 약속을 지키기 위해 다자간 협력체계를 구축함으로써 실현가능성을 높이고 있다. 이러한 협력체계를 요약하면 다음과 같다.

- **EcoBeautyScore 컨소시엄(EcoBeautyScore Consortium) 가입**: 아모레퍼시픽은 국내 화장품 업계 중 최초로 EcoBeautyScore 컨소시엄EcoBeautyScore Consortium에 가입했다. EcoBeautyScore 컨소시엄은 글로벌 화장품 및 퍼스널 케어 기업과 전문 협회들이 참여해 발족한 협의체로, 화장품이 환경에 미치는 영향에 대해 평가하고 측정하는 스코어링 시스템 개발을 목표로 하고 있다. 2022년 9월까지 아모레퍼시픽을 비롯해 로레알, 에스티로더, 유니레버, 존슨 앤 존슨 등 글로벌 50개 이상의 기업과 함께 하고 있다. 아모레퍼시픽은 증가하고 있는 지속가능한 가치 소비 니즈에 맞춰 컨소시엄에서 개발한 방법론을 도입해 제품의 환경발자국을 측정할 계획이다. 이를 통해 고객에게는 정확하고 투명한 환경 정보를 제공하고 더 나아가 제품이 환경에 미치는 영향을 개선하는 기술을 개발, 적용해 나간다는 방침이다.

- **사회적 기업과의 협업**: 아모레퍼시픽은 장애인에 대한 사회적 인식

을 개선하고 다양성에 기여하기 위해 사회적 기업인 '블룸워크'와 협업하고 있다. 블룸워크의 장애인 예술가와 아모레몰의 협업으로 제작된 다용도 틴 케이스 2종에는 장애인 인식 개선의 의미를 담은 '블룸워크 프렌즈 동물 캐릭터'를 넣어 디자인했다. 해당 제품은 고객의 구매 금액만큼 아모레몰에서 기부 금액을 더하는 1:1 매칭 방식으로 판매되었다. 또한 아모레 퍼시픽은 전 직원의 50% 이상이 발달장애인으로 구성된 사회적 기업 '동구밭'과 상생 협력을 맺고 동구밭에 다양한 지원을 제공하면서 협업을 진행해 이니스프리와 오설록의 샴푸 바와 클렌징 바를 출시한 바 있다.

- **RE100 가입**: 아모레퍼시픽은 2021년 산업계와 학계 전문가, 최고경영진으로 구성된 탄소중립위원회를 발족하고 2030년 탄소중립 로드맵Carbon Neutrality Road Map을 제시했다. 이 로드맵에 따라 아모레퍼시픽은 2021년 국내 뷰티업계 최초로 글로벌 RE100에 가입했고 가입 범위는 아모레퍼시픽 국내외 전 사업장본사, 기술연구원, 물류, 생산 등이다. RE100은 다국적 비영리 기구 '더 클라이밋 그룹The Climate Group'과 탄소정보공개 프로젝트의 제안으로 2014년부터 시작했는데, 기업이 필요한 전력의 100%를 재생에너지로 조달하겠다는 글로벌 신재생에너지 캠페인이다. 현재 구글, 마이크로소프트, 애플 등 전 세계 290여 개2021년 3월 기준 기업이 참여하고 있으며, 국내 뷰티업계에서는 아모레퍼시픽이 유일하다. 아모레퍼시픽은 전기사용량의 5%를 태양광, 지열, 태양열 등 재생에너지 자체 발전으로 대체하고 있고 생산사업장 옥상 등 유휴부지에 재생에너지 발전설비를 추가해 재생에너지 사용량을 높일 예정이다. 서울 용산구에 위

〈사진〉 아모레퍼시픽 본사 옥상 태양광 패널

치한 아모레퍼시픽 본사는 '녹색 건축 최우수 등급', '에너지 효율 등급 인증 1등급', 'LEED Leadership in Energy and Environmental Design 골드 등급' 건물로 설계 단계부터 친환경 시스템을 도입해 에너지 수요 예측량 대비 37.6%의 에너지 절감 효과를 보이고 있다. 또한 2022년엔 국내 최초로 재생에너지 직접 전력구매 계약을 체결해 실천의지를 높이고 있다.

• **SK E&S와 재생에너지 공급 업무협약**: 아모레퍼시픽은 2021년 SK E&S와 탄소중립을 위한 재생에너지 공급 업무협약'을 체결했다. SK E&S는 수소, 재생에너지, 에너지솔루션, 친환경 LNG 등 4대 핵심 사업을 주축으로 그린포트폴리오를 구축한 글로벌 친환경 에너지 기업이다. 아모레퍼시픽은 SK E&S의 재생에너지를 안정적으로 공급 받아 지속가능경영 약속 이행과 RE100 달성을 가속화 하는

발판을 마련했다. 아모레퍼시픽과 SK E&S는 더 나아가 재생에너지 시장 활성화를 위한 공동 투자방안을 마련하고 있다.

- **'그린사이클' 캠페인을 통한 플라스틱 공병의 재활용**: 아모레퍼시픽은 2009년부터 친환경 사회공헌활동 '그린사이클GREENCYCLE' 캠페인을 통해 2021년까지 총 2,354톤의 화장품 공병을 수거해 왔다. 수거된 화장품 공병은 리사이클링하거나 창의적 예술 작품으로 업사이클링하는 등 다양한 재활용 방법을 연구해 왔다. GS칼텍스 등과 플라스틱 공병의 체계적인 재활용을 위한 업무 협약도 체결하고 매년 플라스틱 공병 100톤 이상을 물질 재활용하여 이를 아모레퍼시픽 제품과 집기 등에 적용하기 위해 노력하고 있다. 그리고 아모레퍼시픽은 업사이클링을 넘어 플라스틱 화장품 공병을 다시 공병으로 재탄생시키는 'Bottle to Bottle' 프로젝트를 진행하고 있다.

- **제3자 전력거래(PPA) 계약**: 아모레퍼시픽은 한전, 에코네트워크와 제3자간 전력거래계약PPA을 체결했다. 제3자 PPA는 재생에너지 발전사업자와 아모레 퍼시픽간 합의 내용을 기초로 한전이 발전사업자와 구매계약을, 아모레퍼시픽과의 판매계약을 각각 체결해 재생에너지 전력을 3자간에 거래하는 제도다. 계약 파트너인 에코네트워크는 신재생에너지 개발 및 환경 전문컨설팅 업체로 국내 최대 규모인 영광 100MW에너지 저장 시스템 ESS 312MWh 태양광발전소를 개발하여 운영하고 있으며, 의성, 상주, 벌교, 제주 등에도 MW급 태양광발전소를 보유하고 있다. 에코네트워크는 이번 제3자 PPA를 시작으로 RE100 이행을 위한 기업연계형 태양광발전 비즈니스 모델을

기획하고 선도할 계획이다. 본 계약은 한전이 중개하는 형태이며, 이번 계약을 통해 아모레 뷰티 파크는 2021년 한전 공급 에너지 기준 약 21%의 재생에너지를 확보하게 되고 오산에 위치한 아모레 뷰티 파크는 태양광 발전설비 용량 2.8MW 규모의 재생에너지를 공급받게 된다.

- **지속가능한 팜유 사용의 확대**: 아모레퍼시픽은 2021년에 약 2만 6,000톤의 팜 유래 원료를 사용했는데, 이 가운데 약 41.7%는 팜유 생산으로 발생하는 환경 파괴를 막기 위해 설립된 지속가능한 팜유 인증 단체인 RSPO[Roundtable on Sustainable Palm Oil]의 인증을 받은 원료를 구매했다. 또한 아모레퍼시픽은 협력사 지속가능성 가이드라인에 산림 황폐화 방지 노력 및 토착민의 인권, 토지 권한 법률 준수 등을 명시해 공동으로 노력하고 있다. 이러한 노력을 인정받아 아모레퍼시픽은 '팜유 바이어 스코어카드' 보고서를 발간하는 세계자연기금 WWF의 2021년 평가에서 RSPO 인증 팜유 구매 및 Book&Claim 인증으로 RSPO 100%를 확보해 국내 최고 점수를 받았다.

(4) 시사점

국내외 적지 않은 기업들이 ESG와 관련된 선언이나 운동에 동참하고 있다. 그러나 이러한 선언들과 실천은 다른 차원의 문제이다. 2019년 미국의 대표적인 기업과 금융기관은 BRT[Business Round Table]에서 기업의 목적이 경제적 가치의 극대화에만 있는 것이 아니라 이해관계자들[주주, 직원, 고객, 협력사, 사회공동체 등]을 위한 가치 창출에 있다고 선언한 바 있다.

그러나 최근 자료에 따르면 선언에 참여한 기업들의 구체적인 실천 사례는 아직 미흡하다고 한다. 사회적 가치를 구현하기 위해 노력하겠다고 선언하기는 쉽지만 실천하기는 어려운 것이다.

아모레 퍼시픽도 사회적 가치가 내재된 기업 미션 및 비전을 제시하고 구체적인 약속도 제시했다. 여기까지는 모든 기업들이 마음만 먹으면 할 수 있는 영역이다. 아모레 퍼시픽은 이러한 선언을 넘어 구체적인 활동을 전개하고 있고 구체적인 활동도 다양한 기관들과의 공식적인 협약을 통해 진행되고 있다. 이러한 공식적 협약은 회사가 실천하게 만드는 강한 동력이 될 것이다. 앞으로 이러한 협약을 통해 나타나는 구체적인 성과가 기대된다.

03 차별화 요인으로 승화되는 ESG 경영 사례

이해관계자 자본주의가 강조되는 ESG 시대를 맞이하면서 기업들은 사회적 문제를 해결하거나 환경적 가치를 제고하거나 투명한 경영을 구현하면서 자사의 이미지나 평판을 높이기 위해 노력하고 있다. 이러한 기업들이 전개하는 사회공헌활동들은 기업의 이미지나 평판을 높이는 것을 넘어서 기업의 차별화 요인 또는 강력한 경쟁력으로 승화되고 있는 사례들이 있다. 아래에서는 이와 관련된 사례와 시사점들을 소개하기로 한다.

1) 지구를 지키기 위해 사업하는 기업: 파타고니아

(1) 기업 미션: "우리는 지구를 살리기 위해 사업을 합니다."

기업의 목적이 이윤창출에서 더 좋은 세상을 만드는 것으로 진화되고 있음을 설명한 바 있다. 이러한 재정의된 기업의 목적을 기업의 미션으로 명확하게 제시한 기업이 있다. 파타고니아는 기업의 미션을 "우리는 지구를 살리기 위해 사업을 합니다."로 제시하고 있다. 국내에서도 잘 알려진 파타고니아Patagonia는 친환경 제품을 생산하고 재활용을 통해 자연을 보호하는 기업미션을 실천하는 기업으로, 이러한 사업철학이 브랜드에 특별한 경쟁력을 가져다주고 있다. 이 회사는 현재 아웃도어 부분에서 매출액 2위를 차지하고 있는데, 이러한 성과의 핵심 요인은 철저한 친환경주의에 있다고 평가된다. 먼저 이 회사의 철학이 정립된 과정을 살펴보자.

(2) 경영철학이 정립된 과정

파타고니아는 미국 캘리포니아주 벤츄라에서 1973년에 설립된 아웃도어 의류회사이다. 파타고니아 창업자 이본 쉬나드Yvon Chouinard는 1957년 등산장비 회사 쉬나드 이큅먼트Chouinard Equipment를 설립했다. 쉬나드 회장은 15세부터 암벽등반을 시작한 등반가로 유럽산 암벽등반 장비에 대한 불편과 안전성을 개선하기 위해 등산 동료들과 함께 암벽등반용 강철 피톤암벽 등반시 안전로프를 고정하기 위해 바위틈새에 박아 넣는 철제 고리을 직접 제작하기 시작했다. 이 장비는 성능을 인정받아 암벽등반 장비부분에서 선두자리를 차지하게 되었다. 그러나 쉬나드 회장은 자신이 개발한 피톤이 암벽을 손상하고 있음을 알게 되면서 자신이 좋아하는 암벽

등반을 계속하기 위해서는 암벽을 보호해야 한다고 생각하게 된다. 그래서 그는 암벽을 훼손하지 않고 안전한 등반을 가능하게 해주는 새로운 제품인 알루미늄 초크를 개발해 주력 상품으로 내세우게 된다. 이 시기부터 그는 환경보존을 위한 경영을 시작하게 된다.

쉬나드 회장이 1973년 아웃도어 시장에 진입한 후 파타고니아 제품은 기능성과 품질을 인정받으면서 안정적으로 성장해 왔지만 커지는 기업의 규모에 맞는 경영체계를 확보하지 못해 1991년 직원 20%를 감원하는 등 위기를 맞게 된다. 이때 쉬나드 회장은 회사의 경영모델을 근본적으로 혁신하면서 "우리는 최고의 제품을 만들되 불필요한 환경 피해를 유발하지 않으며, 환경위기에 대한 공감대를 형성하고 해결 방안을 실행하기 위해 사업을 한다."라는 사명을 선포했다. 다시 말하면 자신은 어려운 여건에서 사업을 하면서도 지구에 피해를 주지 않고 보호하겠다는 의지를 공개적으로 선언한 것이다. 이후 파타고니아는 그동안 전 세계에서 발생하는 환경문제 해결과 지속가능한 의류 생산, 유통에 앞장서 왔다. 그리고 회사는 2019년 새로운 미션으로 "우리는 우리의 터전, 지구를 되살리기 위해 사업을 합니다."로 변경했다. 즉, 회사의 경영목적을 지구를 보호하는 것으로 설정한 것이다. 이 사명은 파타고니아 전 직원과 업무의 최우선 지침이 되고 있고 전 직원은 환경위기에 대한 보다 근본적인 원인 규명과 실질적인 해결 방안에 초점을 맞춰 행동하고 있다. 예를 들어, 파타고니아는 1993년부터 재활용 플라스틱을 이용해 외투나 가방을 만들었는데, 의류 브랜드 중 플라스틱 재활용을 가장 먼저 그리고 가장 많이 하는 회사이다. 파타고니아의 미션을 실천하려는 의지는 제품을 만드는 과정에서 발견될 수 있다. 파타고니아는 생산과정에서 사용하는 화학물질이 환경에 해롭기 때문에 독성이 약한 염료를 사용하고 있고 환경 친화적인 염색 방식도 개발했고 유기농 면사목화 재배는 살충제와 화학비료를 사용해 토양을 파괴하고 강과 바다를 오염시킴를 사용한다.

파타고니아는 이미 오래전 비콥 인증을 받았다. 비콥 인증이란 사회성과 공익성을 바탕으로 회사의 이익보다 소비자, 직원 및 지역사회의 이익을 투명하게 공개하는 기업에게 주는 제도로 인증을 받은 회사는 ESG 경영을 제대로 한다는 상징적 의미가 부여된다. 이에 따라 파타고니아는 직원이 일하는 모습을 투명하게 공개하고 있고 공정노동 및 공정무역을 거쳐 생활임금을 적용하고 있다. 파타고니아는 2019년 기준으로 의류 가공 공장 35%에서 생활임금을 적용하고 있고 2025년까지 100% 달성을 목표로 설정하고 있다. 파타고니아는 다운 제품의 문제점을 인식하고 '책임있는 다운'표준을 만들기 위해 노력해 왔다. 파타고니아는 2007년부터 다운 생산 과정을 추적하기 시작했고 2014년에 100% Traceable Down'을 실현했다. 그리고 자신의 인증을 바탕으로 다른 회사 및 국가위생재단National Sanitation Foundation과 협력하여 Global Traceable Down Standard를 개발했다. 이는 현재까지 다운 관련 가장 엄격한 표준이다.

이러한 파타고니아의 경영철학은 국내 소비자들에게 잘 소구되고 있다. 파타고니아는 2013년 합작 형태로 파타고니아코리아를 설립한 바 있는데, 이후 5년 만에 손익분기점을 넘어섰다. 전 세계 파타고니아 지사 중 최단기간 기록이다. 2021년 기준 매출은 650억 원으로 전년 대비 15% 성장했다. 특히 팬데믹으로 경기침체가 이어진 최근 3년 간 연평균 성장률은 22%2018년 매출 355억 원, 2019년 428억 원, 2020년 562억 원나 된다. 지구를 보호한다는 경영철학이 최고의 경쟁력으로 승화된 것이다.

(3) 소비자의 정신에 소구하는 캠페인

파타고니아의 미션은 보여주기 위한 것이 아니다. 이후 파타고니아가 전개한 독특한 캠페인들은 소비자의 시선을 끌면서 기업의 진정성을 보여주었는데, 세 가지 캠페인을 소개하면 다음과 같다.

- **"Don't buy this jacket" 캠페인**: 파타고니아는 2011년 미국의 블랙 프라이데이 때 뉴욕타임스에 '이 재킷을 사지 마세요Don't buy this jacket'란 캠페인을 전개했다. 폭발적인 소비량을 기록하는 블랙 프라이데이에 역설적으로 소비를 지양하자는 메시지를 담은 이 광고는 당시 큰 반향을 일으켰다. 이 광고는 회사의 베스트셀러인 한 재킷을 소개하는데, 이 재킷이 60%의 폴리에스터를 재활용했음에도 불구하고 물 소비, 탄소 발생, 쓰레기 배출 측면에서 환경에 얼마나 많은 피해를 끼치며 만들어졌는지를 설명하며, 이 가격 보다 훨씬 많은 환경적 비용을 발생시키고 있다는 것을 소비자들에게 설명해 준다. 나름대로 친환경적으로 만들어진 제품조차도 부족함이 있음을 스스로 고백한 것이다. 그러면서 마지막으로 소비자에게 어떤 물건을 사기 전에 이 물건이 필요한지 두 번 생각해보고 앞으로 우리 지구를 생각하며 공동자원을 활용하는 행동수칙에 참여할 것을 요청하고 있다. 파타고니아는 이후 2016년 블랙 프라이데이 동안 발생한 전 세계 매출 100%를 풀뿌리 환경단체에 기부했다. 2019년엔 블랙 프라이데이부터 한 달간 환경단체에 기부할 1000만 달러 모금 캠페인을 펼쳐 17일 만에 모금액을 달성하기도 했다.

〈사진〉 Don't buy this jacket 광고

- **'Worn Wear' 캠페인**: 파타고니아는 오래된 옷이 주는 고유의 가치와 지구를 살리는 소비 의식을 강조하는 'Worn Wear' 캠페인을 40년간 전개해 왔다. 'Worn Wear' 캠페인은 지구를 보호하기 위한 환경 운동으로 제품을 지속가능 할 때까지 고쳐 입기를 권장하는 친환경 캠페인이다. 리크래프트 컬렉션은 더 이상 수선할 수도 없고, 업사이클 하지도 못해 버려질 중고 의류들을 선별하고, 창의적 디자이너들이 새롭게 디자인해 해체 후 다시 봉제해 새로운 옷으로 재탄생한 제품이다. 'Worn Wear' 캠페인의 목적은 좋은 품질의 제품을 소비자가 옷을 최대한 오래 입을 수 있도록 도와줘 불필요한 소비를 줄일 수 있도록 하는 것이다. 옷의 수명이 9개월 연장되면 생산 공정에서 발생하는 탄소와 물, 기타 산업 폐기물이 최대 30% 감소되는 효과를 가질 수 있기 때문이다. 한국의 경우 2019년 기존

수선 서비스 외에 직접 찾아가는 수선 서비스를 위한 'Worn Wear' 차량이 운영되고 있다. 한옥을 모티브로 설계된 이 차량은 현장에서 각종 수선작업이 가능하도록 특수 장비와 기능이 탑재됐다. 지붕에 설치된 태양광 패널로 재봉기에 전원을 공급하는 친환경적 면모까지 갖췄다. 이 차량은 전국 각지의 파타고니아 매장과 아웃도어 스포츠 행사 현장 등을 순회하고 있다.

• **'Patagonia Don't Sell Trends' 캠페인**: 파타고니아 코리아는 최근 '유행을 팔지 않습니다.'라는 캠페인을 통해 지속가능성을 강조하고 있다. 의류 산업은 우리의 삶을 풍요롭게 만들어줬지만 동시에 매년 막대한 산업 폐기물을 발생시키고 기후위기를 초래하는 오염원의 10%를 배출하고 있다. 파타고니아는 의류 브랜드로서 이러한 책임에서 자유로울 수 없기 때문에 패스트 패션이 아닌 지속가능한 생산방식을 빠르고 진지하게 검토하고 있다는 메시지를 전한다. 이

〈사진〉 유행을 팔지 않는다는 파타고니아 코리아 광고

를 위해 파타고니아는 지속가능한 소비를 위한 12가지 기준을 제시하며 환경과 사회에 책임 있고 윤리적인 소재와 제품, 생산 방식 유기농, 리사이클, 공정무역 등을 소개하고 있다. 또한, 실생활에서 직접 옷을 수선할 수 있는 '리페어 튜토리얼Repair Tutorial'을 공개해 소비자의 동참도 이끌고 있다.

(4) 파타고니아 식품 브랜드 Provisions

파타고니아의 지구를 지키기 위한 노력은 의류 브랜드에 국한되지 않는다. 파타고니아는 최근 식품 사업을 시작하면서 "파타고니아 프로비전'이라는 식품 브랜드를 소개했다. 의류 회사가 식품 사업에 도전하는 것은 매우 이례적인 일이다. 그러나 이 사업을 하는 목적을 보면 이러한 사업의 진출이 쉽게 이해 될 수 있다. 이 식품사업의 목적은 우리가 파괴한 지구의 대지, 바다 및 토양을 회복시키는 것이다. 파타고니아 프로비전의 주력 사업은 크게 세 가지다.

첫째, 파타고니아 프로비전은 리프넷Reef-net 방식으로 포획한 야생 연어를 판매한다. 리프넷 방식은 아메리카 인디언 부족들이 수백 년 동안 사용한 방법으로 향나무 카누와 그물로 연어를 포획하면 연어와 부수 어획물들의 개체군이 보호될 수 있다.

둘째, 파타고니아는 와일드 아이디어 버펄로 컴퍼니와 협력해 목초를 먹이고 자유롭게 방목하며 버펄로를 기르는 사업을 시작해 버펄로 육포를 판매하기 시작했다. 이 버펄로들은 드넓은 초원을 뛰어다니면서 목초를 먹어 치우고 이 땅은 목초를 다시 자라나게 하면서 대기의 이산화탄소를 끌어 모으기 때문에 기후변화의 주범인 이산화탄소가 줄어들게 된다. 파타고니아는 와일드 아이디어 버펄로 컴퍼니가 사용하는 되살림 유기농 농법의 사용을 권장하고 있다.

셋째, 파타고니아는 맥주를 생산할 때 필요한 밀을 대체하기 위해 다년생 밀 컨자 Kernza를 재배한다. 밀은 빵, 맥주, 과자 등의 주원료이지만, 자연환경에 나쁜 영향을 미치고 있기 때문이다. 밀은 단년생 작물로, 재배하기 위해서는 매해 땅을 갈고 비료를 주며 살충제를 뿌려야 하는데, 이렇게 매년 땅을 갈면 결국 표토가 소실되고 토양 속 이산

〈사진〉 파타고니 프로비전에서 판매하는 세 가지 제품

화탄소는 대기 중으로 빠져나가 지구의 온도를 높이게 된다. 그러나 컨자는 땅속에서 겨울을 나기 때문에 화학비료나 살충제가 필요하지 않고 밀처럼 매년 땅을 갈아 재배할 필요도 없다. 고밀도의 컨자 뿌리는 길이가 3m에 달해 토양을 고정하면서 침식을 막고 가뭄에도 강하고 밀보다 영양가가 높고 글루텐 함량도 적다. 파타고니아 프로비전은 오리건주 포틀랜드의 양조장인 홉웍스 어반 브루어리와 협력해 컨자 밀로 맥주를 만들어 판매하고 있다. 뿌리가 긴 컨자로 만들었다는 의미에서 'Long Route'라는 이름이 지어졌고, 이 맥주는 'Pale Ale'과 'Wit'두 종류가 있다. 'Pale Ale'은 드라이한 느낌에 자몽향이 나고 'Wit'위트는 고수와 오렌지향이 난다.

이러한 사업들은 파타고니아의 미션지구를 지키기 위해 사업을 한다에 대한 진정성을 보여주고 있다. 지구의 환경을 보호하기 위해서라면 어떤 사업이든 할 태세이다. 앞으로 파타고니아가 어떤 사업을 전개할지 궁금해진다.

(5) 시사점

소비자들은 파타고니아 제품을 입고 다니면서 자신이 자연환경을 보호하는데 동참하고 있음을 표현할 수 있다. 파타고니아라는 브랜드에는 지구를 보호한다는 상징적인 의미가 이미 내재되어 있기 때문이다. 앞서 설명한 파타고니아의 오랜 기간 일관성 있고 진정성 있는 활동의 결과이다. 소비자들은 소위 명품 브랜드를 소비하면서 최고의 브랜드를 사용하고 있음을 과시할 수 있다. 파타고니아를 소비하는 소비자들은 이와는 다른 자부심환경을 보호하는데 앞장서는 소비자을 표현할 수 있다. 이러한 소비의 목적은 과시가 아니라 자부심의 표현이다. 파타고니아의 진정성 있는 활동이 지속되면서 이러한 자부심을 느끼는 소비자들이 늘어날 것이고 그에 따라 회사의 재무적 성과는 제고될 것이다. 지구를 보호하겠다는 사업의 목적에 충실한 사업들이 재무적 성과를 가져다주는 가장 모범적인 ESG 사례임에 틀림없다.

2) 지속가능한 스포츠를 지향하는 브랜드: 나이키

나이키는 전 세계에서 가장 유명한 스포츠 의류 브랜드로, 2020년 포브스의 발표에 따르면 브랜드 가치가 390억 달러가 넘고 순위는 13위이다. 나이키가 세계에서 가장 강력한 스포츠 브랜드가 된 배경에는 혁신적인 제조 기술과 마케팅 전략특히 스폰서 전략이 있지만 이와 함께 오래 전부터 전개해 온 친환경활동도 있다.

(1) 나이키의 친환경활동

나이키는 2005년 'Nike Grind'라는 프로그램을 시작했는데, 이 프로그램의 목적은 제조 과정에서 나온 폐기물과 더 이상 쓸 수 없는 제품들을 다른 나이키 제품 제작을 위한 소재로 재활용하기 위한 것이다. 생산 과정에서 나오는 탄소 배출량을 줄이고 폐기물을 저감하는데 소재 선택은 중요하기 때문에 그라인드 팀은 제품이 어떤 소재로 만들어졌고 사용 후 어떻게 다시 자연으로 돌아가는 지와 같이 순환과정을 재해석한다. 그 결과 나이키는 2012년 런던 올림픽에서 플라이니트flyknit라는 혁신적인 제조 기법을 개발하게 된다. 나이키는 양말을 신었을 때처럼 발과 하나 되는 느낌을 원하는 소비자들의 욕구를 구현하기 위해 기존의 다중 오퍼레이 방식을 탈피해 하나의 조각으로 만들어진 어퍼 방식을 개발해 최고의 피팅감을 구현했다. 이 방식으로 만들어진 운동화가 올림픽 마라톤 선수들에 의해 성능을 인정받으면서 축구화, 농구화 등 다양한 종목의 운동화에 적용되었다. 이 플라이니트 기법의 우수성은 성능뿐만 아니라 친환경 측면에서도 평가받을 수 있다. 운동화는 제조 과정에서 많은 부산물이 발생상부, 에어솔, 고무깔창, 밑창 등하는데, 이 부산물들은 매립되거나 소각되어 왔기 때문에 자연환경에 부정적인 영향을 미치게 된다. 그러나 플라이니트는 원단을 이어 붙이지 않고 원사를 직조해서 신발의 상부를 만들기 때문에 원재료가 60% 정도 덜 사용되어 친환경 제조 기법이다.

나이키는 2017년 플라이레더flylether라는 친환경 합성가죽도 개발했다. 플라이레더는 가죽과 섬유를 합성해서 만드는데, 원재료의 50%가 재활용된 가죽이고 제조 과정에서도 사용되는 물의 양이 일반 가죽 제조 과정과 비교할 때 90%가 적다. 나이키는 이 외에도 친환경 염색

〈사진〉 나이키가 2012년 발표한 플라이니트 운동화

기술을 가장 먼저 도입했고, 친환경소재를 활용하고 유해화학물질 제거하는 'considered design'정책을 오래전부터 시도해 왔다. 나이키는 이 정책을 2011년에는 신발, 2015년에는 의류에 적용하기 시작했고 지금은 모든 장비 부분에 적용하고 있다.

(2) 지속가능한 스포츠를 구현하기 위한 나이키의 여정: 'Move to Zero' 캠페인

나이키는 자신의 친환경정책을 마케팅 활동의 전면에 내세우지는 않지만 환경을 보호하는데 앞장서고 있다. 나이키는 스포츠의 미래를 위협하는 가장 심각한 요인으로 기후변화와 환경문제를 인식하고 이에 대한 대책을 수립해 왔다. 나이키는 2015년 태양열과 풍력, 수력을 이용한 청정에너지 사용을 촉구하는 기업들의 자발적인 글로벌 캠페인 'RE100'에 가입했고 2019년에는 해양보존센터와 함께 기업들이 북극해를 통한 운송에 반대하는 협약에 동참했다. 그리고 나이키는 뉴욕에서 개최된 2020년 포럼에서 탄소 배출 제로, 폐기물 제로의 미래를 향한 '무브 투 제로Move to Zero'라는 경영철학을 선포했다. 당시 나이키 최고 디자인 책임자 존 호크John Hoke는 스포츠는 우리를 서로 연결시켜 주고

더욱 인간답게 살도록 만들어 준다고 역설하면서 나이키의 미션을 스포츠의 미래를 위협하는 문제에 대한 해답을 찾는 것으로 제시했다.

나이키는 이 포럼에서 회사의 의지만을 선포하는 것에 머물지 않고 이를 구현하기 위해 노력한 결과물도 선보였다. 포럼에서 선보인 새로운 풋웨어 컬렉션은 탄소 발자국을 획기적으로 줄였다. 스페이스 히피의 플라이니트 원사는 재활용 플라스틱 병과 티셔츠 등으로 만든 재생 폴리에스테르가 85% 이상 사용되었고, 나이키 그라인드 고무와 재활용 폼 스크랩을 결합한 크레이터 폼Crater Foam 압형도 소개했다. 소재부터 제조, 포장까지 모든 면에서 탄소 발자국을 획기적으로 줄이며 자원의 순환에 대해 생각하는 이 컬렉션의 이름으로 'Space Hippie'라는 이름이 지어졌다. 나이키는 2021년 동경 올림픽에서 메달 스탠드에 오르는 미국 선수들이 입게 될 'Move to Zero 컬렉션'도 소개했다. 선수들은 100% 재생 폴리에스테르 원단으로 제조된 윈드 러너 재킷도 착용하게 되었다.

〈사진〉 나이키가 2020년 소개한 스페이스 히피 컬렉션

나이키의 'Move to Zero'선언은 아래와 같은 5개의 약속으로 구체

화되어 실현가능성에 대한 의지를 보여주고 있다: 1나이키는 2025년까지 자체 소유 및 운영 시설에 100% 재생에너지를 사용할 예정이다. 2나이키는 2015 파리 협정에 따라 2030년까지 세계 공급망에서 탄소 배출을 30% 가량 감축할 계획이다. 3나이키는 매립지에 버려지는 모든 풋 웨어 제조 폐기물 가운데 99%를 용도 전환할 것이다. 4나이키는 매립지에 버려지는 플라스틱 물병 10억 개 이상을 '플라이니트'슈즈용 저지와 어퍼용 방적사로 만들 것이다. 5나이키의 재사용 신발 및 그라인드 프로그램으로 폐기물을 신제품으로 전환할 계획이다.

나이키는 탄소 발자국을 위한 방법으로 혁신적인 제품 디자인 개발 외에도 패키지 혁신도 전개하고 있다. 나이키는 2030년까지 일회용 플라스틱 패키지 사용을 폐지하고 2025년까지 모든 매장에서 일회용 비닐백 사용을 중지할 예정이다. 나이키는 스페이스 히피 컬렉션의 신발 박스로 최소한의 필요한 재료로 만들어진 작고 가벼운 종이 상자를 선택하고 재료 사용량과 운송으로 인한 탄소 배출량을 줄여나가고 있다.

나이키는 디지털 시스템 구축을 통해 지속가능성에 대한 가치를 소비자들과 소통하고 있다. 최근 나이키는 나이키닷컴nike.com을 통해 'MTZ 배지'를 활성화시켰는데, 공식 홈페이지에서 소비자들은 지속 가능한 제품을 직접 검색하고 해당 제품의 제작 과정을 투명하게 확인할 수 있다. 현재 약 2천여 개의 제품 중 지속가능한 소재를 50% 이상 사용한 제품에 대해 이를 인증하는 '배지'가 부착 되어 있고 배지를 클릭하면 제품이 어떠한 소재로 만들어졌는지 파악할 수 있다. 나이키의 이러한 소통방식은 나이키 앱Nike App으로 시작해 모바일 어플리케이션 생태계로 확대되고 있다.

(3) 시사점

　나이키는 스포츠 정신 도전 정신을 강조하고 이를 기반으로 브랜드 아이덴티티를 구축해 신발 시장 가운데 세계에서 가장 강력한 브랜드가 되었다. 현대 사회에서 스포츠는 우리의 일상적인 생활을 윤택하게 만들어 준다. 어떤 환경에서도 도전정신을 가치고 치열한 노력을 통해 최고의 성과를 낸 스포츠인들은 우리에게 많은 감동을 전해 준다. 나이키는 이런 스포츠의 역할이 지속가능하지 않을 수도 있다고 우려한다. 예를 들어 최근 진행되고 있는 온난화 현상은 동계 스포츠의 존속에 커다란 위협이 될 수 있다는 것이다. 그래서 나이키는 기후변화에서 오는 문제점을 완화하기 위해 자신이 사업하는 분야에서 담당해야 할 역할을 찾아내고 있다. 그리고 나이키는 이러한 친환경활동을 캠페인에서 강조하지 않는다. 나이키는 조용히 그리고 진정성 있게 스포츠의 지속가능성을 위해 노력하고 있다. '침묵이 가장 강력한 커뮤니케이션이다.'라는 말이 있다. 나이키의 조용한 친환경활동은 시간이 지나가면서 자연스럽게 전해지면서 더욱 강력한 힘을 발휘하게 될 것이다.

3) 편의점 인프라를 활용한 지역사회 안전망 구축: BGF리테일

　BGF리테일은 2020년 한국기업지배구조원이 진행한 평가에서 편의점 업계 최초로 종합등급 A를 받았다. 이는 BGF리테일이 2019년부터 ESG 평가에 참여해 전사적인 노력을 기울인 결과이다. BGF리테일은 이러한 성과에 만족하지 않고 2021년 지속가능한 성장을 위한 기반을 마련하고 기업시민으로서 사회적 가치를 결합한 통합적 가치를 창출하기 위해 ESG 경영위원회를 발족했다. BGF리테일 대표이사는 이 위원회의 위원장을 맡아 실천의지를 보여주고 있다. 이 위원회는 경영비전으로 '지구와 사회의 좋은 친구'를 설정해 환경적 가치를 제고하고 사회적 문제를 해결하며 이를 위한 비즈니스 시스템을 체계화함으로써 경제적 성과를 내고 있다. 이하에서는 BSG 경영위원회가 진행하는 주요 프로그램들을 요약하였다.

(1) 친환경 편의점을 지향하는 BGF리테일

이 회사는 2019년부터 환경위원회를 설치해 환경적 가치를 제고하기 위한 전사적인 노력을 기울이기 시작했고, 한국기업지배구조원 평가에서 환경 분야에서 높은 점수를 받았다. BGF 그룹은 "Be Green Friends"라는 캠페인을 시작하면서 모든 매장에서 친환경 봉투를 사용하고 친환경 용기를 확대 적용하고 있다. 그리고 이 회사는 2021년부터 온실가스 인벤토리를 구축하고, 점포 및 물류센터 신생에너지 설비를 적용하고, 녹색 구매비율을 확대하며 환경 친화적 소재 전환을 확대하고 있다. 특히 이 회사는 서울 소재의 두 점포에 그린 스토어Green Store

〈사진〉 그린스토어에 상품을 배송하는 BGF리테일의 전기 배송차량

를 운영하고 있다. 이 점포의 컨셉트는 "Reduce, Reuse, Recycle"로 시설, 집기, 인테리어, 운영에 이르기까지 모든 요소들을 친환경적으로 구현하고 있다.

(2) 동반성장을 위한 발걸음

BGF리테일은 다양한 기업들과의 거래를 통해 이윤을 창출하는 유통 회사이다. 따라서 회사와 거래처의 상생은 지속가능한 경영을 위한 토대가 되기 때문에 동반성장을 위한 다양한 프로그램들을 운영하고 있다.

첫째, BGF리테일은 업계 최고 수준의 가맹점 상생안을 발표하고 점포 운영에 필요한 각종 보험 혜택과 노무·세무 상담 지원을 비롯한 각종 전용 복지혜택을 지원하고 있고 'CU JUMP UP' 프로그램을 통해 매출 부진 가맹점에 맞춤형 솔루션을 제공하고 있다. 또한 2021년에는 공정거래위원회, 공정거래조정원과 함께 장기 운영 점포 상생 협약을 선포하는 등 가맹점의 권익보호에도 앞장서고 있다. 장기운영 점포 상생 협약의 목적은 가맹점과 가맹본부의 안정적인 계약 갱신 과정을 투명하게 공개해 상호간의 신뢰를 바탕으로 건강한 가맹 생태계를 조성하는 것이다. 21년 말 기준으로 CU편의점이 10년 이상 장기적인 거래를 하고 있는 가맹점 수는 2,359개에 이르고 있다.

둘째, BGF리테일은 업계 최초로 가맹본부-가맹사업자간 분쟁 발생 시 이를 조정하는 기구인 '자율분쟁조정센터'를 설치하여 운영하고 있다. 자율분쟁조정센터는 가맹사업 전문가공정한 조정을 위해 외부 인사들이 주로 참여함에 의해서 운영되는데, 가맹점 개설 시부터 폐점 시까지 가맹사업과 관련한 법규 및 가맹계약서 조항을 적용함에 있어 가맹점 사업자

〈사진〉 점포 운영을 논의 중인 스토어컨설턴트(SC)와 CU 가맹점주

와 가맹본부 간 이견이 있을 경우 자율적인 노력으로 원만한 합의를 이끌어내는데 기여하고 있다. 예를 들어, 21년 말까지 총 106건이 자율분쟁조정센터에 접수되었는데, 이중 사전 조정과 위원회 조정을 통한 조정 완료는 총 87건으로 약 82%의 조정 성공률을 보이고 있다.

셋째, BGF리테일은 공정거래법 준수와 공정하고 자유로운 시장경쟁 질서에 부합하기 위해 2009년 '공정거래 자율 준수 프로그램CP'을 도입한 바 있다. BGF리테일은 윤리규범에 협력회사에 대한 책임과 의무를 규정하고 있으며, 협력회사를 전략적 동반자로서 인식하고 있다. 공정거래 자율 준수 프로그램은 '공정거래 자율준수 규범'에 따라 자체적으로 수립·운영하는 내부 준법 체계로서 공정거래 관련 법규 위반행위를 예방하는 교육·점검 등을 포함하고 있다.

(3) 인프라를 활용한 지역사회 안전망 구축

사회공헌활동을 시작할 때 본업과 연계시켜 운영하는 것은 사업의 지속가능성을 높이는 좋은 방법이 된다. 본업과 연계되기 때문에 사업에 들어가는 비용이 줄어들어 지속가능성을 높여줄 수 있기 때문이다. BGF리테일은 회사의 인프라를 활용해 지역사회 안전망을 구축해 지역사회로부터 호응을 받고 있고 이 사업은 계속 지속될 것으로 기대되는데, 이를 소개하면 다음과 같다.

첫째, BGF리테일은 재난 발생 시 효율적인 구호활동을 지원하기 위해 업계 최초로 행정안전부, 전국재해구호협회와 업무협약을 체결하고 'BGF브릿지'프로그램을 운영하고 있다. BGF브릿지는 재난 발생 시 BGF리테일이 보유한 전국 30여 곳에 이르는 물류센터와 도서·산간지역 가맹점을 재난구호 거점으로 활용하는데, BGF리테일이 보유한 구호물자는 전국 어느 곳이든 2시간 이내에 도착이 가능하다. 실제로 BGF리테일은 2015년 9월 전북 순창군 메르스 격리마을 구호품 지원을 시작으로 수해, 산불, 지진 등 전국 각지의 재난 현장에 약 60여 차례에 걸쳐 신속한 구호물자 지원을 수행하였다. 또한 이러한 민관협력 구호활동 경험을 바탕으로 현재 드론을 활용한 산불진화대 지원 프로그램을 추진하는 등 프로그램 고도화를 위해 노력하고 있다.

둘째, BGF리테일은 아동, 지적장애인, 치매환자의 실종과 아동학대 범죄 등의 사회적 문제 해결을 위해 '아이CU' 캠페인을 전개하고 있다. 아이CU는 'I Care for you'의 약자로 미아 등 발견 시 CU매장 근무자가 파악 가능한 아동의 이름, 인상착의 등의 정보를 결제단말기POS에 입력하면, 관련 정보가 경찰과 전국 CU매장에 실시간 공유되어 실종자들이 신속하게 발견될 수 있다. 현재까지 '아이CU'를 통해 보호자에게 안전하게 인계된 아동, 치매환자, 지적장애인의 수는 112명이나 된다. 또한 아동 통행량이 많은 지역을 중심으로 단일 브랜드 최대 규모인 약 3천여 점포가 위촉되어 경찰청에서 주관하는 아동안전지킴이집으로 위촉되어 활동하고 있다.

〈사진〉 길 잃은 아이를 돌봐주고 있는 CU 근무자

이 외에도 BGF리테일은 경찰청과 협력해 실종 사건 발생 시 전국 또는 실종 발생 인근 지역의 CU가맹점을 통해 실종자 정보를 송출하는 실종 경보 시스템을 업계에서 유일하게 운영하고 있다. 또한, BGF리테일은 2021년 보건복지부와 치매안심편의점 업무협약을 체결했다. 그에 따라 BGF리테일은 전국 모든 가맹점을 대상으로 치매환자 응대 및 아이CU보호 신고 교육 영상을 제작해 모든 가맹점 근무자가 이와 관련된 교육을 이수하고 있다.

(4) 시사점

BGF리테일은 이미 오래전 ESG 이슈의 중대성을 인식하고 자발적으로 ESG 경영을 전사적인 차원에서 전개하고 있다. ESG 경영의 중심은 'ESG 경영위원회'인데, 이 위원회는 환경 분야, 사회 분야 및 지배구조 분야를 총괄해서 지휘하고 있다. 과거 편의점이라는 사업은 특성상 다양한 거래처와의 갈등이 부각되어 왔지만, BGF리테일은 ESG 경영을 통해 가맹점과의 상생 또는 동반자의 관계도 개척하고 있다. 이러한 활동 중에서 특히 눈에 띄는 것이 편의점 인프라를 활용한 지역사회 안전망 구축이다. 잠시 한눈을 파는 사이 아동 및 치매환자가 없어질 수 있는데 이때 보호자는 인근에 있는 CU 편의점을 방문하면 실종과 관련된 상황을 파악할 수 있다. BGF리테일이 경찰청과 협력해 실종 경보 시스템을 운영하고 있기 때문이다. BGF리테일은 경영비전으로 '지구와 사회의 좋은 친구'로 설정한 바 있는데, 이러한 프로그램들은 이 비전을 구현하는 핵심적인 역할을 하게 될 것이다.

4) 독립적으로 운영되어 회사의 변화를 이끌어내는 ESG 위원회: 롯데홈쇼핑

롯데홈쇼핑에는 다른 회사에서 찾아볼 수 없는 조직이 있는데, ESG 위원회가 바로 그것이다. 이 조직의 특별함은 독립성에 있다. 국내의 적지 않은 회사들이 ESG 이슈의 중대성을 인식하고 ESG 위원회를 구성해 왔지만, 거의 대부분은 회사의 임직원들(사내 임원과 사외이사로 구성되어 있다. 그러나 롯데홈쇼핑의 ESG 위원회는 회사의 독립적인 조직으로 활동하고 있고 모든 구성원이 외부 전문가로 구성되어 있다. 물론 롯데홈쇼핑으로부터 위원회 활동과 관련된 예산 지원을 받고 있지만 의사 결정의 독립성은 확실하게 보장되어 있다. 따라서 이 조직은 회사의 윤리적 경영을 제고하고 경영활동의 투명성을 감시하면서 ESG 시대에 적합한 변화와 혁신을 주도하고 있다. 그 결과 롯데홈쇼핑은 핵심 이해관계자인 직원, 파트너사와의 관계가 혁신적으로 개선되어 왔는데, 그 과정을 소개하면 다음과 같다.

(1) 롯데홈쇼핑의 성장과 좌절

롯데 그룹은 2007년 우리홈쇼핑을 인수하면서 홈쇼핑 시장에 진입했다. 1995년 CJ와 GS가 홈쇼핑 사업을 시작하면서 시장이 형성되었고 그 후 2001년, 우리홈쇼핑, 현대홈쇼핑, NS홈쇼핑이 시장에 진입하면서 연 20%를 상회하는 고성장기를 거쳐 2014년 이후 성숙기를 맞이하고 있다. 현재는 7개사가 홈쇼핑 사업을 하고 있는데 전체 홈쇼핑사 취급고 매출액 기준으로 20조원을 넘어섰고 전체 유통의 5%를 담당하고 있다. 롯데홈쇼핑은 우리 홈쇼핑을 인수한 후 2011년까지 연 평균 30%를 상회하는 높은 성장세를 유지해 취급고 기준 매출액은 2조를 돌파했고 이후에도 안정적으로 성장해 최근 취급고 기준 매출액은 4조를 돌파한 바 있다.

홈쇼핑 사업은 다른 유통사업과는 달리 방송통신위원회와 미래창조과학부로부터 3~5년 주기로 사업을 승인받아야 하는 허가사업이다. 특히 고성장기 시기엔 방영될 수 있는 시간이 한정되어 있어 입점 경쟁이 치열하게 전개되어 왔기 때문에 홈쇼핑사와 거래처의 공정거래에 대한 문제비리 및 감질 문제 등가 자주 부각되어 왔고 사업자가 승인을 받더라도 조건부로 승인거래 관행 개선, 중소기업 편성비중 확대 등되는 경우가 자주 있었다.

우리홈쇼핑을 인수한 후 안정적인 운영 성과를 보여 온 롯데홈쇼핑은 2014년 창사 이래 최대의 위기를 맞이하게 된다. 대표이사의 비리가 공개되고 검찰의 불공정거래에 대한 수사가 진행되면서 기업이미지가 최악의 수준으로 떨어지게 된 것이다. 롯데홈쇼핑은 이러한 사태의 심각성을 인정하고 회사의 혁신적인 변화를 시작했다. 사건 이후 롯데홈쇼핑은 직원들이 작성한 윤리헌장을 발표하고 사회공헌활동을 시작했다. 그러나 롯데홈쇼핑은 이것으로 회사의 진정성이 회복되기 어렵다고 판단했고 그에 따라 외부 전문가로 구성된 '경영투명성위원회'를 발족시켰다. 이 위원회가 본사의 감독을 받지 않고 독립적인 운영될 수 있는 시스템이 마련되었다. 위원회는 전원 학계, 시민단체 및 전문가들소비자 보호 전문가, 공정거래 전문가, 동반성장 전문가 등로 구성되었고, 위원회의 활동 독립성을 위해 운영기금 55억 원분쟁조정기금 50억원, 연간운영예산 5원원이 조성되었고 이 기금은 위원회에 의해 운영된다. 롯데홈쇼핑은 위원회의 활동을 활성화하기 위해 사무직원 약간 명을 지원하는데 이 직원의 인사권도 위원회에 부여되었다.

이 위원회는 시대적 환경에 따라 명칭이 2019년 윤리위원회로 변경되었다가 2021년 ESG 위원회로 변경되어 현재 4기 활동이 진행되고 있다. 지난 8년 간 'ESG위원회'의 독립적인 활동은 롯데홈쇼핑의 지속가능성 확보에 결정적인 기여를 해 온 것으로 회사의 임원 및 직원에 의해 평가되고 있는데, 아래에서는 롯데홈쇼핑 'ESG 위원회'가 하고 있는 활동들을 요약하였다.

(2) 롯데홈쇼핑 ESG 위원회의 활동 개요

롯데홈쇼핑의 ESG 위원회는 독립적으로 운영되기 때문에 타사에서 볼 수 없는 다양한 활동을 하고 있고 이러한 활동의 주요 목적은 경영활동의 투명성과 이해관계자들주로 고객과 거래처와의 공정거래를 제고하는 것이다.

- **청렴 옴부즈맨 상시 운영**: ESG 위원회는 9명의 위원들 중 3명을 옴부즈맨으로 임명해 이들이 상시적으로 활동을 전개할 수 있는 여건을 마련했다. 옴부즈맨 제도의 목적은 종업원과 거래처가 롯데홈쇼핑의 의사결정이나 운영에 문제점이 있다고 느끼면 상시로 옴부즈맨 개인 메일을 통해 신고할 수 있게 함으로써 경경 활동의 투명성을 제고하는 것이다. 롯데홈쇼핑의 종업원이나 거래처는 롯데홈쇼핑 본사에 신고하지 않고 독립적인 기구인 윤리위원회에 신고하기 때문에 신고에 대한 부담감을 느낄 필요가 없다. 접수된 신고 내용은 우선 움부스만 회의에서 논의되어 신고 내용이 적절하다고 판단될 경우 우선 ESG 위원회에 의견을 제시하고 위원회의 승인을 거쳐 롯데홈쇼핑에 개선을 요청하는 공문을 발송하게 된다. 옴부즈맨들은 이 외에도 협력사와 롯데홈쇼핑의 분쟁이 발생할 경우 우선적으로 분쟁 내용을 검토하고 같은 절차를 거쳐 롯데홈쇼핑에 의견을 제시하게 된다. ESG 위원회는 현재까지 다수의 분쟁조정과 직원들의 신고내용을 평가해 불합리한 관행을 개선한 바 있다.

- **협력사들과의 의사소통**: ESG 위원회는 협력사들과 직접 소통하면서 협력사가 롯데홈쇼핑과 거래할 때 느끼는 불만사항 및 불편 사항을 파악해 삼자적인 입장에서 개선여부를 판단하고 있다. 홈쇼핑의 경우 방송시간이 한정되어 있고 홈쇼핑 회사와 거래하는 중소

및 중견기업들은 방송시간을 확보하기 쉽지 않다. 그에 따라 공정하지 않은 계약이 체결될 가능성도 있다. 이러한 현실적인 문제를 인식한 위원회는 협력사들을 직접 방문해 거래처의 불만사항을 파악하고 이를 객관적으로 평가해 필요한 경우 회사에 개선을 요청할 수 있는 제도를 만들었다. 이 제도는 리스너 활동과 파트너사 간담회를 통해 진행된다.

위원회는 협력업체를 직접 방문해 의견을 청취하는 역할을 하는 리스너 2명(롯데홈쇼핑이 아닌 ESG 위원회 소속으로 주로 롯데홈쇼핑을 퇴직한 직원을 채용하고 있다. 리스너들은 롯데홈쇼핑 거래처를 연간 200~260회를 직접 방문(코로나 시기엔 전화 면접을 진행했음)해 거래처가 느끼는 롯데홈쇼핑의 윤리의식(임직원의 태도, 불공정 행위 등), 방송운영의 공정성(편성, 수수료, 판매촉진 비용 등), 불공정거래 관행(클린 활동비, 샘플 규정, 협업비 규정 등) 및 개선 요청사항들에 대한 의견을 청취한다. 리스너는 방문보고서를 월별로 취합해 ESG 위원회에 보고하는데 이때 거래처의 실명은 제공되지 않는다. 위원회는 이 보고서를 바탕으로 협력사와의 공정

〈사진〉 협력사간담회가 진행되고 있는 사진

거래를 제고하기 위해 롯데홈쇼핑의 개선이 필요한 사항들을 선별해 롯데홈쇼핑에 개선을 권고하고 있다. 이러한 권고사항에 대해서 롯데홈쇼핑은 개선 여부를 다시 위원회에 보고해야 한다.

위원회는 리스너 활동과 별개로 파트너사 간담회를 연 2회 개최해 위원회 위원들과 협력사 임원들이 직접 대화를 나눌 수 있는 기회를 확보하고 있는데, 이 활동은 파트너사 간담회라 불러진다. 이 간담회에 롯데홈쇼핑의 직원들은 참여하지 못하게 되어 있고 간담회에 초청되는 임직원의 익명성을 보장해 자유롭게 의견이 제시될 수 있는 여건이 확보되고 있다. 위원회는 간담회에서 나온 의견들을 종합 정리해 본사 담당 전담임원에게 전달하고 있고 필요할 경우 개선을 권고하고 있다.

- **직원들과의 의사소통**: ESG 위원회는 거래처뿐만 아니라 직원들과 소통 채널을 확보해 조직문화 개선에 기여하고 있다. 직원들과 간담회는 연 2회 개최되는데, 팀장 이하의 직원들이 초대되어 이들이 회사에 요구하는 사항들을 경청하고 이들 중 적절하다고 판단되는 경우 회사에 개선을 권고하고 있다. 이 간담회에서도 참석자들의 익명성을 보장된다. 특히 2014년의 경우 경영비리 관련이 기사화되면서 직원들의 사기가 최악의 수준으로 떨어진 바 있는데, 당시 직원들은 회사경영과 관련된 다양하고 생생한 의견을 이 위원회에 제시한 바 있다. 당시 위원회는 본사에 강력한 개선사항을 요구하였고 이를 통해 보다 투명한 경영시스템이 보강되었는데, 이러한 성과들은 롯데홈쇼핑 직원에 의해 인정받고 있다.

ESG 위원회는 직원들을 대상으로 ESG 인식 개선을 위해 다양한 교육도 진행하고 있다. 교육은 홈쇼핑관련 이해교육, 파트너사 동반성장과 관련된 교육, 법 위반 예방교육, 청렴교육 등으로 구분되어 매년 3~5회 제공하고 있다. 과거 롯데홈쇼핑뿐만 아니라 홈쇼핑 회사들의 경우 사업과 관련된 법 위반 사례가 적지 않았는데, 그 이유는 법에 대한 이해가 부족했기 때문이었다. 따라서 거래를 담당하는 직원들을 대상으로 필요한 지식을 전달하는 교육이 마련되었다. 그 결과 최근 롯데홈쇼핑의 법위반 사례는 현저한 수준으로 줄어들었다.

한편, ESG 위원회는 직원들의 윤리의식을 점검하기 위해 2014년부터 임직원 대상으로 설문조사를 매년 진행하고 있다. 이를 위해 위원회 위원인 한국투명성 기구 사무총장이 독립적으로 진행할 수 있는 여건을 마련해 조사결과의 객관성을 높이고 있다. 지금까지 조사결과를 보면 2014년 종합점수 5.98(10점 만점 기준에서 매년 꾸준히 상승해 2019년 종합점수는 8점을 기록해 롯데홈쇼핑의 지속가능경영과 관련된 변화가 진행되고 있음이 확인되고 있다.

• **신상품 평가회의 참관**: 홈쇼핑 사업 중 거래처와의 관계에서 가장 중요한 것이 신상품 선정 평가이다. 거래처는 롯데홈쇼핑에 방송을 원할 경우 롯데홈쇼핑 담당자를 통해 신청하게 되고 롯데홈쇼핑 담당자는 가능성이 있다고 판단되는 거래처 상품에 대해 신상품 평가회에서 방송의 필요성을 설득하게 된다. 평가회의에는 이와 관련된 직원 6~8명이 참여해 각자의 신상품으로서의 적합성을 평가하고 종합 평균 점수를 바탕으로 방영될 신상품이 선정된다.

따라서 신상품 선정에서 투명성이 확보되는 것은 거래처와 공정한 거래관계를 유지하는데 매우 중요하다. 이러한 인식하에 ESG 위원회는 위원 중 한사람이 상시로 이 평가회의 참석하도록 해 신상품 선정시 공정성을 제고하고 있다. 물론 위원은 평가에 참여하지 않아 회사의 신상품 선정에 영향을 미치지 않는다. 다만 참관 자체가 평가회의에 참여하는 직원들의 공정한 평가를 촉진시키는 역할을 하게 된다. 최근 위원회의 참관이 코로나 상황으로 인해 서면 보고로 대체된 바 있지만, 이러한 제도의 효과성이 인정받아 위원회의 참관은 계속 확대2019년의 경우 30회될 것으로 예상된다.

- **자문 활동**: ESG 위원회는 롯데홈쇼핑의 경영활동을 외부인의 관점에서 평가하는 역할을 수행할 뿐만 아니라 회사가 필요한 영역에서 자문 활동도 전개하고 있다. 자문활동은 소비자 보호 부분, 공정거래 부분, 동반성장 부분, 조직문화 부분으로 구분되어 위원들의 전문성을 바탕으로 회사에 조언을 주고 있다. 자문활동은 부문별로 연 2회 또는 12회공정거래 부문의 경우 법적인 이슈가 회사의 입장에서 모호한 측면이 많아 매월 진행됨가 진행된다. 회사의 각 부문 임직원은 연간 경영활동에서 지속가능성과 관련해 전문가의 의견이 필요한 부문을 선정해 자료를 준비해 위원들에게 제시하면 이에 대해 위원들의 자문이 진행되는 형식이다. 이 자문의 목적은 사업의 실효성을 높이고 법 위반 가능성을 사전에 예방특히 공정거래 부문 자문의 경우하는 것이다.

(3) 시사점

이 사례는 ESG 위원회가 독립적으로 운영되어야 활동의 실효성이 확보될 수 있음을 보여주고 있다. 회사 내부인들(사외 이사 포함)로 구성된 위원회는 회사의 활동을 긍정적으로 평가할 가능성이 높다. 회사의 ESG 활동은 내부적으로 인정받는 것도 중요하지만 외부인(소비자들을 포함한 이해관계자들)에 의해서 평가받아야 한다. 따라서 회사의 경영활동을 지속가능성 측면에서 평가하는 위원회는 외부인으로 구성되는 것이 바람직하다. 회사의 경영활동이 투명하게 공개될 경우 경영활동이 사회적 및 환경적 문제를 야기할 가능성은 낮아진다. 그렇다고 회사가 모든 활동을 외부에 공개하는 것도 바람직하지는 않다. 따라서 롯데홈쇼핑과 같이 독립적으로 운영되는 위원회를 두는 것이 좋은 대안이 된다. 제한되지만 외부인에게 경영활동을 공개하고 평가받는 시스템은 ESG 시대의 새로운 모델로 정착될 것이다.

5) 투명한 정보공개를 통한 경쟁력: 에버레인

회사의 모든 활동들을 소비자들에게 공개해 성공을 거둔 보기 드문 브랜드가 있다. 에버레인이 바로 그 브랜드이다. 이 사례는 극단적으로 투명한 정보공개가 소비자들로부터의 신뢰 확보를 통해 브랜드의 경쟁력으로 승화될 수 있음을 보여주고 있다.

(1) 에버레인의 창업과 전략

2010년 25살의 청년 마이클 프레이즈만은 벤처 캐피탈이라는 좋은 직장을 그만두고 에버레인이라는 회사를 창업하게 된다. 프레이즈만은 의류를 쇼핑하다가 상품 원가에 수십 배가 넘는 마진이 붙여지는 것을 파악하고 사업기회를 발견한 것이다. 그는 패션 시장에서의 전통적인 방식을 거부하고 혁신적인 경영모델을 구축하는데, 이른바 3무 전략이다. 에버레인은 오프라인 매장을 갖고 있지 않고 광고를 하지 않고 할인을 하지 않는데, 이는 제품원가에 적절한 마진을 책정하기 위한 토대가 되었다. 그러나 이러한 3무 전략은 제품 판매가격을 낮추는데 기여할 수 있지만 소비자의 수요를 확보하는데 치명적인 결점이 될 수 있다. 특히 신생브랜드로서 아무리 가성비가 좋은 브랜드라도 광고와 할인을 하지 않으면서 소비자의 관심을 끄는 것은 거의 불가능하다고 볼 수 있다. 그럼에도 불구하고 이 회사는 설립 5년 만에 브랜드가치 2억 5천 달러를 넘어섰다. 이러한 성공의 원인은 무엇일까? 바로 '극단적 투명성radical transparency'이다. 이 사례는 ESG 시대에 혁신적인 경영정책으로 성과를 거둔 매우 보기 드문 사례이다. 이제 에버레인의 극단적 투명성에 대해 알아보자.

(2) 극단적 투명성(Radical Transparency)

에버레인의 극단적 투명성은 두 가지로 구분될 수 있는데, 가격의 투명성pricing trasparency과 제조과정의 투명성production transparency이다.

- **가격의 투명성(Pricing Transparency)**: 프레이즈만은 창업 시 "고객은 생산하는데 들어가는 원가를 알 권리가 있다"고 생각했다. 에버레인의 웹사이트이자 온라인 샵은 옷에 사용된 소재의 비율부터 어느 공장에서 생산되었는지 그리고 공장 환경에 대한 모든 정보를 소개하고 있고 가격이 책정되는 과정도 공개되고 있다. 예를 들어 100불짜리 캐시미어 니트에 들어간 재료비가 25.65불, 인건비가 12불 그리고 관세와 운송비를 합치면 원가가 45불이고, 에버레인은

공임과 관리비를 합쳐 판매가를 125불로 책정했다고 공개한다. 그리고 이와 추가해 비슷한 제품의 소매가는 225불이라고 주장한다. 이러한 정보를 보고 제품의 원가를 의심할 고객은 거의 없을 것이다. 회사의 마진이 적절한가는 소비자가 판단할 몫이다. 충분한 정보를 제공하고 선택 여부는 소비자에게 맡기는 방식이다. 기업과 브랜드와의 관계에서 주도권이 기업에서 소비자에게 넘어가고 있다는 새로운 환경에 적절한 가격책정 방식이다.

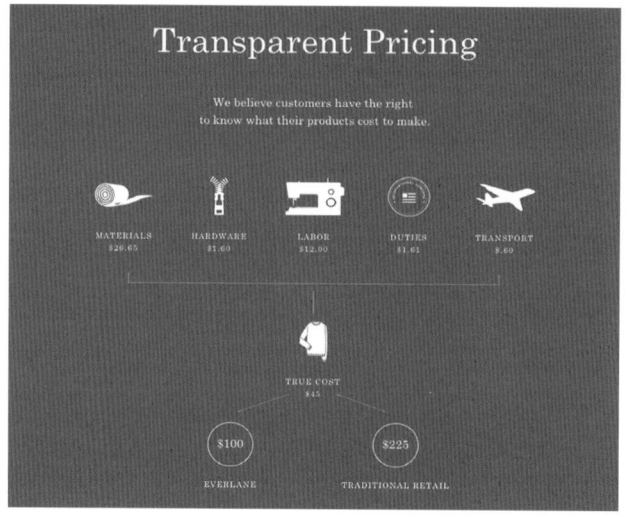

〈사진〉 에버레인의 투명한 가격을 공개하는 예

제조 방식의 투명성Production Transparency: 그는 "소비자들은 이 옷이 어떻게 만들어졌는지 알기 원하고 있다"는 철학도 갖고 있다. 그래서 그는 제품이 만들어지는 모든 과정을 공개한다. 에버레인 웹사이트에서는 모든 공장에 대한 정보공장의 위치, 부지는 선정한 이유 등와 공장에서 제품이 만들어지는 과정도 공개하고 있다. 제품의 생산과정에서 환경에 유해한 폐기물이 방출될 수 없다. 베트남의 데님공장에서 나오는 물은 사람이 마실 수 있는 정도로 정화되었다고 한다. 모든 제품들은 윤리적인 기준에 맞춰 생산될 수밖에 없는 이유이다. 이와 함께 에버레인은 직원수, 근무기간, 근무환경 및 복지수준도 공개한다. 공개되지 않는 것이 무엇일까 궁금해지기도 한다. 예를 들어, 스리랑카 MAS 공장의 경우 직원의 월급이 타 공장보다 높고 직원들을 위해 교육 및 의료 지원과 함께 금융 지원도 제공한다. 저개발국가에서 청소년의 임금을 착취하고 있다는 비난을 받고 있는 일부 글로벌 브랜드와는 품격이 다르다.

〈사진〉 제조 과정에 대한 공개의 예

3) 시사점

정보가 공개되면 기업의 활동은 윤리적일 수밖에 없다. 투명한 정보공개는 윤리경영의 초석이다. 그리고 소비자는 정보를 모두 공개하는 브랜드에 대해 신뢰하지 않을 수 없다. 다만 소비자가 브랜드가 제공하는 품질 수준이나 이미지가 자신과 맞지 않을 경우 선택하지 않을 뿐이다. 에버레인 브랜드는 높은 가성비품질 대비 가격를 확보하고 있고 소비자의 정신더 좋은 제품과 함께 더 좋은 세상을 원하는 신세대들의 가치에 부합하는 철학을 함께 가지고 있다. 가성비에 사회적 가치가 더해진 것인데, 이때 브랜드에게 특별한 의미가 생긴다. 소비자는 에버렌인 브랜드를 입으면서 자신의 취향과 가치를 주위 사람들에게 표현할 수 있게 된 것이다. 에버레인의 극단적 투명성은 그 자체가 브랜드의 경쟁력이 되고 있다.

6) 행동으로 평가 받는 브랜드 진정성: 벤앤제리스(Ben & Jerry's)

친환경제품으로도 유명하지만 다양한 이슈에 행동하는 브랜드가 있다. 벤앤제리스가 바로 그 회사이다. 사회적 이슈에 대한 회사의 공식적인 입장을 선언하는 것은 새로운 고객을 확보하는데 기여할 수 있지만 기존 고객을 잃을 위험도 있다. 그러나 이 회사는 이러한 계산을 하지 않는다. 회사의 철학을 구현하는데 이러한 선언이 필요한가를 판단할 뿐이다. 이 회사는 2020년 아이스크림의 대명사인 하겐다즈의 매출을 능가했다. 이러한 성공의 원동력을 알아보자.

(1) 회사의 역사

중학교 시절 만난 벤 코헨과 제리 그린필드는 사업을 해 보고 싶어 했다. 사업 아이템을 물색하면서 아이스크림이 선택되는데, 5달러 아이스크림을 제조법을 알려주는 강좌가 있었기 때문이다. 1978년 벤과 제리는 자신들이 투자한 8천 달러와 주위에서 빌린 4000달러로 버몬트 주 벌링턴의 주유소를 개보수하여 아이스크림 스쿱 매장을 열었다. 이들은 가장 독특하고 맛있는 아이스크림을 만들기 위해 노력했고 그 결과 소비자들의 관심을 끄는데 성공해 창업 5년 만에 타임 표지를 장식하게 된다. 이 회사는 1982년 버몬트 주뿐만 아니라 다른 지역에도 매장을 개점했고 그 결과 매출액이 늘어나기 시작한다. 이 회사의 1983년 매출액은 200만 달러였는데 1984년엔 400만 달러를 넘어섰다.

공동 창업자인 그린필드는 1984년 은퇴를 결정하고 1985년 설립된 벤앤제리스 재단을 운영하는데 전념한다. 이때부터 벤앤제리스는 사회적 가치를 추구하는 기업으로 거듭나게 되고 1988년 미션을 발표한다. 이 회사는 종업원 복지를 선도하고 있고 친환경 원료만을 사용하고 있으며 다양한 사회적 이슈에 회사의 공식적인 의견을 전달할 뿐만 아니라 이러한 대의명분을 제품에 표현하고 있다.

(2) 세 가지 미션에서 오는 경쟁력

벤앤제리스의 사업 목표는 두 가지다. 첫째는 고객들에게 맛있는 아이스크림을 제공하자는 것이고, 두 번째는 사업을 통해 세상에 더 이로운 가치를 제공하는 것이다. 벤앤제리는 세 가지의 미션을 제시한다. 제품 미션은 환상적인 맛의 아이스크림을 만드는 것이고, 경제적 미션은 영속적인 재무적 성장이 가능토록 회사를 운영이해관계자의 가치 증대와 임직

〈사진〉 벤앤제리의 세 가지 미션

원의 경력 개발 및 발전 기회의 확장이 제시됨)하는 것이며, 사회적 미션은 세상을 좋게 만들기 위해 혁신적인 방법으로 회사를 운영하는 것이다. 1980년대 미션을 제품, 경제적 및 사회적 미션으로 구분해 구체적으로 제시했다는 것만으로도 이 회사의 창업정신이 확인된다. 이 후 이 회사는 이 세 가지 미션을 충실하게 구현하면서 다른 경쟁사가 갖지 못하는 경쟁력을 확보하고 있다. 사회적 가치를 향한 경영방식이 소비자를 설득하는 가장 중요한 경쟁력이 되고 있는 것이다. 이제 이 회사의 경영방식을 알아보자.

- **친환경**: 벤앤제리스는 국내에는 잘 알려져 있지는 않지만 파인트 아이스크림의 글로벌 1위 브랜드이다. 이러한 성과의 원동력은 사업 초기부터 장착된 친환경에 있다. 벤앤제리스는 환상적인 맛의 아이스크림을 만들기 위해 자연 그대로의 신선한 자연 원료를 사용해 왔다. 벤앤제리는 제품에 rBGH를 사용하지 않겠다고 선언한 바 있다. rBGH는 젖소의 뇌하수체에서 분비되는 일종의 단백질로 소의 성장과 산유를 촉진한다고 알려져 있기 때문이다. 아이스크림에 사용하는 계란은 Cage-Free 제품(닭을 닭장에 가두어 혹사시키지 않고 풀어놓아 기르는 농장에서 생산하는 계란만 사용하고 있다. 벤앤제리스는 이런 원칙은 원료 확보, 제조 및 판매 전 과정에 적용된다. 벤앤제리스 아이스크림에 사용할 우유 생산 목장은 벤앤제리스를 위해 특별히 제작한 사료만을 사용 젖소들이 배출하는 메탄가스 양을 최소화하고 있고, 유제품을 공급하는 모든 목장은 태양광, 풍력발전, 바이오 연료 등을 통해 전기를 공급하고 있고, 포장 및 용기는 표백 가공하지 않은 종이를 사용하고 있으며 원료 공급에 공정무역 원칙을 철

저하게 지키고 있다.

- **지역사회와의 상생**: 벤앤제리스는 근거지인 버몬트 주와 관계를 매우 중시해, 지역 사회를 지원하고 이익을 환원하는 것을 원칙으로 한다. 이 회사는 아이스크림 제조에 사용하는 우유를 모두 버몬트 주 목장에서 공급받고 있고 이 지역 낙농업체를 체계적으로 지원하기 위한 'Caring Diary'프로그램 시작했다. 이 프로그램의 목적은 낙농 분야의 전문가들이 농가에게 젖소 사육 환경을 진단 후 개선방안을 제시함으로써 양질의 원료 확보와 낙농업자의 소득을 증대시키는 것이다.

이 회사는 회사 이윤을 정기적으로 사회에 환원하면서 사회를 이롭게 하는 활동에 주저함이 없다. 이 회사는 1985년, 벤앤제리 재단을 설립해 매년 이익의 7.5%를 인종차별과 빈곤 그리고 환경보호에 사용하고 있고 1988년 1% for Peace" 캠페인을 시작했다. 벤앤제리스는 'Peace Pops 아이스크림'을 출시하고 수익의 수익 1%를 평화를 위한 기금으로 적립하고 있다.

- **브랜드 행동주의**: 벤앤제리스의 사회적 미션은 '세상을 좋게 만들기 위해 혁신적인 방법으로 회사를 운영하는 것'인데, 혁신적인 방법 중의 하나가 제품에 사회적 대의명분을 담아내면서 행동하는 것이다. 벤앤제리스는 사회적 이슈에 적극적으로 의사를 표시하고 행동에 나서 왔다. 이 회사는 2016년 흑인 인권운동이 시작되었을 때 방관하는 것은 인종차별주의 동조자가 되는 것이라는 성명서를 발표했다. 성명서에는 "체계적이고 제도화된 인종차별주의는 우리 시

〈사진〉 2016년 'Black Lives Matter' 운동을 지지하게 위해 출시한 Empower Mint 아이스크림

대의 시민권과 사회가 풀어야 할 문제입니다. 흑인 삶과 안녕에 대한 폭력과 위협에 대해 침묵하는 것은 그 폭력과 위협에 동조하는 것과 같다는 것은 이제 분명히 알게 되었습니다."라는 메시지가 담겨 있다. 이에 더 나아가 벤앤제리스는 흑인 인권운동 'Black Lives Matter' 운동을 지지하게 위해 Empower Mint 아이스크림도 출시했다. 이 회사는 2018년에 트럼프 대통령의 인종주의를 반대하기 위해 '피칸 저항Pecan Resisis라는 제품을 출시했고 2019년엔 흑인을 비롯한 유색인종 모두에게 평등한 형사법 개정을 요구하는 저스티스 리믹스드Justice Remix'd 아이스크림을 출시한 바 있으며, 2020년 조지 플로이드 사망으로 인종차별 반대 시위가 벌어질 때 인종차별주의의 근본적인 원인으로 백인우월주의를 들고 이 백인우월주의 철폐를 주장한 바 있다. 이 회사의 고객 중 백인이 차지하는 비율은 높은 편이다. 회사의 사회적 가치에 대한 철학이 없이는 실행에 옮기기 어려운 일들이다.

(3) 유니레버 인수와 미션의 보호

벤엔제리스의 창업자는 1만 2000불을 가지고 창업했고 2000년 유니레버는 이 회사를 3억 2500만 불에 인수했다. 회사가 유니레버의 100% 자회사로 편입된 것이다. 그로부터 20여 년이 지나도 이 회사의 미션은 조금도 변하지 않았고 행동주의 철학은 강화되고 있다. 이게 가능한 일일까? 물론 유니레버도 지속가능한 경영에 대한 철학을 갖고 있지만, 인수합병시 독립적 이사회라는 특별한 조항이 역할을 하고 있다. 유니레버가 재무 및 운영 관련해 권한을 갖지만, 독립적으로 구성된 이사회는 회사의 사회적 미션social mission 목표를 보존하고 브랜드 이름의 핵심 요소들을 보호하는 권한을 갖는다. 창업자의 창업정신이 인수합병 후에도 이어질 수 있는 장치를 마련되었던 것이다. 창업자들의 사회를 향한 강력한 의지를 엿볼 수 있는 장면이다.

(4) 시사점

착한 사람이 되겠다고 다짐하고 선언하기는 어렵지 않다. 그러나 그런 선언에 맞게 행동하고 부적절한 행동을 억제하는 것은 어렵다. 이를 실천할 때 금전적으로 손해일 수도 있고 실천에는 불편함이 따르기 때문이다. 마찬가지로 기업이 ESG 경영을 하겠다고 선언하는 것은 어렵지 않지만, 실천은 쉽지 않다. 회사가 실천하려면 일하는 방식을 바꿔야 하고 많은 돈을 투자해야 하는데 그에 따른 성과는 불확실하기 때문이다. 그러나 실천이 따르지 않은 선언은 시간이 지나가면서 드러나게 되어 오히려 역효과를 낼 수 있다. 소비자들은 착하지 않은 기업보다 착한 척하는 기업을 더 싫어한다. ESG 경영을 선언하는 기업들이 귀담아야 할 대목이다.

브랜드의 진정성은 선언이 아니라 행동에서 나온다. 특히 기업이 매출 또는 수익 측면에서 손해가 될 수 있음에도 불구하고 사회적 정의를 위해 행동할 때 그 행동이 전해주는 메시지는 소비자들에게 영감을 준다. 벤앤제리스는 창업 초기 사회를 향한 기업미션을 선포하고 오랜 기간 사회를 이롭게 하는 활동을 해 왔는데, 이게 이 브랜드의 경쟁력이다. 벤앤제리스는 현재 아이스크림의 대명사인 하겐다즈보다 더 좋은 매출 성과를 내고 있다. 이런 성과의 배경엔 행동을 통한 진정성이 자리 잡고 있다.

참고문헌

김숙진, 유창조 2022, "뉴 미디어 시대에서의 소비자 역할변화와 지위 역전에 관한 심층연구: 브랜드와 커뮤니티 회원들과의 관계 변화를 중심으로," Korea Business Review, 262, 77-107.

민동원 2014, "자발참여형 공익 마케팅에 대한 이해: 삼성화재안내견학교의 안내견사업과 자원봉사자 활동을 중심으로, Korea Business Review, 184, 1-25.

유창조 2021, "지속가능한 소비를 구현하는 브랜드 커뮤니티: BAC," 지속가능한 소비와 광고, 123-154.

유창조, 이형일 2016, "CJ그룹의 CSV 경영: 현황과 미래과제," Korean Business Review, 204, 155-182.

이민하 2021, "브랜드커뮤니티 경험가치가 브랜드만족, 브랜드신뢰, 브랜드 공동가치창출에 미치는 영향: 방탄소년단과 아미를 중심으로," 한국콘텐츠학회논문지, 217, 374-385.

이인혜, 권상집 2021, "K-POP 패러다임을 넘어: 빅히트 엔터테인먼트의 한국형 문화혁신에 의한 가치 창출," Korea Business Review, 251, 57-77.

Nowell, B. and N. Boyd 2010, "Viewing Community as Responsibility as well as Resource: Deconsturcting Theoretical Root of Psychological Sense of Community, Journal of Community Psychology, 387, 828-841.

Porter, Michael E. and Mark R. Kramer 2011, "Creating Shared Value: How To Reinvent Capitalism and Unleash a Wave of Innovation and Growth," Harvard Business Review, January and February, 1-17.

Ramaswamy, V. 2011, "Co-Creating Development," Development Outreach, 132, 38-43.

CHAPTER 05

ESG 경영을 구현하는 **운영시스템**은?

 국제사회는 기업들을 자구촌의 지속가능한 발전을 위한 핵심 구성원으로 인식하고
이들에 대한 자발적인 동참을 더욱 거세게 요구하고 있다. 더 나아가 투자자들이 기업들에게
비재무적 공시(ESG)을 요구하고 있고 일부 국가에서는 의무화되고 있는 추세이다. 기업들은
창출한 이윤의 일부를 사회에 환원하기 위해 전담 부서를 설치하고 전담 부서가 중심이 되어
책정된 예산을 효율적이고 효과적으로 집행해 왔지만 전사적으로 전개되는데 한계가 있다.
이런 ESG 시대에 국내 기업들의 대응전략은 전사적이고 체계적으로 진행되어야 한다.
저자는 기업이 ESG 활동을 전개함에 있어 소비자와 이해관계자들의 참여와 협력을
이끌어내야 한다고 강조한다. 소비자와 이해관계자들이 자발적으로 참여할 때 기업의
ESG 활동은 창출한 이윤을 사회에 환원하는 것이 아니라 고객과 이해관계자와의
관계가 강화되고 그에 따라 기업의 경제적 성과는 높아지게 될 것이다.

01 기업 미션 및 비전의 재정립

ESG 경영의 첫걸음은 최고경영자가 국제사회가 요구하는 것과 조화를 이룰 수 있는 기업 미션과 비전을 재정립하는 것이다. 기업 미션 company mission은 기업이 하고 있는 사업의 시각 또는 목적이다. 어떤 경우에도 경영전략의 출발점은 기업 미션의 정립이다. 기업 미션은 구성원이 하는 업무에 대한 가치와 의미를 부여해 구성원의 열정을 발휘하게 해 주는 동력이 된다. 여기서 구성원이란 기업 내 종업원뿐만 아니라 고객, 이해관계자들을 포함한다. ESG 시대에 기업 미션은 과거와는 다른 각도에서 검토되어야 한다. 왜냐하면 기업의 목적인 이윤창출 극대화에서 더 좋은 세상을 만드는데 기여하는 것으로 진화되고 있기 때문이다. 과거 기업가 정신의 핵심은 경영의 불확실성에서 오는 위험을 감수하면서 혁신적인 경영활동을 통해 주주의 이윤을 극대화 또는 가치를 창출하는 것이었다. 미래사회가 요구하는 기업가정신은 주주만을 위한 이윤창출 또는 가치창출이 아니다. 이제 경영자는 기업과 사회의 상호의존성을 인식하고 다양한 구성원들과 협력해 사회적으로 바람직한 가치를 창출하고 이를 통해 창출되는 이윤을 이해관계자와 적절하게 배분해야 한다. 첨단기술로 급변하는 4차 산업혁명 시대에 기업가들은 새로운 사업 기회를 확보해야 하고 그 사업엔 사회적인 가치가 내재되어야 한다. 과거 기업 미션은 제품 중심에서 벗어나 고객의 가치 중심으로 제시되어야 한다고 강조되었지만, 이해관계자 중심의 시대에서는 사회가 원하는 가치를 중심으로 제시되어야 한다. 예를 들어, 파타고니아는 '기업의 목적을 지구를 보호하는 것'으로, 유니레버는 '지속가능한 삶 sustainable living을 만들어 나가는 것'으로 페이스북은 '사람들에게 공유할 수 있는 능력을 주고 세상을 좀 더 개방적이고 연결된 곳으로 만드는 것'으로 제시하고 아모레퍼시픽은 '사람을 아름답게, 세상을 아름답게a more beautiful world'로 제시하고 있다. 이러한 미션들은 자신들의 사업과 지속가능한 발전을 연결시키는 예들이다.

천연세제로 유명한 세븐스제너레이션seventh generation은 기업의 목적을 기업 이름에 반영하면서 지속가능성에 대한 강의 의지를 보여주고 있다. 미국의 인디언 부족이 갖고 있는 원칙을 반영한 것인데, 이 부족은 의사결정시 후손 7세대에 미칠 영향을 고려하고 있다. 이 회사의 창업자는 이러한 정신을 수용해 미래세대의 삶의 질을 훼손하지 않으며 사업하기로 결정했고 그래서 지은 이름이 세븐스 제너레이션이다. 이 기업의 창업자 제프리 홀렌더는 이름만 거창하게 지은 것이 아니라 모든 제품의 원재료부터 포장재까지 철저하게 친환경 경영을 해 왔고 미국 소비자들에게는 친환경의 대명사로 인식되고 있다. 이른바 유엔기구가 제안한 미래 세대를 위한 경영을 이미 오래 전에 실천하고 있는 것이다. 유니레버는 2016년 이 회사를 7억 달러에 인수했다. 인수의 목적은 인수를 통해 이 회사의 운영시스템을 면밀히 분석해 이 회사의 친환경 정신을 회사에 전파시키는 것이었다. 유니레버의 지속가능성에 대한 경영지향점은 이때부터 강화되었다.

기업 미션이 기업이 하고 있는 사업의 현재를 표현하는 것이라면 비전은 기업이 미래를 향한 방향을 제시해 주근 것으로 미래 목표의 압축된 표현이다. 기업 비전은 구성원들에게 기업이 추구하는 방향을 제시해 주기 때문에 탁월성excellence에 대한 기준이 된다. 예를 들어 현대자동차는 미래의 비전으로 '자동차에서 삶의 동반자'로 제시하고 있다. 4차 산업 혁명시대를 맞이하면서 자신의 하고 있는 사업을 자동차에서 삶의 동반자로 재설정한 것이다. 따라서 기업 미션과 비전은 기업의 현재와 미래를 연결해주는 통로역할을 하게 된다.

성공한 기업들은 모두 창업시 명확한 미션과 비전을 구성원에게 제시해 구성원의 참여를 통해 목표를 달성한다. 예를 들어 세계적인 기업이 된 아마존, 애플, 구글, 테슬라, 마이크로소프트 등은 모두 위험스러워 보이는 사업을 도전했고 다양한 이해관계자들과의 협력 모델을 정착하는 과정에서 경영자들의 창의성이 발휘되었다. 이 기업들이 개척한 사업들은 소비자들의 삶을 풍요롭게 만들면서 더 좋은 세상을 만드는데 기여하고 있다. 환경적 가치를 내재한 전기자동차 개발을 통해 글로벌 기업으로 도약하는데 성공한 테슬라의 머스크는 이제 새로운 우주 사업에 투자하고 있다. 전자상거래를 통해 편리한 생활을 제공하면서 세계 최고 수준의 기업을 만드는데 성공한 아마존의 베조프는 2021년 조기퇴진과 함께 우주라는 신사업에 대한 도전을 선언했다. 그는 우주산업, 환경과 관련된 새로운 꿈을 꾸기 시작한 것이다. 인간의 삶을 더 풍요롭게 만드는 것이 새로운 사업을 시작하는 출발점인데, 이게 바로 미래사회가 요구하는 기업가정신의 요체이다.

기업의 CEO는 미션 및 비전과 함께 모든 구성원들에게 핵심가치도 제시해 줄 필요가 있다. 핵심가치는 일을 할 때 어떤 기준으로 해야 하는가에 대한 가이드라인이 된다. 삼성은 인재제일, 최고지향, 변화선도, 정도경영 및 상생추구를, 듀폰은 안전과 보건, 윤리준수, 직원존중, 환경보호를 핵심가치로 제안하고 있다. 이는 모두 사회적 가치가 중시되는 시대적 흐름을 반영한 것으로 평가될 수 있다.

02 측정과 평가 지표의 개발

　재정의된 기업 미션, 비전 및 핵심가치는 기업의 운영 전반에 반영되어야 한다. 이를 위해 경영목표에 사회적 가치가 반영되어야 하고 그 결과가 평가되어야 한다.

1) 경영목표에 사회적 가치가 반영될 수 있을까?

　기업이 시대적 패러다임에 부응하면서 미션, 비전 및 핵심가치를 재정의하는 것은 그리 어렵지 않으나 구호에 그칠 가능성이 있다. 재정의된 기업의 목적이 구호에 그치지 않으려면 다음 단계인 경영목표에서 이러한 가치가 반영되어야 한다. 경영전략의 핵심은 목표를 세우고 목표를 달성할 방법을 설계하고 이를 실행에 옮긴 후 이를 평가해 다음 기의 전략을 세우는 순환 과정이다. 경영목표는 기업의 비전을 기간별(통상 연도별)로 구체화하는 것으로 이해하면 된다. 기업 비전이 장기적으로 지향하는 도달점이라면 경영목표는 기간별 도달하고자 하는 중간지점이다. 이 단계별 목표가 연결되면 기업의 비전이 구현될 것이다. 관리자가 기업목표를 설정할 때 기간을 명시해야 하고 구체적인 결과를 중심으로 제시해야 하고 종업원들이 달성가능하면서도 도전할 만한 가치를 인식할 수 있도록 해 주어야 한다.

　과거 관리자들이 주로 사용해온 목표는 자신이 속한 분야에서 매출액, 시장점유율, 수익률 등으로 제시되어 왔다. 기업의 비전에 사회적 가치가 반영되어 있다면, 각 사업부서의 목표도 이를 반영해야 하고 그 결과가 평가되어야 한다. 많은 기업들이 사업의 목적을 재정의하고 있지만 구체적인 경영활동에서 이러한 가치가 내재화되지 못하고 있다. 경영의 목표가 과거처럼 재무적인 성과로 제시되기 때문이다. 그 결과 새로운 미션은 있지만 대부분의 직원들을 과거와 같은 방식으로 일을 하게 되는 것이다.

경영목표는 기업 단위에서 또는 전략적 사업 단위에서 세워질 수 있는데, 기업 단위에서의 경영목표를 생각해 보자. 한 기업이 경영목표를 매출액으로 세웠다고 가정해 보자. 이 기업의 비전에 사회적 가치가 포함되어 있다면 앞으로 경영목표는 새로운 방향으로 제시되어야 한다. 매출액 목표는 재무적으로 달성하고자 하는 성과를 반영한다. 이제 이 기업은 매출액이라는 재무적 성과뿐만 아니라 사업을 통해 창출되는 환경적 가치와 사회적 가치를 목표로 함께 제시해야 한다. 사업을 통해 나타나는 환경적 가치나 사회적 가치는 긍정적인 면도 있고 부정적인 면도 있을 수 있다. 이를 목표로 제시하려면 기업이 창출하는 환경적 가치와 사회적 가치를 측정해야 하는데, 어떻게 측정할 수 있을까? 쉽지 않은 과제이다. 이와 관련해 SK는 선도적인 측정 모델을 개발해 적용하고 있는데, 이를 소개하면 다음과 같다.

2) 사업이 창출하는 사회적 가치를 측정하고 경영목표에 반영하는 기업: SK Double Bottom Line

국내에서 고객만족 경영을 선도하고 고객행복을 추구해온 SK은 2017년 새로운 변화를 선언했다. 당시 SK그룹 회장은 수석부회장, 수펙스추구협의회 의장 및 7개 위원회 위원장, 주요 관계사 CEO 등 40여 명이 참석한 확대경영회의에서 사회와 함께하고 사회를 위해 성장하는

'Deep Change'를 주문했다. 당시 참석자들은 4차 산업혁명에 따른 개방형·공유형 경제 체제에서 SK 자체적인 성장만으로는 한계가 있는 만큼 사회와 함께 그리고 사회를 위해 성장하는 새로운 성장 방법을 모색해야 한다고 의견을 모았다. 그에 따라 SK CEO들은 비즈니스 모델의 근본적인 혁신, 업業의 본질에 대한 재해석과 사업 모델 발굴, 글로벌 파트너링 강화 및 기술혁신을 통한 핵심역량 확보를 추진하고 있다. 이러한 변화의 목적은 미래 신성장 동력을 발굴하는 것이고 이를 통해 사회적 가치를 창출하는 것이다. 과거 SK의 사회적 가치 경영이 자선적 사회공헌활동에 머물러 있었다면, 향후엔 비즈니스 모델 혁신을 통한 사회에 대한 기여로 바뀐 것이다.

이러한 혁신의 결과는 다양한 영역에서 나타나고 있다. 수소 사업을 선도하고 있는 미국 플러그파워Plug Power에 대한 SK E&S의 지분 확보, 안젤리니파마와 SK바이오팜의 긴밀한 협력, 반도체 웨이퍼 원·부자재에서부터 제조 전 공정에 이르는 밸류 체인에서의 탄소 절감을 통한 SK실트론의 국내 최초 '카본 트러스트'인증 획득, SK하이닉스의 그린본드 발행, 국내 최대 환경 플랫폼 기업인 EMC홀딩스를 인수한 SK건설 등의 사례들은 모두 ESG 경영에 기반한 혁신성장 모델을 보여주고 있다. 또한, 2020년 SK그룹은 한국 최초로 'RE100'재생 에너지 100% 가입을 확정하면서 근본적 혁신에 대한 의지를 표현하고 있다.

SK 그룹은 이러한 'Deep Change'에 대한 구체적인 가이드라인을 제공해 주기 위해 DBLDouble Bottom Line도 발표했다. SK는 기존 경제적 가치·이윤만 추구하는 'Single Bottom Line'에서 벗어나 경제적 가치EV, Economic Value와 사회적 가치SV, Social Value를 동시에 추구하고 관리하는 방법을 개발한 것이다.

〈그림 12〉 SK그룹의 Double Bottom Line의 개요

그림에서 보는 바와 같이 경제적 가치는 기업 경제활동의 최종 결과물로서 과거에 사용해 왔던 기업회계기준에 의해 평가되는 재무적 성과이다. 그리고 사회적 가치는 기업이 사회문제 해결에 기여한 성과의 총합으로 경제활동을 통해 사회에 제공하는 이익과 사회적 문제를 야기하는 비용의 두 가지가 모두 반영되어 평가된다. 기업 경영활동을 통해 제공하는 사회적 가치는 비즈니스 사회성과, 사회공헌 사회성과, 국민경제 기여 사회성과로 분류된다. 비즈니스 사회성과는 기업의 생산과정과 그 결과인 제품과 서비스를 통해 창출되는 성과이고 사회공헌 사회성과는 기업에서 수행하는 사회공헌 활동을 통해 창출되는 성과이며 국민경제 기여 사회성과는 임금, 세금, 배당·이자 등 기업의 경제활동 과정 중 구성원·이해관계자들에게 경제자원 이전을 통해 나타나는 성과이다. SK의 DBL은 계열사 단위로 측정되고 각 계열사가 창출하는 경제적 가치와 사회적 가치가 함께 평가되어 차 년도 사업예산이 배정된다. 이 시스템

의 핵심은 예산배정에 사회적 가치 창출 성과를 반영하는데 있다. 그에 따라 SK 계열사들은 사회적 가치 창출을 위한 모델을 활발하게 개발하지 않을 수 없는 것이다. 예를 들어 SK이노베이션은 'Green Innovation Initiative'를 제안하면서 생산 공정의 온실가스 감축, 친환경 제품 및 서비스 생산, 전기차 배터리 사업 확대 등을 가속화하고 있다. 막연히 환경 부문에 대한 사회공헌을 기대하는 것이 아니라 이 사업을 통해 공정 및 제품에서 발생하는 긍정적 사회가치를 측정하고 계산함으로써 기존 사업이 사회적 가치에 미친 부정적 성과와의 비교를 통해 지속적으로 비즈니스 모델을 수정해나가고 있다. SK이노베이션이 2030년까지 E-Mobility, Total Energy Solution 등의 새로운 제품 포트폴리오를 구축해나가는 것도 이런 과정의 일환이다.

여기서 주목할 점은 사회적 가치를 어떻게 측정하는가이다. 경제적 가치는 회계보고서를 통해 객관적으로 평가될 수 있지만, 사회적 가치 측정은 그리 간단한 일이 아니다. SK는 사회적 가치가 창출되는 과정을 투입, 산출, 결과 및 영향으로 보고 일단 가장 직접적이고 즉각적 기준이 될 수 있는 '결과'를 바탕으로 측정을 시작했다. 모든 것을 고려하기 어렵다면 일단 가능한 것부터 측정하기 위함이다. 또한 SK그룹은 사회적 가치를 정량화하는 과정에서 국제기관과 연관된 여러 산업협회 및 학회에서 인정받고 있는 척도를 사용한다. 예를 들어 친환경 제품을 생산함으로써 발생하는 사회적 가치, 즉 에너지 절감 효과를 측정하기 위해 여러 학술지 발표 자료나 한국전력 보고서 등을 참조해 에너지 절감 계수와 에너지 단가를 도출하고 있다. 또한, SK그룹은 자신들의 DBL 기반 사회가치 측정 방법론을 전 세계와 공유하면서 사회적 가치 경영의 표준화 작업도 병행하고 있다. SK 그룹은 국내 30개가 넘는 공공기관과 파트너십을 형성하고 있고, 중국 국영자산감독관리위원회SASAC와도 파트너십을 체결했으며, 사회적 가치 측정기준을 확립하는 데 뜻을 모은 글로벌기업 연합체 VBAValue Balancing Alliance 창설 멤버로도 참여하고 있다. 이와 같이 SK그룹의 측정 체계는 시간이 지날수록 정교화 되어 구성원들의 수용성은 높아질 것으로 예상된다.

한편, SK 그룹은 2013년 다보스포럼에서 사회적 기업을 대상으로 SPCSocial Progress Credit, 사회성과 인센티브 프로젝트를 제안한 바 있다. SPC 프로젝트의 핵심은 사회적 가치에 비례해 가치가 평가되는 일종의 유가증권을 사회적 기업에 발행하는 것인데, 이를 통해 기업가들에게 사회적 가치로도 돈을 벌 수 있다는 가능성을 전해 주고자 한다. SK 그룹은 2015년 40여 개 사회적 기업을 대상으로 실험을 시작했고 지금은 220여 개 사회적 기업이 참여하고 있다. SPC에 참여한 기업들이 5년간 1700억 원에 달하는 사회성과를 창출하고 340억 원에 이르는 인센티브를 지급받은 바 있다. 이는 사회적 가치 창출이 보상으로 연결되는 혁신적인 제도이다. 향후 SK그룹의 직원들이 각자가 사회적 가치 창출에 기여한 실적에 따라 인센티브를 받을 날도 멀지 않은 듯하다.

(03) 운영 시스템Sustainable Operation System의 구축

CEO가 기업의 미션과 비전을 재정의되고 이러한 정의가 경영목표에 반영되면, 모든 부서가 실행에 옮길 수 있는 운영시스템이 장착되어야 한다. CEO가 운영시스템 구축은 1새롭게 정의된 미션과 비전의 공유 2운영 가이드라인의 개발 3평가를 통한 보상제도의 구축 4이해관계자의 참여와 외부 전문가의 확보의 순서로 진행되는 것이 바람직하다.

1) 미션 및 비전의 공유

　새롭게 정의된 미션과 비전이 성과를 거두기 위한 첫걸음은 이를 모든 구성원들에게 전파하는 것이다. 새로운 미션과 비전의 개발은 CEO가 담당해야 할 영역이지만, CEO가 전파하는 역할까지 담당하는 것은 역부족이다. 따라서 CEO는 이를 위해 미션과 비전이 전파될 수 있는 조직 구조를 개발해야 하는데, 초기부터 대대적인 조직 개편을 진행하는 것은 바람직하지 않다. 따라서 이를 담당하는 전담 부서를 배치하는 것이 고려될 수 있다. 과거 많은 기업들이 CSR 또는 CSV 활동을 전개할 때 전담 부서를 구성해 예산을 배정하고 집행한 바 있다. 이 경우 기업의 사회공헌활동은 전담 팀에 의해서만 진행되기 때문에 기업이 추구하는 사회적 가치가 모든 종업원들과 공유될 수 없고 이를 전담하는 팀은 타 부서에 의해 고립되는 현상이 나타난다. 타 부서는 이 전담팀을 자신들이 노력해서 창출한 이윤을 쓰는 부서로 평가절하하고 협조하려 하지 않게 되는 것이다. 저자는 기업의 사회공헌활동이 특정 팀에 의해 운영되는 것은 바람직하지 않다고 생각한다. 저자가 제안하는 전담 팀의 역할은 사회공헌활동을 전담하는 것이 아니라 사회적 가치의 내재화된 조직문화를 구축하는 것이다.

　새로운 미션과 비전을 전파하는 팀은 무엇보다도 먼저 구성원들의 변화에 대한 반응을 분석해야 한다. 대체로 인간은 안정적인 삶을 추구하기 때문에 과거의 행동을 되풀이하고 새로운 변화를 거부하는 경향이 있다. 특히 좋은 경영 성과를 내고 있는 기업일수록 변화는 더 어려워진다. 변화를 통해 더 좋은 성과를 낼 확신이 없기 때문이다. 따라서 관리자는 종업원들에게 변화를 자발적으로 수용하게 만드는 변화 관리 프로세스를 정립해야 한다. 이를 위해서는 구성원의 관점에서 재정의된 미션과 비전이 가져다주는 기업의 미래상과 현재 상태와의 차이와 종업원이 변화를 수용할 경우 돌아올 혜택이 전달되어야 한다. CEO의 메시지가 변화를 통해 달성할 수 있는 성과를 중심으로 한다면, 전담 팀의 메시지는 변화를 통한 개개인의 성장가능성을 강조해야 한다. 한 때 경영위기에 직면했던 마이크로소프트는 조직문화를 '잘난 사람들의 고정된 사고방식 집단'에서 '끊임없이 학습하는 집단'으로 전환시키는데 성공하면서 부활16년 만에 시가 총액 1위를 탈환한 바 있다. 이러한 성과의 핵심엔 직원들에게 성장 마인드 셋을 심어주는 것이었다. 당시 MS의 새로운 미션은 '지구상의 모든 사람, 조직에게 더 많은 성취를 할 수 있도록 힘을 주는 것'이었는데, 미션을 통한 기업의 성장뿐만 아니라 종업원들에게 새로운 도전을 통해 개인의 성장에 확신을 주면서 도전적인 문화가 형성되었던 것이다. 구글에는 기업 미션이 있고 그 아래 제품 미션과 개인 미션이 정립되어 있다. 기업 미션과 개인 미션이 조화를 이룰 때 기업과 개인은 함께 성장할 수 있게 되고 구글 성장의 배경에 이러한 조화가 있었다.

　종업원들은 새로운 학습에 대한 두려움을 가질 수 있다. 자신이 지금까지 개발한 노하우를 포기하는 것은 쉽지 않고 새로운 경쟁력을 확보하기 위한 자기개발의 성공가능성은 불확실하기 때문이다. 따라서 전담 팀은 종업원들이 새로운 미션과 비전에 적합한 능력을 개발할 수 있는 교육 프로그램도 준비해야 하는데, 직원들의 문제 중심의 해결책을 스스로 개발하는 방식이 개발될 필요가 있다. 또한 전담 팀과 종업원들이 그리고 종업원들간 새로운 변화에 대한 의견을 자유롭게 소통할 수 있는 커뮤니케이션 채널도 준비되어야 한다. 이 채널을 통해 CEO의 메시지와 전담 팀이 개발한 컨텐츠가 종업원들에게 공유될 수 있고 이에 대한 피드백이 공유되면 새로운 문화에 대한 장애물이 미리 감지되어 대응방안이 마련될 수 있다.

2) 운영 가이드라인의 개발

관리자는 다음 단계로 새로운 미션과 비전을 회사에 업무에 적용하는데 필요한 운영 가이드라인을 마련해야 한다. 예를 들어 윤리헌장은 기업의 기본적인 가치관이나 신념을 표현한 기업윤리를 문서화한 것으로 기업이 사내 문화적 가치와 고객, 주주, 임직원 등 이해관계자들과의 관계설정을 규정한 것이라면, 행동강령은 윤리헌장을 그 조직이 지향하는 각 가치의 기준, 핵심적 내용, .절차 등 운영의 표준을 제시한 것이다. 마찬가지로 새로운 미션 및 비전을 기업의 현재와 미래에 대한 선언적 의미의 가치 표현이라면 이러한 가치를 구현하는데 요구되는 종업원의 운영 지침서가 제시될 필요가 있다. 전담 팀이 전 직원에게 적용할 운영 가이드라인을 마련할 때 고려해야 할 요소들은 다음과 같다.

첫째, 종업원의 다양성이 고려되어야 한다. 다양성은 성별의 차이, 세대 간 차이, 성향의 차이 등 다양하게 나타날 수 있다. 이러한 다양성 요인에 따라 종업원이 새로운 문화를 수용하는 방식도 다를 수 있다. 운영 가이드라인은 종업원이 일을 처리할 때의 방식이 아니라 기준을 제시하는 것이어야 한다. 즉, 제시되는 기준에 따라 자신에게 적합한 방식을 찾을 수 있게 해 주면 된다. 따라서 가이드라인은 너무 구체적일 필요가 없다. 따라서 CEO가 제시하는 새로운 미션과 비전은 바람직한 미래상으로 전달되는 것이 바람직하다. 예를 들어 마틴 루터 킹이 많은 사람들의 공감을 이끌어 냈던 유명한 연설의 핵심에는 미래의 삶의 모습을 전하고 다양한 사람들을 포용하기 위한 방향성이 제시되어 있다: "나는 꿈이 있습니다. 언젠가 알라바마 주에서 흑인 소년 소녀가 백인 소년 소녀와 손을 잡고 형제처럼 지낼 날을 꿈꾸고 있습니다. 이런 날이 오면 유태인이든 아니든, 개신교 신자이든 가톨릭 신자이든 모두가 함께 우리 흑인들과 손을 잡고 '드디어 자유입니다. 전지전능하신 하느님 감사합니다.'라고 말할 수 있을 겁니다."

둘째, 가이드라인은 규정이 아닌 원칙을 제시해야 한다. 새로운 문화가 기업에 적용되면 이를 통해 나타날 현상의 수는 무한대에 가깝다. 무한대에 가까운 현상의 수를 규정화하는 것은 어리석은 일이다. 따라서 기업이 추구하는 미래상에 대한 본질에 충실하고 종업원이 담당하는 일에서 담당해야 할 의사결정의 원칙을 제시해 주면 된다. 예를 들어, 포스코는 기업시민 실천을 위한 가이드라인에서 세 가지 영역Business, Society, People을 구분하고 각각을 다시 13개의 모듈로 구분한 다음 일을 하는 원칙을 제시한 바 있다.

셋째, 가이드라인은 개인의 행동과 팀 행동에 대한 지침을 제시해 주어야 한다. 회사는 일반적으로 다양한 부서들이 존재하고 각 부서에는 팀원들이 있다. 운영 가이드라인은 개인을 위한 지침서이기도 하지만 부서가 일을 진행할 때 적용할 지침서이어야 한다. 즉 개인의 가치와 팀이 추구하는 가치가 조화를 이룰 수 있는 원칙도 제시되어야 한다.

넷째, 운영 가이드라인은 보고서 작성 및 분배와 관련된 지침을 포함시키는 것이 바람직하다. 새로운 문화가 정착되기 위해서는 많은 시행착오를 거치게 된다. 시행착오는 더 좋은 해결책을 발견하는 기회가 되는데, 이런 기회를 포착하기 위해선 여러 가지 사안에 대한 보고서가 작성되어 자료가 축적되고 축적된 자료가 전 직원들에게 공유되어야 한다. 그리고 이러한 공유 과정에서 부정적인 평가보다는 긍정적인 피드백과 발전적인 조언이 활성화될 수 있다면 더 좋을 것이다.

최근 포스코는 기업시민이라는 경영이념을 제시한 바 있는데, 이는 기업시민이라는 경영이념을 통해 기업이 사회와의 공동체임을 선언한 것으로, 이해관계자 자본주의라는 새로운 패러다임에 적합한 경영모델을 제안한 것이다. 포스코는 이에 한걸음 더 나아가 기업시민헌장을 선포하고 이를 실천하기 위한 기업시민헌장과 가이드라인인 CCMS Corporate Citizenship Management Standards를 마련한 바 있는데, 이를 좀 더 자세히 소개하면 다음과 같다.

(1) 포스코의 기업시민 선포: 첫걸음

앞서 주주중심의 자본주의가 이해관계자 자본주의로 전환되고 있다고 설명한 바 있다. 이해관계자 자본주의는 "기업에게 이윤추구를 포기하라"고 요구하는 것은 아니다. 공유, 참여, 협력의 새로운 패러다임이 요구되는 미래사회에서 기업은 다양한 이해관계자와 협업해 생태계 차원의 성장을 추구해야 하고, 이를 통해 창출되는 이윤이 생태계 차원에서 적절하게 배분됨으로써 더 큰 이윤이 창출될 수 있다. 이러한 시대적 흐름을 한 발 먼저 인식한 기업이 포스코이다. 포스코는 2018년 창립 50주년을 맞이하면서 기업시민이 되겠다고 선언했다. 포스코는 바람직한 미래 기업의 모습은 무엇인가에 대한 고민을 거듭했고, 모두가 다 같이 함께 지속 발전할 수 있는 성장 생태계를 만드는 것이 기업에게 부여된 새로운 시대정신이라는 결론에 이른 것이다. 모든 이해관계자들이 실시간으로 연계되어 상호간 영향을 주고받는 네트워크 시대에 기업의 영향력은 더욱 커지고 있다. 기업은 사회공동체의 일원으로서 보유한 역량과 자원을 바탕으로 사회문제에 적극 참여하고, 더 나은 세상을 만들기 위해 시민처럼 자발적이고 선도적인 역할을 수행하는 '기업시민'이 될 필요가 있는 것이다. 기업시민 경영이념의 핵심은 경제활동의 주체인 기업이 이윤창출뿐만 아니라 우리 사회가 직면한 문제를 해결하는데 적극적으로 동참하여, 경제적 가치와 사회적 가치 창출이 선순환 되는 비즈니스 모델을 만들어 가는데 있다.

포스코가 경영이념을 기업시민으로 정한 것은 이해관계자 자본주의 개념을 적극적으로 반영해 기업목적을 정의한 것으로 평가될 수 있다. 포스코는 회사 설립 시부터 사회적 책임을 다하기 위해 노력해 왔고, 그 과정에서 남들과 다른 공익적 DNA가 만들어졌으며 지역사회와 함께하는 봉사와 나눔의 CSR모델을 제시했다. 이러한 공헌 및 나눔 활동은 지역사회와 함께하는 소중한 활동이지만, 기업이 창출한 이윤을 활용하여 사업 활동과 별개로 공익 활동을 전개한다는 점에서 한계가 있다. 포스코는 일상의 업무를 추진하는 과정에서 기업시민 정신을 실천하여 자연스럽게 사회문제 해결과 사회적 가치 창출로 이어져, 궁극적으로 더 큰 이윤창출로 이어지는 선순환 고리를 만들고자 기업시민을 선언한 것이다.

(2) 기업시민헌장 제정: 두 번째 걸음

최근 많은 기업들이 지속가능경영 또는 ESG경영을 선언하고는 있지만, 대부분의 경우 선언적 수준에 그치고 있다. 포스코는 기업시민을 선언하는 것에 그치지 않고, 이를 실천하는 시스템을 만들어 가고 있다.

포스코는 2018년 기업시민 경영이념을 선포한 후, 1년의 준비 과정을 거쳐 임직원들이 기업시민 경영이념을 내재화하고, 업무와 일상에서 준거로 삼을 수 있도록 2019년 7월 25일 '포스코 기업시민헌장'을 제정했다. 기업시민헌장은 다른 기업에는 없는 포스코만의 독특한 기업문화의 근간이자 기업시민의 방향을 알려주는 나침반이라고 볼 수 있는데, 기업이 나아가야할 지향점뿐만 아니라 임직원으로서 항상 마음에 새기고 실천해야 하는 실천 원칙들을 담고 있다.

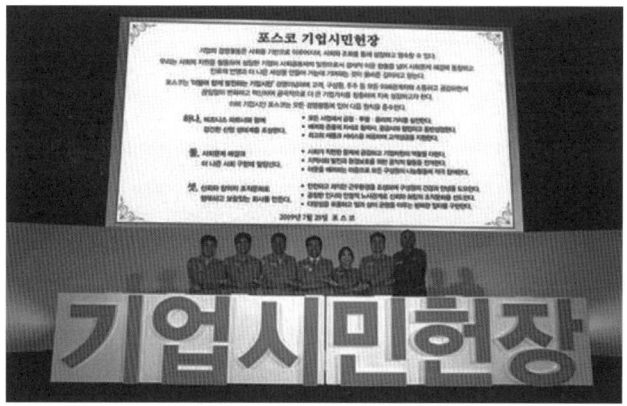

<사진> 포스코 기업시민헌장 선포식

기업시민헌장 전체에 사회라는 표현이 9번이나 반복될 정도로 이해관계자를 중시하고, 실천원칙들을 들여다보면, "사회와의 조화, 동반성장, 공정투명, 환경보호, 안전, 다양성 포용"등 최근 부상하고 있는 ESG가 중시하는 요소들이 대부분 반영되어 있다. 헌장에는 사회와의 조화를 통해 성장하겠다는 의지를 담고 있다. 직원들이 기업시민헌장의 실천원칙들을 실천해 우수한 ESG 성과를 낼 수 있는 기반을 마련한 것이다. 포스코의 주요 건물의 로비를 방문하면, 미디어아트 형태로 기업시민헌

장이 설치되어 있는 것을 볼 수 있다. 엘리베이터, 컴퓨터 화면보호기와 직원용 수첩 내지 등을 통해 지속적으로 기업시민헌장을 노출시켜 임직원들이 자연스럽게 기업시민 경영이념을 내재화시키고 있다.

(3) 실천 가이드라인 발표: 세 번째 걸음

포스코는 기업시민헌장 선포 1년 뒤인 2020년 7월에는 생산, 마케팅, 구매 등 13개 주요 직무 별로 어떻게 하면 업무와 일상에서 기업시민을 잘 실천할 수 있는지 사례와 구체적인 행동지침을 담은 기업시민 실천 가이드라인CCMS, Corporate Citizenship Management Standards을 발표했다. CCMS는 규정이나 제도로서가 아니라 업무 수행에 있어 어떠한 마음가짐과 자세를 가져야할지, 기업시민의 관점에서 좀 더 중요하게 생각하고 실천해야 하는 부분이 무엇인지 발굴하여 정리한 안내서이다. 이 가이드라인은 업무를 담당할 사람들의 의견이 반영되어 개발되었다. 포스코는 가이드라인의 실천 가능성을 높이기 위해 일을 하게 될 사람들이 여러 차례의 회의를 진행해 내용을 결정하게 해 주었다.

CCMS는 포스코 기업시민헌장에 명시된 Business, Society, People 등 3가지 실천 영역별 13개 모듈로 구성되어 있다. 구체적으로 Business 관점에서는 전략재무, 생산품질, 안전, 환경, 마케팅, 구매, 동반성장, 신성장, R&D에 대한 9개 모듈, Society 측면에서는 사회공헌과 커뮤니케이션에 대한 2개 모듈, People 측면에서는 인사와 조직문화에 대한 2개 모듈로 구성되어 있다. CCMS의 각 모듈별 주요내용을 요약하면 〈표 4〉와 같다.

<표 4> Corporate Citizenship Management Standards의 주요 내용

모듈명		미션
Business	전략·재무	지속가능한 그룹 전략을 수립하고 경영자원을 최적 배분하며, 경영리스크와 성과를 관리·조정하는 컨트롤 타워
	생산-품질	제품의 품질, 원가 경쟁력 확보를 통한 고객가치 창출
	생산-안전	우리 모두가 함께 만드는 안전해서 행복한 삶의 터전 구현
	생산-환경	선제적이고 능동적인 저탄소 친환경 생산체계 구축
	마케팅	고객과의 공생가치 창출로 고객 성공 및 산업생태계 발전을 이끌어내는 비즈니스 리더
	구매	공정하고 투명한 구매는 지속가능한 산업 생태계를 만드는 초석
	동반성장	강건한 산업생태계구축을 위한 촉매제
	신성장	지속가능한 성장과 더 큰 가치 창출을 위한 비즈니스 크리에이터
	R&D	업(業)의 지속가능 성장을 위한 기술 솔루션 프로바이더
Society	사회공헌	더 나은 세상을 만들기 위한 배려와 공존의 실천
	커뮤니케이션	기업활동에 대한 진정성 있는 홍보와 지속적인 소통의 메신저
People	인사	품격있는 글로벌 모범 시민 양성
	조직문화	서로가 협력하고 함께 성장하는 명문가(家)구현

(4) 내재화를 위한 여정

포스코는 기업시민 경영이념 선포, 기업시민헌장 제정 및 실천 가이드라인 CCMS를 발표한데 이어 조직문화 내재화를 위한 작업을 진행하고 있다. 포스코는 ESG 위원회를 이사회 산하에 설치하여 위원회에서 환경, 안전, 보건, 지배구조 등 주요정책을 제시하면 이사회에서 결정하는 시스템을 갖췄다. 또한 포스코는 기업시민 실천 성과를 높이기 위해 '기업시민 5대 브랜드'를 육성하는 활동을 시작했다. 5개 브랜드는 파트너사와의 동반성장을 추구하는 'Together with POSCO', 포스코 벤처 플랫폼을 구축하는 'Challenge with POSCO', 2050 탄소중립 활동을 전개하는 'Green with POSCO', 미래세대를 위한 저출산, 취창업 문제 등을 해결하는 'Life with POSCO'및 지역사회와 함께 발전하는 모델을 제시하는 'Community with POSCO'로 구성된다.

현재 인류가 사용하는 석탄, 석유, 천연가스 등의 주요 에너지원에 포함되어 있는 탄소는 과거 산업 문명의 원동력이었지만 이제 인류의 생존을 위협하는 기후 변화의 원인이 되고 있다. 포스코는 사업의 성격상 탄소를 배출할 수밖에 없음을 잘 인식하고 있고 이러한 환경문제에 근본적으로 대응하고 있다. 그 결과 포스코는 2020년 아시아 철강사 최초로 2050년까지 탄소중립을 선언한 바 있다. CO_2 배출이 불가피한 철강업의 특성상 탄소중립은 매우 도전적이고 어려운 과제이나, 전 세계가 저탄소 경제로 전환하는 과정에서 수동적으로 대응하기 보다는 기업시민으로서 기회로 활용하겠다는 적극적 의지를 표명한 것이다. 포스코는 탄소중립이 철강업계를 둘러싼 산업 생태계 차원의 문제임을 인식하고, 철강협회, 정부 등 범국가 차원의 협력체계를 구축하여 수소환원제철,

<사진> 기업시민 5대 브랜드 개요

탄소포집활용·저장CCUS 등의 혁신기술을 개발하여 산업 전반에 적용될 수 있도록 노력해 나갈 계획이다. 이와 함께 포스코는 저탄소 경제 실현에 필수적인 이차전지 소재를 본격 공급하고 있고, 수소사업에 진출하기 위한 구체적 전략도 수립하였다. 이러한 탄소중립을 위한 노력은 포스코에게 새로운 성장 동력을 제공해 줄 것으로 기대된다.

포스코의 실천의지는 2022년 전격적으로 결정된 포스코홀딩스의 출범에서도 확인될 수 있다. 포스코홀딩스는 지속가능한 100년 기업이 되기 위해 사업 정체성을 '친환경 미래소재 대표 기업'으로 설정하고 이해관계자 자본주의에 걸맞는 리얼밸류를 추구하고 있다. 포스코홀딩스는 기업시민헌장을 정관에 반영하였고 기업시민을 그룹의 문화 정체성으로 전파하고 있다. 이른바 ESG 경영이 전 그룹에서 전개되기 위한 지배구조를 갖추게 된 것이다. 이와 같은 포스코의 기업 시민을 향한 발걸음은 미래 시대에 적합한 ESG 경영 운영시스템으로 평가되고 있다.

3) 성과 측정 및 보상에 대한 가이드라인 개발

앞서 저자는 ESG 경영을 위한 선결 요소로 경영 목표를 세울 때 사회적 가치가 반영되어야 한다고 설명한 바 있다. 바로 이런 측면에서 앞서 소개한 바 있는 SK의 Double Bottom Line은 큰 의미를 갖는다. 측정될 수 있어야 계량화된 목표 설정이 가능하고 목표달성 여부가 평가될 수 있다. 구성원들에게 제시하는 평가 기준은 회사가 중요하게 생각하는 것이 무엇인가를 전달하는 가장 강력한 커뮤니케이션 도구로 새로운 조직문화의 정착을 유도하는 결정적인 역할을 하게 된다. 평가를 통해 특정 기간의 경영활동에서 어떤 것이 효과적이었는지 또는 목표에 미달될 경우 어떤 것이 미흡했는지를 파악할 수 있고 이를 통해 다음 기의 활동에서 효율성과 효과성이 제고될 수 있다. 평가 방식의 개발은 먼저 회사 차원에서 진행되고 다음으로 사업단위 및 개인 수준에서 진행되는 것이 바람직하다.

평가 기준을 마련하는 것이 중요한 이유는 그래야 결과에 따른 보상체계를 정립할 수 있기 때문이다. 직원이 새로운 미션과 비전에 몰입할 수 있게 만드는 가장 강력한 동력은 명확한 평가 및 보상의 규칙을 세우는 것이다. 직원에게 회사를 위해 자신의 희생을 기대하는 것은 거의 불가능하다. 개인은 누구나 자신의 이익을 극대화하려는 경향이 있기 때문이다. 그래서 CEO의 가장 중요한 임무는 개인이 자신의 이익을 극대화하기 위해 노력할 때 회사의 이익이 극대화될 수 있는 방향으로 보상체계또는 인센티브 시스템을 세우는 것이다. 이러한 보상체계는 회사와 직원의 합리적이고 공정한 암묵적 계약이 될 수 있다. 평가는 과정과 결과가 함께 반영되는 것이 바람직하다. 직원들이 일하는 방식에 대한 적절성이 평가되면 종업원의 역량도 향상될 수 있다.

4) 이해관계자의 참여와 외부 전문가의 확보

ESG 경영의 가장 바람직한 모습은 회사의 전 부서와 직원들이 자신이 담당하는 영역에서 경제적 성과와 함께 사회적 가치를 창출하기 위해 노력하는 것이다. 따라서 전담 팀은 운영시스템을 구축하면서 적절한 지원자를 확보할 필요가 있다. 기업의 새로운 시도는 종업원들로부터 여러 가지 형태의 저항을 받게 된다. 앞서 설명한바 있는 평가 결과에 대한 불만이 생길 수 있다. 최근 여러 가지 기관에서 ESG 지수를 평가하고 있는데 이들이 평가하는 기초 자료는 기업이 제공하는 자료들예: 지속가능보고서이다. 이러한 자료들은 기업의 입장에서 작성되기 때문에 그 해석에 따라 평가가 달라지기 때문에 평가 결과가 상이하게 나타나게 되는 것이다. 마찬가지로 회사에서 진행하는 부서별 평가나 개인에 대한 평가는 객관성이 확보되어야 구성원들이 수긍할 수 있다. 이를 위해 평가결과의 객관성을 점검해 주는 전문가를 확보하는 것도 필요하다. 회사의 경제적 성과가 회계전문가에 의해 인증 받듯이 사회적 성과도 외부기관에 의해 검증될 때 평가결과의 객관성이 담보될 수 있다.

최근 ESG 이슈가 부각되면서 국내 기업들이 최근 지속가능경영 또는 ESG경영을 담당하는 전담 부서를 신설하고 전담 인력예: CSO: chief sustainability officer을 영입하기 위해 분주히 움직이고 있지만 아직 걸음마 수준이다. ESG는 회사의 지배구조와 관련된 활동의 공개와 투명성을 요구한다. 이에 부응해 일부기업들은 윤리위원회 또는 준법위원회compliance committee를 설치하고 기업의 전반적인 운영을 점검하기 시작하고 일부 기업들은 ESG 위원회를 설치해 이사회 활동과 연동시키기도 한다. 이는 조금 더 진일보한 모습이지만 대부분 위원들은 회사로부터 급여를 받기 때문에 객관적인 의견을 제시하는데 한계가 있다. 따라서 회사는 다양한 이해관계자들과 커뮤니케이션 채널을 구축해 회사의 ESG 활동을 점검할 필요가 있다. 여기서 포함되어야 할 주요 이해관계자들은 고객, 협력회사, 시민단체 등이 될 것이다. 앞서 예를 든 롯데홈쇼핑의 경우 경영위기에 처했을 때 외부 전문가로 구성된 위원회를 통해 종업원들의 신뢰를 회복할 수 있었다.

마지막으로 회사는 회사와 직원들의 ESG 인식수준을 정기적으로 점검해 새로운 미션과 비전이 내재화되는 정도를 파악할 필요가 있다.

이를 위해서 고객, 직원 및 협력회사들을 대상으로 회사의 활동에 대한 객관적인 평가를 받을 필요가 있는데, 설문조사나 방문조사가 병행될 수 있다. 이때 중요한 것은 회사가 직접 조사하는 것이 아니라 객관성이 담보된 외부 기관이 독립적으로 조사할 수 있게 해 주어야 한다.

04 혁신 지향적인 조직문화 구축과 창의성의 제고

미래 시대에 바람직한 ESG 경영의 운영시스템 구축의 마지막은 혁신 지향적인 조직문화를 구축하고 개개인의 창의성을 제고하는 것이다. 시장이 융합되면서 시장경계가 허물어지고, 초지능으로 개인의 역량한계가 극복되며, 기존 사업자가 아닌 새로운 사업자와 경쟁해야 하는 4차 산업혁명 시대에 기업은 새로운 사업을 창의적이고 혁신적으로 개발하고 구현해야 한다. 그리고 새로운 사업은 기술이 아닌 고객의 가치 중심으로 설계되어야 한다. Teiseira and Piechota 2019는 파괴적 혁신의 주범이 기술이 아니라 고객이라고 주장한다. 그에 따르면 기업은 기존의 가치사슬을 분리하고 고객이 원하는 가치를 중심으로 재설계해 고객 중심의 혁신을 추구해야 한다는 것이다. 기업이 제시하고 있는 새로운 미션과 비전이 기업문화로 정착되기 위해선 개방적인 혁신문화가 정착되어야 하고 개개인이 창의적인 비즈니스 아이디어를 개발할 수 있는 역량이 제고되어야 한다.

1) 혁신 지향적인 조직문화 구축

최근 국내 경영학자들2017이 빠른 추격자 전략에 익숙한 국내 기업들이 4차 산업혁명으로 경쟁의 본질이 변화되면서 경영 패러다임 위기에 봉착하고 있음을 언급한 바 있다. 이 책에서 신동엽 교수는 과거 고속성장의 발판이 되었던 빠른 추격자 전략의 특징을 규모성장주의조직의 규모성장을 가장 중요한 전략적 목표로 강조해 옴, 속도 집착중추격자로서 빨리 빨리 정신을 강조, 엄격한 상명하복 구조직원간 수직적 위계질서, 사람 중심의 인사제도채용된 직원이 할 일을 개발하는 방식, 단기적인 양적 성과주의와 부서별 장벽기능별 소통이 진행되지 않고 부서의 단기적인 성과달성에 집중, 획일적인 가치관다양성이 수용되지 않는 문화으로 요약하고 있다. 이와 같은 특징들은 앞서가는 글로벌 기업들을 빠르게 따라잡는데 효과적이었고 그 결과 고속성장을 이룰 수 있게 해 주었다.

그는 4차 산업혁명시대의 새로운 경영 환경으로 초연결, 초지능, 초경쟁을 언급한다. 인터넷과 모바일의 혁신으로 시간과 공간의 제약이 초월되면서 산업의 구성원들이 서로 유기적으로 연결되는 현상이 초연결이다. 이러한 연결은 과거의 시장이 구현하지 못했던 새로운 가치를 창출하게 해 줘 새로운 시장의 선점을 위한 경쟁이 진행되고 있다. 인공지능과 빅 데이터를 중심으로 사람, 기업 및 모든 사물들이 서로 연결되어 인간의 행동에 대한 방대한 기록이 축적되면서 나타나는 현상이 초지능이다. 이러한 초지능 현상으로 사람의 생활방식이 변하게 되고 그에 따라 사장에서 새로운 가치가 발현되고 있다. 초연결과 초지능 현상은 경쟁의 방식을 과거 규모중심의 경쟁에서 혁신의 경쟁으로 바꾸고 있다. 그에 따라 기존의 시장이 아닌 과거에 존재하지 않았던 새로운 시장의 창출해 내는 기업이 미래 시장을 선도하게 될 것이다. 이러한 새로운 경영환경에서 과거의 한국형 경영의 특징은 미래 성장에 오히려 발목을 잡는 장애가 되고 있다. 따라서 국내기업들은 다음과 같이 혁신지향적인 조직문화를 구축해야 한다.

첫째, 새로운 시장을 개척하려는 조직문화가 정착되어야 한다. 성공한 기업이 빠지는 가장 무서운 함정은 기존 시장에 안주하려는 마음이다. 기존 시장에서 경쟁우위를 확보하고 있기 때문에 이 시장을 유지하는 것이 현재의 성과를 계속 낼 수 있는 방법이라고 생각할 수 있다. 그러나 초경쟁 시대에 가장 위협적인 경쟁자는 전혀 다른 시장에서 기존 고객에게 우월한 가치를 제공하는 경쟁자일 가능성이 높다. 우리나라 여배우가 아카데미 여우조연상을 받아 주목을 끌었던 '미나리'라는 영화에서 나오는 대화'가장 무서운 것은 눈에 보이는 것이 아니라 보이지 않은 것이다'가 이를 잘 설명해 준다. 따라서 혁신문화는 자기 시장을 스스로 부숴버리는 것파괴적 시장창출이어야 한다. 이를 위해 조직의 동적 역량dynamic capability이 강화되어야 한다. 동적역량은 환경변화를 감지하는 능력, 환경변화에서 오는 기회를 포착하는 능력 및 환경변화에 맞게 조직을 재구성하는 능력으로 구성된다. 조직이 환경변화를 빠르게 감지하기 위해서는 모든 구성원이 기존 사업보다는 새로운 사업 개발에 더 많은 시간을 쓸 수 있는 여건이 마련되어야 하고 이때 CEO와 전 종업원의 수평적인 협력 구조가 요구된다. 미래 시장을 선도할 혁신적인 제품의 아이디어의 단서는 모든 부서의 종업원들로부터 발견될 수 있고 이 단서를 실제 사업으로 연결시키는 것은 시스템의 적절성과 CEO의 통찰력이다. 새로운 사업을 개발하는 시스템에서 실패를 두려워하지 않는 제도와 조직문화도 필요하다. 설령 새로운 사업이 실패하더라도 실패를 통해 지식을 축적하다

보면 새로운 가치를 창출할 수 있는 능력이 쌓이게 된다.

둘째, 전략적 민첩성strategic agility이 확보되어야 한다. 이는 앞서 설명한 동적 역량 강화를 위해서도 필요한 요건이다. 혁신적인 기술이 빠르게 개발되고 그에 따라 새로운 소비가 지속적으로 나타나는 상황에서 기업은 신속하고도 유연하게 변화에 대응할 필요가 있다. 4차 산업혁명의 특징으로 VUCAvolatile, uncertain, complex, ambiguous의 첫 글자를 딴 약자라는 말이 있다. 새로운 변화의 파급력은 크지만, 불확실하고 모호하면 복잡하다는 것이다. 과거와 같은 정형화된 조직구조로는 이러한 변화를 따라잡기 어렵다. 따라서 국내 기업에 존재하고 있는 부서간 장벽은 허물어져야 하고 조직 내외부의 모든 자원, 역량, 지식들이 신속하게 집약될 수 있는 '벽 없는 조직boundaryless organization'구조가 정착되어야 한다. 이를 위해 시장의 수요에 따라 수시로 만들어지고 해산되는 유연한 팀 조직도 고려될 만하다.

셋째, 복수의 사업 시나리오를 확보하는 것도 필요하다. 과거 경영전략에서 '선택과 집중'이 가장 주로 언급되어 왔는데, 기업이 가장 잘할 수 있는 사업 분야를 선택한 후 집중해 확고한 경쟁우위를 확보하는 전략이다. 그러나 이러한 전략은 초연결 및 초경쟁 시장에서 더 이상 유효하지 않다. 빠르게 변화하고 불확실한 미래시장에서 하나를 선택해 집중하는 것은 바람직하지 않다. 선택한 사업이 시장 상황에 적합하지 않을 경우 새로운 대안을 개발하는데 시간이 소요되기 때문이다. 속도의 경쟁이 중시되는 환경에서 하나를 선택하는 것은 그만큼 위험하다. 따라서 기업은 시장기회가 될 수 있는 복수의 사업대안을 확보하여 준비하고 시장의 반응이 감지되는 사업에 신속하게 진입할 수 있는 민첩성을 확보해야 한다. 이를 위해선 혁신의 상시화가 요구된다. 혁신적인 아이디어는 경영 패러다임이 바뀌는 어떤 시점에서 특정 관리자에 의해서 개발되는 것이 아니라 모든 부서에서 상시로 추진될 수 있어야 한다. 스티브 잡스는 애플에 복귀한 후 쓰러져가는 회사를 회생시키기 위해 종업원들과 함께 복수의 사업 대안을 개발했다. 이들 중 시장에서의 가능성이 확인되자 전광석화와 같이 시장에 진입해 전 세계 시장의 70%이상을 점유하는데 성공한 브랜드가 iPod이다. 이 제품은 후에 iPhone 시대를 여는 단초가 되었다.

넷째, 개방적 조직문화가 필요하다. 최근 경쟁의 단위가 기업 간 경쟁에서 생태계간 경쟁으로 바뀌고 있다. 따라서 기업은 기술 중심의 내부 경경에서 탈피해 외부의 기술이나 아이디어를 적극 활용하는 개방적인 협력을 추구해야 한다. Kotler2010는 미래의 경영전략으로 공동창조 co-creation를 제안한 바 있는데, 이 개념은 고객과의 협력뿐만 아니라 산업내의 다양한 기관들공급사슬 내의 모든 구성원, 심지어 경쟁자들도 포함될 수 있음과의 협력으로 확대되어야 한다. 다양한 구성원들의 협력과 참여모델은 이미 플랫폼을 통해서 진행 중이다. 자원과 기술을 공유하는 혁신 플랫폼과 생산자와 소비자를 연결하는 거대한 시장 플랫폼의 등장이 좋은 예이다. 플랫폼은 다수의 기업이 참여해 참여자들의 연결과 상호작용을 통해 고객 중심의 새로운 가치를 창출하는 공간으로 자리 잡게 될 것이다. 미래 산업에서 기업들은 플랫폼을 중심으로 사회적 가치를 구현하는 생태계 차원의 경쟁을 하게 될 것이다. 이러한 플랫폼을 통해 다양한 구성원들이 협력하는 생태계 경쟁은 이해관계자 자본주의가 구현되는 촉매제 역할을 하게 되고 생태계에 속한 구성원들은 사회와 함께 포용적 성장을 구현하게 될 것이다.

마지막으로 고객 중심적인 문화가 필요하다. 시장변화의 중심엔 고객이 있다. 따라서 고객의 변화를 감지하고 그에 따라 기업이 변해야 한다. 적지 않은 관리자들이 자신이 잘할 수 있는 역량을 발견하고 그 역량을 발휘해 제품이나 서비스를 시장에 소개해야 한다고 생각한다. 그러나 이는 생산자 중심의 사고이고 이러한 방식은 더 이상 유효하지 않다. 관리자는 고객을 중심으로 고객의 원하는 바에 맞춰 기업을 변화시켜나가야 하는데, 이것이 고객 중심의 혁신이다. 혁신적인 아이디어 시장을 선도해 온 아마존의 창업자 제프 베조스는 혁신의 핵심 원리로 '고객 중심성customer centricity'를 강조하고 있다. 앞서 설명한 바 있는 초지능 기술이 이러한 고객 중심의 혁신을 지원해 줄 수 있을 것이다.

2) 창의적인 아이디어가 개발되는 과정

새로운 기업 미션과 비전이 정착되기 위해 혁신 지향적인 조직문화도 필요하지만 개개인의 창의적인 능력도 높아져야 한다. 새로운 비전과 미션은 종업원들이 하는 일을 부분적으로 개선하는 것 보다는 새로운 방식을 요구하기 때문이다. 21세기는 창의성의 시대라고 한다. 무한 경쟁의 시대에서 기업이 생존하기 위해서는 고객에게 새로운 가치를 지속적으로 창출해 제공해야 한다. 창의성은 우리의 삶에 중요한 의미를 갖는다. 창의적인 사고의 결과물들은 모두 흥미롭고 중요하며 인간적인 것들이다. 창의성은 우리의 삶을 풍요롭게 만들어 주고 우리의 삶의 질을 높여주며 우리의 미래의 삶을 풍요롭게 만들어 준다.

창의성은 주어진 일을 신기하며i.e., novel, original, unexpected 적절appropriate, useful, adaptive하게 처리할 수 있는 능력인데, 이는 개인, 기업 및 사회 등 모든 수준에서 중요한 이슈로 남아있다. 경영활동의 창의성은 유용성과 차별성으로 평가될 수 있다. 새로운 미션과 비전에 맞는 새로운 아이디어는 궁극적으로 소비자들이 더 좋은 삶을 구현할 수 있게 해 줘야 한다. 그리고 그 아이디어는 경쟁사들과 비교해 차별성을 갖고 있어야 한다. 종합하면 창의적인 아이디어는 경쟁사가 갖지 못하는 차별적인 가치를 가지고 소비자들의 소비생활을 더 윤택하게 해 줄 수 있어야 한다.

창의적인 아이디어가 개발하는 과정은 1필요한 자료를 준비하는 단계 2영감이 떠오르는 단계 3떠오른 아이디어를 검증하고 보완하는 단계 4발표단계로 구분될 수 있다. 이하에서는 각 단계별 내용과 관리자에게 필요한 자세를 설명하기로 한다.

〈표 5〉 창의적인 아이디어가 개발되는 과정

구분	내용
1단계	필요한 자료를 준비하는 단계(Preparation Stage)
2단계	영감이 떠오르는 단계(Inspiration Stage)
3단계	떠오른 아이디어를 검증하고 보완하는 단계(Testing & Refinement Stage)
4단계	발표하는 단계(Selling Stage)

(1)필요한 자료를 준비하는 단계(Preparation Stage)

창의적인 아이디어는 하늘에서 떨어지지 않는다. 아무리 창의적인 자질을 갖고 있는 사람일지라도 주어진 과제와 관련된 충분한 지식을 갖지 못하면 창의적인 아이디어를 개발할 수 없다. 관리자들은 창의적인 아이디어를 개발하기 위한 준비단계로 기업 미션과 비전에 대한 리뷰, ESG와 관련된 자료 탐색, 및 소비자의 욕구 분석을 진행해야 한다. 이 단계에서 광고인에게 가장 요구되는 것은 노력이다. 아이디어는 노력한 만큼 좋아진다고 한다. 가장 창의적인 과학자로 존경받는 에디슨도 99%

의 노력과 1%의 영감'을 강조했다. 노력이 없이는 문제 해결과 관련된 자료를 수집할 수 없고 자료가 없이는 올바른 새로운 발견은 불가능하다. 이 준비단계에서 관리자들이 갖춰야 할 자세는 다르게 생각하기, 큰 그림 그리기, 소비자 일상에 대한 관심이다.

- **다르게 생각하기(think different)**: 새로운 미션과 비전은 관리자들에게 일하는 방식에 대한 새로운 시각을 요구한다. 따라서 직원은 기존의 일을 새로운 시각에서 바라보아야 한다. 한때 "Blue Ocean"이란 단어가 경영자들의 관심을 모은 바 있다. "Blue Ocean"전략에서 핵심적인 요소는 시장영역을 재편Reconstruct Market Boundaries하는 것이다. 즉 기존의 관점에서 시장을 보는 것이 아니라 새로운 관점에서 경쟁차원을 개발할 때 새로운 시장이 개척될 수 있다.

스티브 잡스가 애플에 복귀한 후 종업원들이 일을 할 때 혁신적인 자세를 강조하기 위해 'Think Different'란 캠페인을 전개한 바 있다. 그는 직원들에게서 자신이 창업할 때 중심이 되었던 혁신적인 제품을 개발하려는 열정을 찾기 어려웠다고 생각했고 종업원들이 생각하는 방식을 변화시키기 원했다. 'Think Different' 캠페인에는 학교에 잘 적응하지 못했던 아인슈타인, 저항정신을 노래한 밥 딜런, 말썽꾸러기 흑인인권 운동가 마틴 루터 킹, 평화적인 시위를 강조했던 간디 등이 등장한다. 이들은 모두 당시 시대에 사람들이 생각하는 것과 다른 방식으로 사물이나 현상을 보았고 당시 대부분의 사람들은 이들의 다른 방식을 인정하지 않았다. 그러나 이들의 공통점은 세상을 바꾸면서 사람의 삶을 더 풍요롭게 하는데 성공했다. 스티브 잡스는 이 캠페인을 통해 종업원들에게 시장과 소비자를 바라보는 시각을 바꿔보라고 권한 것이다. 그리고 애플은 혁신의 아이콘으로 다시 태어나게 되었다.

- **큰 그림 그리기(big picture thinking)**: 수집된 자료는 대체로 부분적인 현상을 보여준다. 이때 관리자는 부분을 조합하여 전체를 보려고 노력해야 한다. 관리자는 전반적인 관점에서 시장을 해석해야 한다. 통찰력은 부분이 아닌 전체를 보려는 노력에서 나온다. 최근 마케팅 및 커뮤니케이션 분야에서 강조되고 있는 IMC는 결국 전체를 보는 안목에서 출발한다. 이 전체를 보는 안목은 'helicopter thinking'또는 'big picture thinking'이라고 불려진다. 여러분이 미로에 빠져있다고 가정해 보라. 여러분이 그 미로 안에 있으면 나갈 수 있는 길이 보이지 않는다. 시행착오를 반복할 수밖에 없다. 그러나 헬리콥터를 타고 있는 자리에서 수직으로 상승하면(헬리콥터의 특징은 수직 상승임) 전체가 보이고 전체를 보는 순간 나갈 수 있는 길이 보인다. 수집된 자료를 묶어서 큰 그림을 그리는 시도가 끊임없이 시도되어야 한다. 이러한 통찰력도 반복된 연습을 통하여 향상되는 것으로 연구되고 있다.

- **소비자 일상에 대한 관심**: 마케팅 활동에서의 빅 아이디어는 대체로 소비자 일상에서 발견된다. 소비자가 소비생활에서 느끼는 불편함에서 신제품 아이디어가 발견될 수 있다. 어린이들을 위한 젓가락, 철심 없는 스테이플러, 날개 없는 선풍기 등은 소비자의 불편함을 해소해서 선풍적인 인기를 끈 제품들이다. 이들 제품들은 또한

소비자들의 안전을 도모하고 교육의 편리성을 제공하는 등 사회적 가치도 구현하고 있다. 적지 않은 사람들이 사회적 가치를 구현하기 어려운 제품이 있다고 생각한다. 저자는 어떤 사업을 하던지 소비자의 일상에 관심을 가지면 사회적 가치를 구현할 수 있다고 믿는다. 예를 들어 서스테인 내추럴Sustain Natural은 콘돔 제품에서도 친환경을 실천하고 있다. 앞서 소개한바 있는 세븐즈 제너레이션 대표 제프리와 딸 미카가 설립한 이 회사는 콘돔을 통해 사회적 및 환경적 문제를 해결하는 아이디어를 발견했다. 이 회사의 콘돔은 약산성 발암 물질로 분류되는 니트로소아민을 사용하지 않고 약산성 상태로 제조되고, 소재가 되는 천연고무는 공정무역 제품만 사용하고 있으면 제품 패키지에 재활용 소재가 들어간다. 이런 노력을 이 회사가 생산하는 제품은 '비건 콘돔'이라고 불린다. 이 콘돔은 여성에게 성에 대한 생각을 바꾸고 있고 지금은 ESG 브랜드로 자리 잡고 있다.

〈사진〉 라이든 사의 날개 없는 선풍기

관리자들은 소비자들의 일상생활에서 잠재적인 욕구도 발견할 수 있다. 고객의 욕구엔 잠재적인 욕구와 표출하는 욕구가 있다. 표출하는 욕구는 현재 소비자들이 자신의 원하는 것을 표현할 수 있는 것으로 이를 충족시켜 주는 것은 마케팅의 기본이다. 그러나 소비자들에게 욕구는 있지만 이를 인식하지 못해 표현하지 못하는 것이 있는데, 이를 잠재적 욕구하고 한다. 예를 들어, 소비자들은 스마트 폰이 시장에 출시되고 나서야 소비자들은 이러한 제품에 대한 욕구를 감지해 열광하게 되었다. 이 잠재적인 욕구의 발견은 기업의 미래를 바꿔줄 수 있다.

그러나 관리자가 소비자의 불편함이나 잠재된 욕구를 발견하는 것은 쉬운 일이 아니다. 그래서 저자는 관리자들에게 관찰지향적인 자세를 추천한다. 최근 우수한 기업들은 소비자의 욕구를 정확히 이해하기 위해 민속지학적 연구방식ethnographic 조사방식을 사용하고 있다. 이 연구방식은 소비자가 제품이나 서비스를 사용하는 현장에서 소비자들을 관찰하기 때문에 소비자의 불편함을 감지하고 더 나아가 소비자의 잠재된 욕구를 발견하는데 유용하다.

(2) 영감을 얻는 단계(Inspiration Stage)

자료가 충분이 수집되고 이를 토대로 소비자와 시장을 정확하게 읽을 수 있는 통찰력이 가미되면, 아이디어가 떠오르게 된다. 아이디어의 대안은 많으면 많을수록 좋다. 여러 가지 대안들을 확보하고 앞서 언급한 유용성과 차별성 측면에서 우선순위를 매긴 다음 검증과 보완을 진행하면 된다. 아이디어를 확보하는 단계에서 관리자들에게 요구되는 자세는 다음과 같다.

- **고정관념을 버리고 어린이와 같은 호기심 갖기**: 이 아이디어는 안 될 것이라는 생각 또는 고정관념은 아이디어의 발상을 제한하게 된다. 그래서 '어린아이와 같은 호기심'이 필요하다. 어린이들은 고정관념이 적기 때문이다. 지금까지 당연한 것으로 받아들여졌던 것들에 대한 의문에서 훌륭한 아이디어가 개발되는 경우가 많다. 만년필에 빨간 색을 칠해 성공하게 된 파커 만년필을 생각해 보자. 만년필에 색을 칠해보는 아이디어는 경쟁사들도 생각해 보았을 것이다. 그러나 경쟁사는 안 된다고 생각했고, 파커사는 이를 적극적으로 검토하였다. 성공과 실패는 종이 한 장 차이에서 나온다. 다른 예로, 뉴턴의 만유인력의 법칙을 생각해 보자. 그는 나무 밑에서 자고 있던 중 사과가 나무에서 떨어져 그의 잠을 깨웠다. 그리고 그는 '왜 사과는 떨어져야만 할까?'라는 의문을 가졌다. 이 의문을 갖는 순간이 위대한 법칙을 발견하는 첫걸음이었다. 사물이 떨어지는 것을 항상 보아왔지만 그는 이 당연한 것에 의문을 가진 것이다. 이는 쉬운 일이 결코 아니다. 어린 아이는 물건이 왜 떨어져야 하냐고 물을 수 있다. 그러나 이 현상을 수없이 보아왔던 사람에게 이러한 의문은 쉽게 생기지 않는다. 이미 고정관념을 가지고 있기 때문이다. 어린아이와 같은 호기심이 필요한 이유가 바로 여기에 있다. 이제 제품과 관련된 예를 들어보자. 조선맥주의 새로운 장을 열어준 하이트의 컨셉인 '천연 암반수로 만든 깨끗한 맛'은 우연한 기회에 발견되었다. 신제품 개발을 하고 있던 관리자에게 새로운 공장 부지의 지하에서 암반수가 나오고 있다는 보고를 받았다. 이는 흔히 그냥 지나칠 수 있는 일이었지만, 그 관리자는 이를 제품의 컨셉으로 발전시켰고 이 아이디어는 당시 막강했던 오비를 밀어내고 시장에서 1

위를 차지한 바 있다. 빅 아이디어는 관리자 또는 소비자 주변에 존재하고 있다. 문제는 이를 발견할 수 있느냐이다.

- **제약조건 버리기**: 아이디어를 발상할 때 아이디어가 가져야할 제약조건을 최소화하는 것이 바람직하다. 많은 조건들은 다양한 대안을 확보하는데 걸림돌이 된다. 아이디어 발상을 하는 회의에서 자주 사용되는 것이 브레인스토밍brain storming이다. 브레인스토밍에서 가장 중요한 규칙은 상대방의 아이디어를 평가하지 않는 것이다. 아이디어에 대한 부정적인 평가는 직원이 아이디어를 제시하는 것을 주저하게 만든다. 처음에 엉뚱하게 여겨졌던 아이디어가 후에 빅 아이디어로 발전되는 경우가 적지 않다. 아무리 엉뚱해 보여도 이를 미리 제거하지 말아야 하는 이유이다.

이와 관련된 예로 다음과 같은 넌센스 퀴즈가 있다. 첫 번째 문제는 다음과 같다. 아래 그램과 같이 9개의 그림이 있는데 4개의 연결된 직선직선을 이어서 그려야 함을 의미함으로 9개의 점을 통과시키는 방법을 찾아내야 한다. 적지 않은 사람이 이 퀴즈에 대한 답을 찾지 못한다. 스스로 원이 그려져 있는 박스 내에서 직선을 그리기 때문이다. 문제에 없는 제약조건을 사람이 스스로 갖는 것이다. 그러나 직선을 박스로 벗어나 그려도 된다고 생각하면 답은 발견될 수 있다. 두 번째 문제는 세 개의 연결된 직선으로 9개의 원을 통과시키는 것이다. 이 역시 사람들이 직선이 원의 중심을 통과해야 한다는 제약조건을 갖게 되면 답을 찾을 수 없다. 원의 중심을 통과하지 않아도 된다고 생각하면 그림과 같이 사선을 그릴 수 있다.

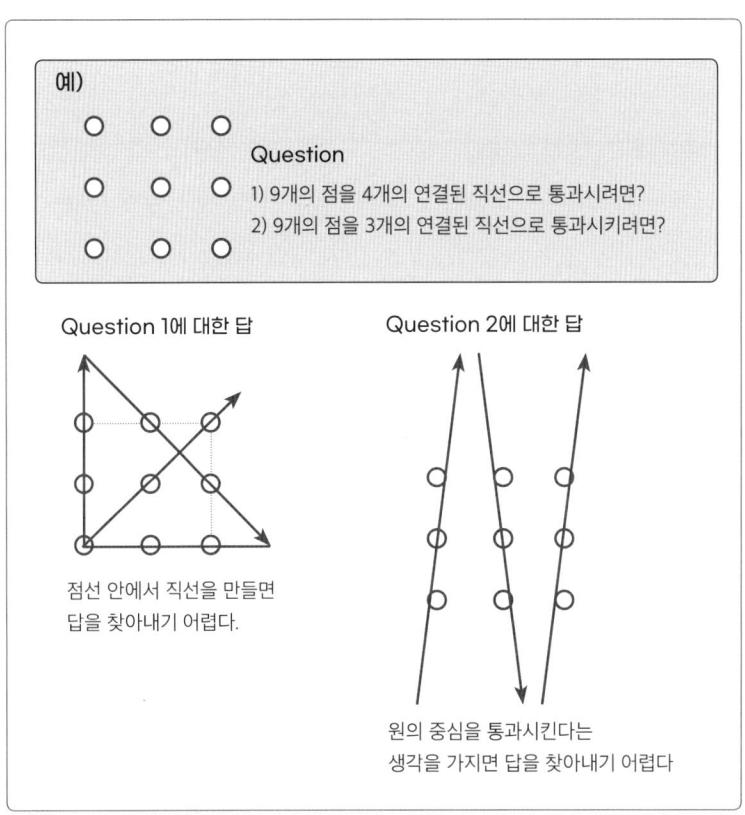

〈그림 13〉 제약조건과 관련된 퀴즈의 문제와 답

(3) 떠오른 아이디어를 검증하고 보완하는 단계
(Testing & Refinement Stage)

처음에 떠오른 아이디어가 최종적인 아이디어가 되는 경우는 거의 없다. 떠오른 아이디어는 여러 각도에서 평가되고 문제점이 발견되면서 보완된다. 문제점이 충분히 발견되고 이 문제점들이 해결되면서 그 아이디어는 발전하는 것이다. 이 과정에서 관리자들에게 모호함에 대한 인내심, 경청하는 자세 및 긍정적인 사고 positive thinking가 필요하다.

- **모호함에 대한 인내심**: 새로운 시도는 그에 따라 나타나는 현상이 매우 불확실하고 모호하게 느껴진다. 그 시도가 복잡한 첨단 기술을 사용할 경우 복잡성도 느껴진다. 이런 상황에서 새로운 시도가 어렵게 느껴지면, 사람들은 복잡하고 모호한 현상을 단순화시키려는 경향이 있다. 그러나 문제나 현상을 단순화시키면 장기적으로 좋은 성과를 내기 어렵다. 문제의 본질을 정확히 이해하지 못하기 때문이다. 그래서 앞 단계의 준비과정에서 충분한 자료를 수집해야 하고 인내심을 가지고 전체적으로 이해하기 위해 노력해야 한다.

- **비판을 경청하는 자세**: 창의적인 사람은 다른 사람의 이야기에 귀를 기울인다. 다른 사람의 의견으로부터 다양한 시각을 확보하는 것이다. 앞서 관리자는 운영시스템을 구축하면서 적절한 외부 전문가를 확보할 필요가 있다고 언급한 바 있다. 외부인으로부터 떠오른 아이디어에 대한 객관적인 평가를 들을 수 있기 때문이다. 창의적이지 못한 사람은 주위 사람들에게 아이디어를 제시하고 이게 너무 좋지 않느냐고 묻는다. 자신만의 고정관념에 사로잡힌 결과이다. 창의적인 사람은 아이디어를 제시하고 그 아이디어에 문제점이 없냐고 주위 사람에게 묻는다. 그리고 창의적인 사람은 문제점을 지적하는 사람에게 고맙다고 이야기하고, 창의적이지 못한 사람은 문제점을 지적하는 사람을 무시하거나 그 사람에게 화를 낸다. 여러분은 어떤 사람이 되고 싶은가?

- **긍정적인 사고(Positive Thinking)**: 에디슨은 '실패는 성공의 어머니'라는 말을 남겼다. 이 말은 음미해볼 만하다. 이 말은 에디슨이 전구를 개발할 때 나온 말인데, 그가 전구를 개발하면서 가장 어려움을 겪었던 단계가 원하는 빛을 발하는 소재를 발견하는 것이었다. 그는 원하는 빛을 찾기 위하여 약 2년 간 700여 개의 소재를 실험해 보았다. 이러한 에디슨의 계속되는 실험을 옆에서 보고 있던 친구가 에디슨에게 '너는 왜 계속 실패하면서 실망하지도 않느냐'고 물었다. 이 질문에 대하여 에디슨은 '나는 700여 번 실패하지 않았다. 나는 내가 시도해 본 700여 개의 소재가 내가 원하는 빛을 발하지 못한다는 지식을 얻었다'고 대답했다. 그래서 나온 말이 '실패는 성공의 어머니'란 말이다. 실패를 통하여 지식을 얻기 때문에 성공 가능성이 높아진다는 말이다. 과학적 지식도 가설의 기각이는 학문적 용어로 연구자가 자신이 생각하는 가설을 세우고 이 가설이 틀렸다는 증거를 발견하는 것을 의미함을 통해서 발견된다고 한다.

저자는 20여 년 전 농심의 성공 요인을 분석한 바 있다. 당시 저자는 여러 부서의 임직원들과 인터뷰를 하면서 과거 시장에서 월등한 점유율을 확보했던 삼양라면을 제치고 라면시장에서 70%를 넘는 시장점유율을 확보하게 된 요인을 탐색해 보았다. 답은 회사가 갖고 있는 '실패할 수 있는 자유'라는 문화에 있었다. 농심은 당시 가장 많은 실패 사례를 갖고 있었다. 회사는 직원들에게 새로운 아이디어를 제안할 수 있는 채널을 갖추고 있었고 이들을 검증해 상품화를 결정하는 시스템도 있었다. 최종 단계의 심사를 거치면 제품 개발을 시작해 시장에 소개되는데 그 결과가 나쁘게 나와도 아이디어를 제안한 사람에게 책임을 묻지 않는 문화가 있었다. 직원들에게 이른바 실패할 수 있는 자유가 있었던 것이다. 그러나 신제품이 성공하면 직원에게 그에 따른 보상이 제공된다. 농심은 신제품 실패를 통해 소비자의 입맛에 맞는 라면을 개발하는데 필요한 지식과 경험을 쌓고 있었던 것이다. 그 결과 5-6개의 똑똑한 브랜드너구리, 짜파게티, 신라면, 안성탕면 등를 갖게 되었고 이들 브랜드들은 라면시장을 지배하게 되었다. 실패사례가 가장 많은 회사가 가장 성공적인 회사가 된다는 역설을 보여주는 경우이다.

기업은 끊임없이 변화를 주도해야 하고 그 변화 속에서 새로운 제품을 개발해야 한다. 새로운 시도는 때론 실패할 것이다. 아마 실패를 경험해보지 않는 관리자는 없을 것이다. 유능한 관리자가 갖춰야 할 덕목은 실패한 시도에서 경영의 지혜를 발견하는 자세이다.

(4) 발표하는 단계: 최종 아이디어를 발표하고 설득하는 단계 (Selling Stage)

아이디어가 충분히 검증되고 보완되면 비로소 그 아이디어는 빛을 보게 된다. 직원이 개발한 아이디어가 빛을 보기 위해서는 크게 세 가지 단계를 거쳐야 한다. 첫째는 자신과 팀을 설득해야 하고, 둘째는 의사결정권자를 설득해야 하고, 셋째는 소비자를 설득해야 한다. 여기서 가장 중요한 것은 소비자를 설득하는 것이다. 소비자를 설득해야 성과를 기대할 수 있다. 이 과정에서 관리자들에게 다음과 같은 자세가 요구된다.

- **지적인 용기**(Intellectual Courage): 새로운 시도를 하는 관리자에겐 지적인 용기가 필요하다. 자신의 아이디어를 설득하기 위한 다양한 방법을 강구해야 하고 그 과정에서 시행착오를 거칠지도 모르

며 어쩌면 그 아이디어가 결국 사장될지도 모른다. 그러나 창의적인 사람은 자신의 아이디어에 대한 믿음이 믿음이 지적인 용기로 연결됨이 있다. 이미 수많은 검증을 거쳐 개발되었기 때문이다. 지적인 용기를 갖춘 직원은 인내심을 가지고 자신의 아이디어를 설득하고 결국 성공한다. 창의적인 아이디어는 처음에는 이해되기 어려울지 모르지만 충분한 설명으로 그 가치가 인정받기 마련이다. 예를 들어 지금까지 미국에서 집행된 광고들 중 가장 창의적인 광고로 평가되고 있는 매킨토시 런칭 광고는 처음에 광고주의 반대에 부딪혀 무산될 위기에 놓여 있었다. 그 광고 아이디어를 개발한 크리에이터는 인내심을 가지고 광고주를 설득했고 결국 그 광고는 매킨토시의 매출을 유도하는데 매우 성공적이었다. 광고주가 소비자 관점이 아닌 제품 위주의 사고에 머무르고 있을 때 광고주에 의하여 반대되었던 아이디어가 우여곡절 끝에또는 광고대행사의 끈질긴 노력으로 방영되면 성공할 가능성이 높다고 한다. 매킨토시의 경우가 바로 그렇다. 사무엘 울슨의 청춘이라는 시에는 "새로운 길을 갈 때 두려움을 뿌리치는 용기, 안이함을 선호하는 마음을 뿌리치는 용기"라는 구절이 나온다. 열정이란 어떤 일에 사로잡히는 것이 아니라 목표를 달성하는데 따르는 불편함을 감수하려는 용기이다. 이러한 지적인 용기를 갖춘 사람들은 언젠가 노력에 따른 결실을 맺게 된다.

참고문헌

한인구, 백기복, 신동엽, 송재용, 박우성, 이영면, 김도현, 신현한, 김연성, 임채성, 윤성수, 신경식 2017, 직각혁신이 답이다, 매일경제신문사.

Kotler, Philip, Hermanwan Kartajaya and Iwan Setawan 2010, Marketing 3.0, John Wiley & Sons, Inc.

Teiseira, Thales S. 2019, Unlocking the Customer Value Chain: How Decoupling Drives Consumer Disruption, New York: Currency.

CHAPTER
06

더 좋은 세상을
만드는 **기업의 역**할을
기대하며

저자는 본서를 통해 기업들에게 소비자 및 이해관계자와 함께 하는 ESG 활동을 제안하고 있다. 이와 관련해 저자는 소비자 및 이해관계자가 참여해서 성과를 낸 ESG 사례들을 소개했고 바람직한 ESG 운영 시스템도 제안했다. 이제 저자는 마지막으로 경영자들이 소비자와 이해관계자들로부터 참여와 협력을 이끌어내는데 필요한 자세와 기업의 미래 성장과 지속가능성을 진달할 수 있는 자가 진단표를 제시하고자 한다.

01 기업은 왜 ESG 경영에 자발적으로 참여해야 할까?

최근 산업계의 화두가 되는 지속가능경영 또는 ESG 경영은 기업의 자발적인 의지로 시작된 것은 아니다. 이윤창출 극대화를 추구하는 경영활동의 결과로 여러 가지 사회적 문제 및 환경적 문제가 목격되고 기후 변화에 따른 여러 가지 문제점들이 가시화되면서 국제사회 또는 투자자들의 요구가 있었고 기업은 현재 이에 반응하고 있다. 현재까지 기업 대응의 대부분은 수동적인 것으로 평가된다. 얼마나 많은 경영자들이 기업의 목적을 더 좋은 세상을 만드는데 기여하는 것으로 설정하고 있을까? 아직 많지 않을 것 같다. 기업이 자신의 이익을 극대화하기 위해 노력하는 것은 당연하다. 저자는 사회를 위해 자신의 이익을 포기할 사람은 거의 없다고 생각한다. 경영자들의 사회 내에서 기업의 바람직한 역할에 대한 선언은 구호에 그칠 것인가? 또는 실천으로 이어질 수 있을까? 저자는 ESG 선언이 바람직한 미래를 향한 첫걸음이지만, 아직 대부분의 기업들은 구호에 머무르고 있다고 생각한다, 기업이 사회적 가치 향상에 기여해야 한다는 것을 지지하는 경영자는 많지만 이를 실천하는 기업은 많지 않기 때문이다. 선언하는 것은 어렵지 않지만 실천하는데 여러 가지 어려움이 따른다. 그래서 일단 선언하고 보는 것이다. 그러나 기업이 이러한 시대적 요청에 순응하지 않는다면 소비자들로부터 외면당하게 될 것이다. 최근 ESG가 심판대에 오르고 있다는 지적이 많은데, ESG 경영을 선언하는 기업은 많지만 이를 사회가 목격할 수 있는 수준으로 실천하는 기업들이 적어 선언의 진정성이 의심받는 것이다.

그렇다면 기업은 왜 실천하는 것을 주저하고 있을까? ESG 경영을 실천하기 위해서는 많은 시간과 노력이 필요하고 적지 않은 비용을 들여

간다. 경영자가 미래성과가 불투명한 활동에 투자하는 것은 쉬운 일이 아니다. 그러나 저자는 기업이 현재의 이윤뿐만 아니라 미래의 이윤을 지속적으로 창출하기 위해 ESG 운영시스템을 구축해야 한다고 확신한다. 사회를 위한 바람직한 경영활동을 통해 미래에도 고객으로부터 선택받아야 하기 때문이다. 그리고 기업은 이해관계자와 협력을 통해 생태계 차원의 경쟁력을 높여 더 큰 파이를 창출하고 파이의 공정한 배분을 통해 더 큰 이윤을 확보할 수 있다. 초연결 및 초경쟁 시대의 새로운 경영 패러다임은 개방적 협력과 공동체 혁신문화이다. 기업 혼자의 힘으로 소비자의 새로운 가치를 발견하고 사업 모델을 개발해 시장을 선점하기는 어렵다. 기업은 미리 다양한 인재 또는 기관들과 협력 네트워크를 구성해 함께 시장기회를 모색하고 기회가 발견되면 경쟁자보다 시장을 먼저 진입해 선점해야 한다. 속도의 경쟁이 요구되는 시대에서는 집단 지성이 발휘될 수 있어야 한다.

ESG 경영은 기업에게 이윤창출 극대화를 포기하거나 창출한 이윤의 사회 환원을 요구하지 않는다. 기업 수준의 이윤 극대화와 사회 수준의 가치 극대화가 조화를 이루는 접점을 찾는 것이 저자가 제안하는 ESG 운영시스템이다. 더 현명해지고 우월적 지위를 갖게 되는 소비자들에게 소구하기 위해서는 기업이 소비자와 사회를 위해 무엇을 할 수 있는지 명확히 설정하고 이를 활동을 통해 보여주어야 한다. 그래야 기업은 현재뿐만 아니라 미래에도 소비자의 선택을 받아 이윤을 창출할 수 있다. 기업은 미래에도 이윤을 창출하기 위해 사회적 가치를 제고하는 방법을 찾아야 한다. 미래 사회는 기업의 자발적이고 능동적인 ESG 경영을 요구하고 있다.

02 기업의 지속가능성을 평가하기 위한 자가 진단표

　최근 경영 환경은 급변하고 있다. 저성장이 정상이 되어가는 뉴노말 new normal 시대, 지구촌 경쟁이 본격화되는 글로벌 경쟁 시대, 첨단기술이 가져다주는 과거와 다른 새로운 경쟁 패러다임의 등장 등은 모든 기업들에게 엄청난 기회와 위협을 제공하고 있다. 첨단기술의 진화 속도는 점점 더 빨라지고 있고 산업의 융합 현상은 그 범위를 상상하기 어려워진다. 과거 시장을 재배해온 초우량 기업들이 퇴조하고 구글, 테슬라 등과 같은 신생 기업들이 이미 새로운 강자로 부상했다. 특히 주목할 점은 신생 기업들이 강자로 부상하는데 10년도 걸리지 않았다는 점이다. 하루아침에 강자로 부상하고 약자로 전락하는 시대로 접어든 것이다.

　이제 다시 생각해 보자. 삼성은 현재 시장에서 강자인가 약자인가? 강자라면 그 지위는 얼마나 지속될 수 있을까? 현대자동차는 자동차 시장에서 1위가 될 수 있을까? 혹시 그렇다 하더라도 새로운 신기술예: 테슬라의 전기자동차 등장이 예상되는 시장에서 그 지위를 얼마나 유지할 수 있을까? 삼성과 현대자동차의 시장 지위가 혹시라도 퇴조한다면 한국경제는 어떻게 될까? 이런 우려 속에서 저자는 삼성과 현대차에게 그리고 국내 선도 기업 모두에게 새로운 도전과 혁신적인 변화를 요구하고 싶다. 새로운 경쟁 패러다임에서 기존의 무기를 버리고 실험정신에 입각한 새로운 도전만이 이들 기업들의 미래를 기대할 수 있게 해 줄 것이다. 기업가정신의 핵심은 실패에 대한 리스크를 감수하면서 새로운 사업 모델을 개척하는데 있다. 이러한 기업가정신이 없이 시장을 지배한 기업은 없었다. 이제 여러분들에게 기업의 미래 성장가능성을 평가할 진단표를 제시해 보면 다음과 같다.

1) 여러분 기업은 더 좋은 세상을 꿈꾸고 있습니까? 이윤창출에만 몰입되어 있습니까?

기업의 목적은 이윤 극대화에 있다는데 추호의 의심이 없다. 기업이 생존할 수 있는 가장 기본적인 요건이 이윤창출이다. 그러나 기업이 이윤을 창출하는 과정에서 여러 가지 문제점환경오염, 자원고갈, 폐기물 관련 등을 제공해 왔던 것도 사실이다. 과거 소비자들은 또는 사회는 기업이 사회적 가치를 훼손하면서 이윤을 창출해 왔음을 잘 인지하지 못했다. 그러나 요즘 세상은 이런 기업들의 사회적 가치 훼손을 용납하지 않는다. 이런 시대적 관점의 변화에 따라 사회적 책임을 느끼기 시작한 기업들은 다양한 사회공헌 활동을 전개해 왔다. 자선적 기부, 박애적 사회공헌 활동, 전략적 CSR 등으로 진화되어 왔고 최근엔 공유가치창출의 개념도 등장했다. 공유가치창출creating shared value이라는 개념에 대한 논쟁도 가열되고 있지만 ESG는 기업가에게 사업의 본질을 새롭게 인식할 수 있는 기회를 제공해 준다. 개념적으로 기업이 경영활동을 통해 사회적 가치를 향상시키면서 이윤을 창출할 수 있음을 제안하기 때문이다.

기업의 사회공헌활동을 평가할 때 '착한 기업'과 '착한 척하는 기업'의 구분이 중요하다. 저자가 확보한 자료에 따르면 우리나가 기업들이 매출액 대비 사회공헌활동을 위한 예산은 외국의 글로벌 기업들보다 높은 수준이다. 적지 않은 국내 브랜드들이 국제적인 평가에서 100대 브랜드에 포함되고 있는데, 국내기업이 존경받는 100대 기업 리스트에 포함되는 경우는 흔치 않다. 그 이유는 무엇일까? 소비자들은 국내 기업들의 사회공헌활동에서 진정성을 느끼지 못하고 있다. 과거의 사회공헌활동이 경영자가 스스로 선택한 것이라고 느껴지지 않고 사회적 요구물의를 일으킨 다음의 해명이나 회복을 위한 전략적 선택를 반영한 수동적인 의사결정이었기 때문이다. 기업이 사회적 가치를 제고하기 위한 활동의 진정성은 전적으로 경영자의 사업 목적에 대한 정의에 달려있다. 이윤 극대화가 꿈인가? 더 좋은 세상을 만드는 게 꿈인가? 시간이 지나갈수록 소비자들은 경영자의 꿈을 냉정하게 평가하게 될 것이다.

저자는 기업이 사회적 가치를 향상시키려고 노력할 때 더 좋은 사업 기회를 발견할 수 있다고 믿는다. 최근 새로운 사업 모델로 각광받는 테슬라의 엘론 머스크나 아마존의 베조프는 모두 사업을 시작하게 된 계기를 더 좋은 세상을 만드는 것이었다고 말한다. 더 좋은 세상을 만들기 위한 아이디어를 개발하다 보니 전기자동차가 등장하고 소비자에게 편리한 새로운 유통 모델이 구현된 것이다. 첨단기술이 제공하는 미래 시장에서 기업이 좋은 세상을 만드는 데 기여하지 않고는 주주의 이익 극대화를 구현하기 어렵다. 이해관계자들과의 협력과 경쟁, 혁신 지향적 조직문화 모두가 기업 활동을 통해 더 좋은 세상을 만드는 데 필요한 선결 요소다. 웬만한 기업들이 홈페이지를 통해 제시하고 있는 경영이념과 비전엔 대부분 '더 좋은 세상'과 비슷한 의미를 담고 있다. 하지만 그런 미션과 비전이 전 종업원들에 의해 공유되고 있을까? 그저 그럴싸하게 제시만 하는 단어일 뿐일까? 이에 대한 답은 기업의 최고경영자CEO가 진정으로 기업 활동을 통해 '더 좋은 사회'를 꿈꾸고 있느냐에 달려있다. 이는 선택이나 포장의 문제가 아니라 사업 본질과 관련한 신념의 문제다.

2) 여러분 기업은 기존의 성공 방식에 안주하고 계십니까? 새로운 성공 방식을 개척하고 있습니까?

가진 자는 가진 것을 지키려하는 본능을 갖게 된다. 경기 초반 절대적 우세를 보인 야구팀 또는 축구팀이 따 놓은 점수를 지키려는 마음을 먹는 순간 역전된다는 스포츠 전문가의 평론은 기업에도 적용된다. '부자는 망해도 3년은 간다.'는 말은 과거에 적용되는 격언인 듯하다. 앞서 설명한 지위역전 현상이 일어나는 데는 오랜 시간이 걸리지 않는다. 소니는 왜 몰락했을까? 아날로그 시대에 성공한 소니는 자신의 성공방식을 고수하려 했다. 자신의 울타리 안에서 시장을 바라봤기에 새로운 기술과 시장의 변화에 둔감하게 되고, 자신이 뒤쳐져 있음을 간파할 때는 이미 늦었다. 현대 경영의 속도를 감안하면 시기를 놓치면 그것으로 경기가 끝난다. 성공한 사람이 빠지기 쉬운 가장 쉬운 함정은 자신의 과거 성공 방식을 고수하는 것이다. 우리나라 기업들은 기존의 사업이 아닌 새로운 사업을 개척하고 있을까? 우리나라 기업들 특히 성공한 기업들의 경영진들은 칩 히스 스탠퍼드 경영대학원 교수가 언급한 '지식의 저주'라는 말을 명심해야 한다. 내가 알고 있는 지식이 새로운 지식을 받아들이는 장애가 될 수 있다는 뜻이다. 미래의 성장을 위해서는 과거의 성공 방식을 버려야 한다. 여러분은 기존의 이권을 버릴 용기가 있습니까? 버려야만 새로운 것이 보인다.

3) 여러분 기업에는 불가능한 것이 있습니까?
불가능한 것을 가능하게 만들어야 한다는 열정이 있습니까?

포터 교수가 제안한 공유가치창출CSV 개념이 소개되었을 때 많은 기업인들은 좋은 개념이긴 한데 어떻게 해야 공유가치가 발견될 수 있는지 모르겠다고 호소한 바 있다. 경제적 가치를 성과의 개념으로 사회적 가치를 비용의 개념으로 보면 공유가치창출은 모순된다. 네슬러의 농가 프로젝트는 부분적으로 기업과 농가의 공유가치가 발견된 사례로 볼 수 있지만 더 넓은 범위에서 보면 농가의 빈부격차를 악화시킨 측면이 있다고 지적할 수 있다. 코카콜라가 아무리 많은 공유가치창출을 위한 활동을 해도 콜라가 소비자에게 제공하는 건강관련 이슈는 해결되지 않는다는 비판도 옳다.

그러면 공유가치 창출은 단지 화려한 언어 구사로 그치는 것일까? 더 좋은 세상을 만들겠다는 경영자의 꿈은 단지 구호일 뿐일까? 테슬라의 전기자동차를 생각해 보자. 엘론 머스크는 더 좋은 세상을 꿈꾸며 많은 역경을 넘어서면서 전기자동차를 구현하고 있다. 왜 소비자는 전기자동차에 매료되고 있을까? 단지 디자인이 좋아서 또는 성능소리 문제이 좋아서 일까? 자동차 배기오염 문제를 해결할 수 있기 때문에 이 회사의 주가는 세계 증권계를 주도하고 있다. 엘론 머스크가 전기자동차를 꿈꿨을 때 많은 전문가들은 불가능하다고 장담했다. 그러나 머스크는 이 불가능에 도전했다. 불가능에 도전하는 사람이 진정한 기업가이다. 많은 사람들이 불가능하다고 생각할 때 거기에 엄청난 기회가 있다.

고 정주영 회장의 "임자, 해 보기는 했어?", 나폴레옹의 "내 사전에 불가능은 없다", 엘론 머스크의 "내 사전에 '안 된다'는 없다"는 신념이 필요하다. 그런 불굴의 정신이 대한민국에서 조선업을 꽃피웠고 전기자동차는 꿈이 아닌 현실이 됐다. 지금은 실패를 두려워하지 않는 도전정신이 절실하게 필요한 시기이다. 특히 국내 2세, 3세 경영자들에게 기업의 미래 가치를 위한 실험정신과 새로운 도전을 제안한다. 주어진 사업을 그저 유지만 하려고만 하는 순간 기업의 미래는 점점 사라져갈 것이다. 열정이란 단순히 어떤 것에 몰입하는 것이 아니라 '꿈을 구현하는 데 예상되는 불편함을 감수하려는 의지'이다. 이러한 열정은 국내 기업가들이 꼭 품어야 할 마음가짐이기도 하다. 단지 이윤창출만이 아니라 더 좋은 세상을 구현하기 위해 예상되는 불편함을 피하고 싶은 마음, 기존 사업방식을 고수하려는 안이한 마음, 그리고 새로운 도전이 실패할지도 모른다는 불안감을 떨치는 용기가 필요하다.

4) 여러분 기업은 혼자서 모든 것을 다 하려 하고 있습니까? 다양한 구성원과 함께 네트워크를 구성할 지혜를 갖고 있습니까?

마켓 4.0 시대의 키워드는 '참여와 협력'이고 마케팅 개념은 '공동 생산co-creation'으로 발전되고 있다. 기업과 소비자가 서로 협력에 제품이나 서비스를 설계하기 시작하고, 기업은 여러 이해관계자들공급업체, 유통경로 구성원, 미디어, 정부 등과 협력해 제품이나 서비스 가치의 완성도를 높여야 한다. 플랫폼 상에서 서로 모르는 사람들과 정보를 공유하고 재생산하는 시대에서 확장된 네트워크의 힘은 대단하다. 사람이 모일수록 네트워크의 가치는 커지고 협력에서 오는 집단 지성group genius은 시장에서 힘을 발휘하게 된다.

우리나라 기업들은 다른 기업들과 얼마나 잘 협력하고 있을까? 국내 대기업들, 특히 재벌기업들은 혼자서 모든 것을 다 할 수 있다는 과신을 갖고 있는 것은 아닐까? 여러 가지 기업들을 계열 회사로 갖고 있기 때문에 이들과의 협력을 이끌어내 효율성을 향상시키고 있다고 항변할지 모르겠다. 그룹 내 계열사들의 협력은 내부자 거래에 불과하여 오히려 기업의 경쟁력을 반감시킬 가능성이 높다. 그룹 내 결속력 강화에는 도움이 될지 모르지만 다른 수많은 기업들과의 소통이 부족하여 시장의 새로운 트렌드를 파악하는데 장애가 된다. 우정이나 지식이 협력을 위한 필요요건이 아니라는 말을 명심하자. 모르는 사람과 협력하는 것이 더 쉽고 영악하지 않을 때 협력이 더 잘 이루진다는 말이다.

우리나라 기업들은 협력 업체와의 협력 경영을 통해 건전한 산업생태계를 구성하고 있을까? 기업과 협력업체와의 관계에서 여전히 수직적인 위계구조가 있는 것은 아닐까? 애플은 iPod, iTune, iPhone 시대를 열면서 음반업의 유통경로를 완전히 새로 설계했고 그 과정에서 불가능해 보였던 이해관계자들과의 협력을 이끌어내는데 성공했다. 앱 스토어 개발자에게 70%의 이익을 제공하면서 이들을 공동생산자로 영입했다. 즉 새로운 협력 생태계를 구축하는데 성공한 것이다. 너무 많은 이익을 협력업체에게 제공한 것이 아니냐는 비판이 있었지만 현재 전체 산업수익의 대부분은 애플의 몫으로 돌아가고 있다. 지혜로운 협력의 결과이다.

우리나라 기업들은 협력 업체 또는 그룹 내 다른 계열사와의 협력 외에 어떤 회사와 협력하고 있는가? 그리고 우리 기업들은 협력 네트워크에 있는 구성원들에게 어떤 동기를 부여하고 있을까? 냉정하게 다시 평가해 보기 바란다.

5) 여러분 기업은 기업 내부인만이 공유하는 정보를 갖고 있습니까? 이를 이해관계자 및 사회와 공유할 용기가 있습니까?

이제 소비자들은 다수의 소비자들과 플랫폼을 통해 네트워크를 구성해 정보를 공유하고 재생산하고 있다. 이제 소비자들은 기업 활동의 대부분 정보를 소유하고 있고 그 소유의 범위는 더 커질 것이다. 그에 따라 소비자들은 기업에게 직접적인 영향력을 행사하게 될 것이다. 이제 기업의 투명경영은 선택의 문제가 아니다, 해외에선 기업이 투명한 경영을 위한 방침을 세우고 실행에 옮길 때마다 주가가 오른다고 한다. 국내 대기업이 눈여겨보아야 할 현상이다.

우리나라 기업의 미래발전 가능성에 가장 큰 장애물은 투명하지 않는 지배구조라는 말이 지배적이다. 대주주가 경영함에 있어 대주주의 월권적 의사결정으로 나타나고 있고 이는 가장 현명한 의사결정을 이끌어내지 못하는 요인이 되기도 한다. 재벌 기업들의 경영권 분쟁은 소비자들 보기에 민망할 수준까지 가는 경우도 적지 않다. 경영권 분쟁의 원인은 불투명한 경영에 있다. 개인의 정보를 투명하게 공개하는데 많은 불편함이 따르게 된다. 그러나 일단 공개되면 그 의사결정은 더욱 건실하고 적절해져 개인의 품격은 높아지게 된다.

지금까지 기업 미래성장의 자가진단 질문 다섯 가지 리스트를 제시해 보았다. 위 다섯 가지 기준으로 여러분 기업을 평가해 보자. 위 다섯 가지 중 최소한 네 가지는 바람직한 평가가 나와야 한다. 만일 그렇지 못하다면 여러분 기업의 미래는 회의적이다. 지금부터라도 회사의 미래를 위한 혁신 지향적인 조직문화가 필요하다. 여러분 기업의 미래 성장을 기원한다.

동국대학교 저서출판 지원사업 선정도서

이 저서는 2021년도 동국대학교 연구비 지원을 받아 수행된 연구결과물임.
(S-2021-G0001-00136)

참여와 협력의 ESG 모델: 지속가능한 경영을 위한 미래성장 전략

2022년 11월 11일 초판 1쇄 인쇄
2023년 12월 15일 초판 3쇄 발행

지 은 이	유창조
발 행 인	박기련
발 행 처	동국대학교출판부

출 판 등 록	제1973-000004호(1973.6.28)
주　　　소	04626 서울시 중구 퇴계로36길2 신관1층 105호
전　　　화	02-2264-4714
팩　　　스	02-2268-7851
Homepage	http://dgpress.dongguk.edu
E - m a i l	abook@jeongjincorp.com

디 자 인	더블디앤스튜디오
인 쇄 처	신도인쇄

ISBN 978-89-7801-028-3 93320

값 15,000원

이 책의 무단 전재나 복제 행위는 저작권법 제98조에 따라 처벌 받게 됩니다.